Virtuelle Helden in interaktiven Welten

Analytisches Erzählen in Detective Adventures

von

Felix R. Buschbaum

Tectum Verlag
Marburg 2006

Coverabbildung
Hieronymus Bosch: Antoniusaltar, Triptychon, Mitteltafel:
Versuchung des Hl. Antonius, 1505-1506, Lissabon, Museu Nacional de Arte Antiga

Buschbaum, Felix R.:
Virtuelle Helden in interaktiven Welten.
Analytisches Erzählen in Detective Adventures.
/ von Felix R. Buschbaum
- Marburg : Tectum Verlag, 2006
ISBN 978-3-8288-8985-9

© Tectum Verlag

Tectum Verlag
Marburg 2006

Danksagung

Mein Dank geht an Prof. Dr. Volker Neuhaus vom Institut für Deutsche Sprache und Literatur der Albertus-Magnus-Universität zu Köln - für die Unterstützung und Betreuung der vorliegenden Untersuchung - und an alle diejenigen, die mir während meiner Examensphase auf ihre individuelle Weise beigestanden haben.

Inhaltsverzeichnis:

	Vorwort von Prof. Dr. Volker Neuhaus	**15**
1.0	**Prolog**	**19**
1.1	Die Ziele	19
1.2	Der Aufbau	19
1.3	Was diese Untersuchung nicht leisten will	20
2.0	**Ausprägung und Entwicklung von Detektivroman und Detective Adventure**	**23**
2.1	Ausprägung und Entwicklung des Detektivromans	23
2.2	Ausprägung und Entwicklung der Computer- und Videospiele	30
2.2.1	Ausprägung und Entwicklung des Adventuregenres	34
2.2.2	Ausprägung und Entwicklung des Detective Adventures	40
3.0	**Zwei Medien im Vergleich**	**45**
3.1	Detektivroman und Detective Adventure	45
3.1.1	Computerspiele als interaktive Literatur	48
3.2	Die Aufgaben von Autor und Designer	50
3.3	Die Aufgaben der Rezipienten	61
3.4	Die Rätselstruktur im Detective Adventure	72

4.0	**Die Untersuchungsobjekte - Vorstellung und Analyse**	**77**
4.1	The Lost Files of Sherlock Holmes - The Case of the Serrated Scalpell	77
4.1.1	Der Handlungsverlauf	77
4.1.2	Die Einordnung	83
4.1.3	Die Kommunikation mit der virtuellen Welt	85
4.1.4	Die Interaktion mit der virtuellen Welt	86
4.1.5	Die multimediale Ebene	88
4.2	Jack Orlando - A Cinematic Adventure - Director's Cut	88
4.2.1	Der Handlungsverlauf	88
4.2.2	Die Einordnung	93
4.2.3	Die Kommunikation mit der virtuellen Welt	94
4.2.4	Die Interaktion mit der virtuellen Welt	95
4.2.5	Die multimediale Ebene	96
4.3	The Last Express	97
4.3.1	Der Handlungsverlauf	97
4.3.2	Die Einordnung	103
4.3.3	Die Kommunikation mit der virtuellen Welt	104
4.3.4	Die Interaktion mit der virtuellen Welt	106
4.3.5	Die multimediale Ebene	107
4.4	Der Schatz der Maya - Das Detektivspiel - Ein Fall für TKKG	108
4.4.1	Der Handlungsverlauf	108
4.4.2	Die Einordnung	111
4.4.3	Die Kommunikation mit der virtuellen Welt	111
4.4.4	Die Interaktion mit der virtuellen Welt	113
4.4.5	Die multimediale Ebene	114
4.5	Detektive, Täter, Opfer und Motive	115
4.5.1	Die Detektive	115
4.5.2	Täter und Motive	118
4.5.3	Die Opfer	120

5.0	**Detective Adventures und die Forschungen zum Detektivroman**	**123**
5.1	Richard Alewyns Forschungen	123
5.1.1	Alewyns Ausführungen zum Detektivroman	123
5.1.2	Alewyn und das Genre der Detective Adventures	125
5.1.3	Alewyns Forschungen in Anwendung auf die ausgewählten Detective Adventures	129
5.1.4	Ergebnisse	136
5.2	Dietrich Webers Forschungen	138
5.2.1	Webers Ausführungen zur analytischen Erzählung	138
5.2.2	Weber und das Genre der Detective Adventures	143
5.2.3	Webers Ausführungen in Anwendung auf die ausgewählten Detective Adventures	148
5.2.4	Ergebnisse	155
5.3	Die Forschungen von Volker Neuhaus	157
5.3.1	Die Ausführungen von Neuhaus zum Detektivroman	157
5.3.2	Neuhaus und das Genre der Detective Adventures	160
5.3.3	Die Forschungen von Neuhaus in Anwendung auf die ausgewählten Detective Adventures	162
5.3.4	Ergebnisse	169
5.4	S.S. van Dine - twenty rules for writing detective stories	170

6.0	**Schlussbetrachtung**	**175**
7.0	**Literatur- und Softwareverzeichnis**	**179**
7.1	Literarische Quellen	179
7.2	Literarische Darstellungen	182
7.3	Für die Untersuchung herangezogene Detective Adventures	188
7.4	Weitere im Zusammenhang mit der vorliegenden Arbeit angesprochene Computer- und Videospiele	189
8.0	**Anhang**	**195**
8.1	Glossar	195
8.2	Die Spielprinzipien der klassischen Arcade- und Geschicklichkeitsspiele	218
8.3	Tabellen	221
8.4	Über den Autor	228

Es sei darauf hingewiesen, dass die eingetragenen Warenzeichen unter den Soft- & Hardwarebezeichnungen sowie die Markennamen - die in dieser Arbeit genannt werden - Eigentum ihrer jeweiligen Besitzer sind und hier ausschließlich zu Lehrzwecken Erwähnung finden.

Vorwort

von Prof. Dr. Volker Neuhaus

Der in diesem Jahr gleich durch zwei Publikationen seines Schülers Klaus Garber geehrte Barock- und Romantikforscher Richard Alewyn (1902 - 1979) war ein begeisterter Leser und Sammler von >Krimis<, oder besser: von Detektivromanen, wie er selber zu sagen pflegte. Die Liebhaberei erweckte zugleich auch Alewyns Interesse als Forscher an dieser im zweiten Drittel des zwanzigsten Jahrhunderts meist noch verachteten Spielform der Literatur. In einem Rundfunkvortrag über den *Ursprung des Detektivromans* leitete er die Entstehung der Gattung 1963 aus der Romantik her, erklärte sie aus deren Lust an einer durch Schrecken und Verbrechen verfremdeten Welt, die verlockender schien als die alltäglich und banal gewordene Welt, wie sie die Aufklärung hinterlassen hatte.

Die Auffassung hat viel Widerspruch gefunden, drehte sie den Spieß doch gleichsam um: Wir lesen Detektivromane nicht wegen unserer Freude an der Aufklärung auf den letzten zehn Seiten, sondern wegen unserer Freude am scheinbar undurchdringlichen Dunkel, das über den vorangehenden 190 Seiten liegt - eine Auffassung, die Spielern von *Detective Adventures* unmittelbar einleuchten wird, denn ihnen ist der Weg allemal wichtiger als das Ziel.

1968 ergänzte Alewyn die Sicht des Romantikforschers durch die des Barockexperten, als der er vor allem galt: In der *Zeit* erschien Ende November in zwei Folgen *Die Anatomie des Detektivromans,* worin Alewyn die strenge Gattung vorstellte, zu der sich die Erzählungen von geheimnisvollen Verbrechen und ihrer Auflösung in anderthalb Jahrhunderten entwickelt hatten. Gleichsam hinter dem Rücken der Moderne und entgegen dem sie beherrschenden Prinzip der Gattungsmischung und der Regelverstöße entstand eine neue Literaturform, die ihren Reiz gerade aus der Befolgung höchst kunstvoller Regeln von fast barocker Strenge auf inhaltlicher, erzählerischer und kommunikativer Ebene schöpfte und die deshalb dem Gros der Kritiker gerade nicht als kunstvoll, sondern als trivial erschien. Aber deutsche Kritiker haben meist wenig Sinn für den Reiz der *techne*, der *ars*, der schieren Kunstfertigkeit.

Die Geheimnis- oder Rätselstruktur des Detektivromans, wie sie Alewyn beschrieben hat, können wir inzwischen mit dem Instrumentarium aus Dietrich Webers *Theorie der analytischen Erzählung* äußerst präzise beschreiben und erfassen. In meinen Forschungen zum Detektivroman seit meiner Kölner Antrittsvorlesung von 1975 zur *Geschichte des detektorischen Erzählens* habe ich die Forschungen Richard Alewyns und Dietrich Webers zusammengeführt und ausgebaut. Der Tod der Gattung Detektivroman, seit den 70er Jahren immer wieder vorhergesagt, ist nicht eingetreten - im Gegenteil: Immer mehr junge Autoren in Frankreich, Deutschland, Österreich, England oder den USA widmen sich den wohligen Schauern des forcierten Rätselromans, wie Richard Alewyn ihn geliebt und erforscht hat.

Umso mehr freue ich mich, daß Felix Buschbaum nun nachweist, daß dieses komplizierte Regelspiel auch interaktiv gespielt werden kann, sei es in Holmes-Klassikern, bei hartgesottenen amerikanischen Privatdetektiven, im Milieu internationaler Agenten oder im Rätselkrimi für Kids, den zukünftigen Fans des Detektivgenres in allen Sparten:

Es lebe hoch - ad multos annos!

Volker Neuhaus

1.0 Prolog

Ob man die Entwicklungsgeschichte des Detektivromans nun mit Wilkie Collins Sergeant Cuff, mit E.T.A. Hoffmanns Fräulein von Scuderi oder mit Edgar Alan Poes Dupin beginnen lässt - zwischen der Entstehung der ersten Detektivgeschichte und der Veröffentlichung der ersten Detective Adventures[1] liegen mehr als 100 Jahre. Dennoch basieren sie beide auf dem gleichen Erzählschema; dem der analytischen Erzählung.

1.1 Die Ziele

Ziel dieser Untersuchung ist es aufzuzeigen, in welcher Form analytisches Erzählen im Detective Adventure stattfindet und welche Parallelen und Unterschiede sich dabei zu der Form des analytischen Erzählens ergeben, die der Leser von Detektivromanen bereits kennt.
Hierfür sind nicht nur der jeweilige Handlungsaufbau, die Erzählperspektiven und die Erzählstrukturen, sondern auch die Geheimnisformeln und die Rätselkonstruktionen von Interesse. Eine nicht weniger zentrale Rolle kommt den Autoren, Designern, Lesern und Spielern zu. Darüber hinaus gilt es zu zeigen, auf welche Weise die Kommunikation mit der Erzählung und die Interaktion mit der virtuellen Welt in Detective Adventures funktioniert.
Als Grundlage der Untersuchung dienen in erster Linie die von Richard Alewyn, Dietrich Weber, Volker Neuhaus und S.S. van Dine im Bezug auf den Detektivroman ausgeführten Thesen, Theorien und Forschungsergebnisse. Abgerundet werden soll die Analyse durch einige ergänzende Aspekte aus den Ausführungen weiterer Autoren der Literaturwissenschaft und der Branche der Unterhaltungssoftware.

1.2 Der Aufbau

Um die genannten Ziele mit den angeführten Mitteln zu erreichen, erfolgt zu Beginn der Untersuchung eine kurze Skizzierung der Entwicklungsgeschichte des Detektivromans und eine vergleichsweise ausführliche

---

1. Ein Glossar mit der Erläuterung aller Fachbegriffe aus den Bereichen Computer und Computerspiele findet sich im Anhang.

Einführung in die Entwicklung der Computer- und Videospiele. Bei letzterer liegt der Schwerpunkt auf dem Genre der Adventures und den hierzu zählenden Detective Adventures.

Dem schließt sich in Kapitel drei eine Gegenüberstellung der beiden Medien Buch und Computerspiel sowie der sich daraus ergebenden Konsequenzen für Autoren, Designer, Leser und Spieler an.[2] Darüber hinaus wird hier auf die Frage eingegangen, inwiefern man Computerspiele als `interaktive Literatur´ bezeichnen kann.

Kapitel vier dient zunächst der Vorstellung der vier im Rahmen der Arbeit genauer analysierten Detective Adventures und einer genaueren Betrachtung der zentralen Figuren der jeweiligen Handlung.

Des Weiteren beinhaltet das Kapitel eine ausführliche Betrachtung der drei Ebenen, die dem Spieler zur Rezeption der analytischen Handlung eines Detective Adventures zur Verfügung stehen.[3]

Im fünften Kapitel folgt, jeweils nach einer kurzen Darlegung der von den oben genannten Literaturwissenschaftlern vorgelegten Forschungsansätze, eine detaillierte Untersuchung der vier ausgewählten Detective Adventures auf Grundlage der dort erzielten Ergebnisse. Zugleich werden hier diejenigen Aspekte herausgearbeitet, die nicht nur die Untersuchungsobjekte, sondern das gesamte Genre des Detective Adventures betreffen. Zusammengefasst werden die Ergebnisse der einzelnen Untersuchungsschritte in der die Arbeit abschließenden Schlussbetrachtung.

1.3 Was diese Untersuchung nicht leisten will

Die vorliegende Arbeit greift drei oftmals diskutierte Aspekte im Zusammenhang mit Detektivromanen und Detective Adventures nicht auf. Da ist zunächst die nicht endende Diskussion, inwieweit man einen Detektivroman überhaupt als Literatur bezeichnen darf. Diese Debatte wird

---

2. Bereits hier sollen Unterschiede und zugleich Übereinstimmungen verschiedener Merkmale deutlich werden, die für die Ausprägungen der analytischen Erzählung in den beiden Medien stereotyp sind. Vor allem die Abweichungen im Bezug auf Webers Ausführungen zur Autor-Leser-Kommunikation werden in diesem Kapitel offensichtlich. Die auf die vier näher betrachteten Detective Adventures bezogenen Analysen finden sich in den nachfolgenden Kapiteln.
3. Neben der Kommunikationsebene verfügt jedes Detective Adventure über eine Interaktionsebene und eine mit dieser verbundene multimediale Ebene.

für die vorliegende Arbeit als abgeschlossen angesehen und die diskutierte Frage wird mit einem eindeutigen `Ja´ im Sinne von Neuhaus und Gisbert Haefs beantwortet.[4]

Darüber hinaus soll auch auf die Frage nach dem Ursprung des Detektivromans und die in diesem Zusammenhang geführte Diskussion über Rationalität und Romantik nicht weiter eingegangen werden. Dort, wo dieser Aspekt für einzelne Punkte von Relevanz ist, schließt sich die Arbeit ebenfalls den Ausführungen Alewyns an.[5]

Eine weitere Diskussion, die nicht Teil dieser Arbeit sein soll, ist die Debatte über die Gewaltdarstellung und Gewaltverharmlosung im Detektivroman und im Detective Adventure, eingeschlossen die Frage nach der höheren Gewaltbereitschaft unter den Rezipienten. Wurden die meisten Argumente der Kritiker im Bezug auf den Detektivroman inzwischen weit gehend widerlegt, so führen heutzutage angeblich Computerspiele in die gesellschaftliche Isolation, verursachen eine emotionale, moralische und ethische Abstumpfung und sind, nach Meinung der Kritiker, letztendlich für die völlige psychische Verrohung der Rezipienten verantwortlich.[6]

Diese Einstellung kann nur mit einem nunmehr rund 70 Jahre alten Zitat von Dorothy L. Sayers kommentiert werden: „Wenige Menschen sind durch die literarische Qualität des Hamlet zur Ermordung ihres Onkels inspiriert worden."[7]

Im Falle der Detektivromane ist es, wie die Zeit inzwischen gezeigt hat, nicht anders gewesen, und auch bei den Computerspielen darf man annehmen, dass die Voraussagen der Kritiker nicht eintreffen dürften.

---

4. Vgl., Alewyn: Anatomie..., S. 361ff; Neuhaus: Mysterion..., S. 15ff.
5. Vgl., Alewyn: Ursprung..., S. 354ff; Neuhaus: Mysterion..., S.42ff.
6. Vgl., Dittler: Software statt Teddybär..., S. 31ff, 79ff und 112ff; Eckert: Der Kriminalroman..., S. 529f; Kunczik: Gewalt in den Medien, S. 15ff.
7. Sayers: Aristoteles über Detektivgeschichten, S. 14.
   Sollte sich in diesem Punkte jedoch statt der Kritiker der Autor dieser Arbeit irren, dann wachsen in deutschen Kinder- und Jugendzimmern zurzeit rund 10 Millionen potenzielle Gewaltverbrecher und Serienmörder heran.

2.0 Ausprägung und Entwicklung von Detektivroman und Detective Adventure

2.1 Ausprägung und Entwicklung des Detektivromans

Im Jahre 1841 veröffentlichte Edgar Alan Poe mit `Murders in the Rue Morgue´ die Kurzgeschichte, die man in weiten Teilen der Forschung bis heute als die erste reine Detektivgeschichte überhaupt bezeichnet und die Poe zum Erfinder der Formel des Detektivromans werden ließ. In seinen Kurzgeschichten mit dem Pariser Detektiv Dupin finden sich eine Vielzahl von Elementen, die später als Bestandteil für den Detektivroman selbstverständlich wurden.[8] Poe kann jedoch nicht als alleiniger Urheber dieser Aspekte angesehen werden. Einzelne von ihnen finden sich zur gleichen Zeit auch bei Wilkie Collins, E.T.A. Hoffmann und anderen Autoren.[9]

Richard Alewyn und Volker Neuhaus weisen die Ursprünge dieser Einzelelemente sogar schon in den Geheimnis- und Schauerromanen des 18. Jahrhunderts nach. Dort existierte bereits ein vergleichbares Geheimnis-Spannungs-Lösungs-System.[10] Der später für viele Detektivromane bedeutende Aspekt des `explained supernatural´ findet sich ebenfalls schon in den `gothic novels´ von Ann Radcliffe.[11] Im Englischen wird der Detektivroman dementsprechend selbst heute noch als `mystery story´ bezeichnet.[12]

Viele der etwa zur gleichen Zeit entstandenen Entwicklungsromane enthielten ein weiteres für den Detektivroman bis heute zentrales Element: die analytische Erzählstruktur.[13] Dennoch gab es vor Dupin keinen Detektiv, wie man ihn heute kennt, und man kann es Poe nicht streitig machen, die genannten Aspekte erstmals zu einer Detektivgeschichte im engeren Sinne vereint zu haben.[14]

---

8. Vgl., Alewyn: Ursprung..., S. 342f und S. 359ff; Neuhaus: Mysterion..., S. 22 und S. 44.
9. Vgl., Alewyn: Ursprung..., S. 352ff. Details zu Alewyns weiteren Ausführungen finden sich unter 5.1.
10. Vgl., Alewyn: Anatomie..., S. 355 und 370; Neuhaus: Vorüberlegungen..., S. 264ff.
11. Vgl., Alewyn: Ursprung..., S. 354f; Neuhaus: Richard Alewyns Forschungen..., S. 2.
12. Vgl., Alewyn: Anatomie..., S. 370f; Alewyn: Ursprung..., S. 356f.
13. Vgl., Neuhaus: Vorüberlegungen..., S. 261f. Details zu den weiteren Ausführungen von Neuhaus finden sich unter 5.3.
14. Vgl., Neuhaus: Mysterion..., S. 22.

Allerdings blieb Poes Detektivgeschichten, wie auch denen anderer Autoren, der Erfolg zunächst versagt.[15]

Weshalb die Anfänge des Detektivromans genau in diese Zeit fallen, ist in der Vergangenheit oft diskutiert worden. Bis heute sind sich die Positionen kaum näher gekommen.[16] Dass die Gattung nicht viel früher hätte entstehen können, liegt zumindest auf der Hand: Ohne eine allgemein gültige Definition von Verbrechen, Polizeiapparat und einem Gesetzbuch sowie die reale Existenz von Detektiven war dies zuvor kaum möglich.[17]

Eine Datierung der Ursprünge in die Antike oder die Zeit der Bibelentstehung, wie es einige Forscher vorschlagen, würde den Detektivroman zur Rätselgeschichte degradieren. Die gab es in der Tat schon früher.[18]

Der vom Autor selbst nicht vorausgesehene Durchbruch für den Detektivroman gelang 1890 Arthur Conan Doyle mit seinem Meisterdetektiv Sherlock Holmes. Dieser wurde binnen kürzester Zeit zum Massenphänomen mit Kultstatus. Er wurde zum ersten Künstler im Sinne Alewyns und zugleich zum ersten Helden eines Genres, in dem es noch rund 40 Jahre nach seinem ersten Auftritt offiziell keine Helden gab.[19] Doyle verfeinerte und erweiterte die von Poe genutzten Elemente und schuf ein Schema, welches nachfolgenden Autoren lange zur Orientierung diente. Hierzu gehört auch die häufig verwendete Erzählperspektive durch einen Biografen, die s.g. `Watson-Technik´.[20]

Als das Goldene Zeitalter der Detektivromane gelten die 20er und frühen 30er Jahre des vergangenen Jahrhunderts. In dieser Zeit erblickte eine ganze Reihe bekannter Detektive von Agatha Christie, Dorothy L. Sayers, John Dickson Carr und anderen Autoren das Licht der Welt.

Zugleich entstanden die berühmten Regelwerke von S.S. van Dine[21] und Ronald Knox[22], die nicht unmaßgeblich daran beteiligt waren, dass der Detektivroman der englischen Schule zu einer regelgeleiteten Gattung wurde. Howard Haycraft reduzierte die Regelwerke später auf zwei Grundregeln.[23]

---

15. Vgl., Alewyn: Anatomie..., S. 370; Neuhaus: Vorüberlegungen..., S. 266.
16. Vgl., Neuhaus: Mysterion.., S. 42ff; Neuhaus: Richard Alewyns Forschungen..., S. 3.
17. Vgl., Neuhaus: Mysterion ..., S. 21.
18. Vgl., Harrowitz: Das Wesen des Detektivmodells..., S. 263.
19. Vgl., Alewyn: Ursprung..., S. 342 und S. 358ff; Neuhaus: Vorüberlegungen.., S. 266.
20. Vgl., Neuhaus: Mysterion..., S. 30.
21. Vgl., van Dine: Twenty Rules for..., S. 189ff. Mehr zu van Dines Ausführungen findet sich unter 5.4.
22. Vgl., Knox: A Detective Story Decalougue, S. 194ff.
23. Vgl., Neuhaus: Mysterion..., S. 12ff; Neuhaus: Vorüberlegungen..., S. 266f.

Richtungsweisend waren ebenso Sayers `Omnibus of Crime´[24] und ihre Ausführungen zur Grundstruktur des Detektivromans im Vergleich zu den Vorgaben für das antike Drama von Aristoteles.[25] Gleiches gilt für das von Carr erstmals in seinem Roman `The hollow man´ angewandte und dort im Detail erläuterte s.g. `locked-room-mystery´.[26]

Dass es sich bei den Autoren der klassischen englischen Detektivromane um eine eingeschworene Gemeinschaft gehandelt hat, zeigt sich schon an der Gründung des London-Detection-Clubs von 1928. Vorsitzender dieses Clubs, der strenge Aufnahmekriterien besaß, war bis zu seinem Tode 1936 Gilbert K. Chesterton, der kurz nach der Jahrhundertwende mit Father Brown ein völliges Gegenstück zu Doyles Sherlock Holmes-Figur geschaffen hatte.[27]

Doch nicht nur die Reglements sind bis heute typisch für den Detektivroman der englischen Schule. So werden beispielsweise auch die schon von vornherein in ihrer Zahl begrenzten Schauplätze gerne hermetisch abgeriegelt und auf diese Weise der Täterkreis eingeschränkt. Die meisten Protagonisten der Romane verfügen über ein beachtliches Wissen sowie hervorragende Beobachtungs- und Analysefähigkeiten. Mancher Fall wird daher praktisch gelöst, ohne dass der Detektiv dafür aus seinem Sessel aufgestanden wäre. Stammen die Detektive selbst meist aus der gehobenen Mittelschicht, so sind ihre Fälle oft in den Sphären der Oberschicht angesiedelt.[28]

Es ließen sich noch Dutzende weiterer Elemente aufzeigen, die für diese Form des Detektivromans als stereotyp gelten können. Sie sollen hier jedoch nicht weiter ausgeführt werden.[29] Festgehalten sei jedoch, dass sich die Detektivromane der englischen Schule nach wie vor größter Beliebtheit erfreuen und sich viele Autoren auch heute noch dieser Form verpflichtet fühlen.[30]

---

24. Vgl., Sayers: The Omnibus of Crime, S. 71-109.
25. Vgl., Sayers: Aristoteles über Detektivgeschichten..., S. 13ff.
26. Vgl., Carr: Der verschlossene Raum, S. 194ff; Carr: The Locked-Room Lecture, S. 273ff.
27. Vgl., Haycraft: The art of the mystery story..., S. 197.
28. Wie bei anderen Aspekten gibt es natürlich auch hier einige Ausnahmen.
29. Detaillierte Ausführungen finden sich u.a. in den angegebenen Aufsätzen von Alewyn und Neuhaus.
30. Dies bestätigt auch die, neben anderen kontinuierlich wachsende, Reihe `DuMont's Kriminal-Bibliothek´.

Als Vertreter für diese alles andere als vom Aussterben bedrohte Sparte des Detektivromans soll das Detective Adventure ʻThe Lost Files of Sherlock Holmes - The Case of the Serrated Scalpelʼ genauer analysiert werden.[31]

Schon während der Blütezeit des Detektivromans englischer Schule entwickelte sich unter den amerikanischen Autoren eine zweite Form des Detektivromans. Die bekanntesten Vertreter dieser neuen Ausrichtung, die sich vor allem in den 40er Jahren kommerziell auf dem amerikanischen Buchmarkt und auch in Hollywood durchsetzen konnte, waren Dashiell Hammett und Raymond Chandler. Letzterer sorgte mit seinem Essay ʻThe Simple Art of Murderʼ für Empörung unter den Autoren regelgeleiteter Detektivromane, die sich von ihm missverstanden und zu Unrecht verurteilt fühlten.[32]

Alewyn verweigert diesen, als Romane der ʻhard-boiled-schoolʼ bezeichneten Detektivgeschichten, die Einbeziehung unter seine Definition des Detektivromans. Er bezeichnet den Typus als ʻBastardformʼ und ordnet ihn den Kriminalromanen zu.[33] Neuhaus nimmt keine so strikte Abgrenzung vor, da aus seiner Sicht auch in diesen Detektivromanen die Grundstrukturen des klassischen Detektivromans erhalten bleiben und Webers Theorie zur analytischen Erzählung nicht beeinträchtigt wird.[34] Diese Auffassung soll im Folgenden für diese Arbeit Gültigkeit haben.

Ein für den Leser höherer Realitätsbezug ist das Ziel der Autoren der amerikanischen Schule. So siedeln sie ihre Geschichten im Verbrechermilieu amerikanischer Großstädte an und lassen Verbrechen dort geschehen, wo der Leser sie, ihrer Meinung nach, erwartet.[35] Die Protagonisten, aus deren Sicht die Fälle meistens geschildert werden, sind zu bezahlende Berufsdetektive, die aus Unvollkommenheit, Laster oder Leidenschaft diesen Beruf ausüben und die dem Verbrechen näher stehen als die meisten Leser.[36] Dabei sind sie oft regelrechte Anti-Helden, die deutlich mehr Probleme haben als ihre Auftraggeber.[37]

---

31. Zu Gunsten der Lesbarkeit werden die Detective Adventures in den nachfolgenden Kapiteln mit ʻSherlock Holmesʼ, ʻJack Orlandoʼ, ʻThe Last Expressʼ und ʻTKKGʼ abgekürzt.
32. Vgl., Chandler: The Simple Art of Murder, S. 222ff.
33. Vgl., Alewyn: Anatomie..., S. 361 und S. 388ff.
34. Vgl., Neuhaus: Mysterion..., S. 28 und S. 37f; Neuhaus: Vorüberlegungen..., S. 271.
35. Vgl., Broich: Der entfesselte Detektivroman, S. 101ff.
36. Vgl., Schiel: Die andere Detektivgeschichte..., S. 13.
37. Details über die zerrüttete Vergangenheit erfährt man häufig in Rückblenden aus Sicht des Detektivs.

Der Anteil von ʻviolence, sex & crimeʼ liegt in diesen Romanen verhältnismäßig hoch, die Handlungen des Detektivs sind moralisch nicht immer einwandfrei und Gewalt wird für den Leser vergleichsweise schonungslos dargestellt. Statt einer Watson-Figur setzt der ʻPrivate Eyeʼ auf häufig unzuverlässige Informanten und meist korrupte Polizisten.[38] Die von deutlich mehr aktiven Handlungen geprägten Fälle beginnen meist ziemlich unspektakulär und erhalten erst im Verlauf der Geschichte eine größere Dimension. Mord bleibt dabei das zentrale Verbrechen.

Mehr Wert als im Falle der englischen Schule wird hier auf den Aspekt der Psychologie und die Darstellung der Charaktere gelegt. Vor allem über die zentralen Figuren Detektiv, Täter und Opfer erhält der Leser hier Hintergrundinformationen. Durch die weniger schematische Darstellung verlieren die Figuren auf diese Weise ihren reinen Funktionscharakter, und die Geschichten selbst wirken komplexer, als sie eigentlich sind.[39]

Unterschiede bezüglich der literarischen Qualität sind auch bei der amerikanischen Schule zu beobachten, doch sind die erfolgreichen Protagonisten dieser Sparte wie Phillip Marlowe, Sam Spade oder Mike Hammer auch heute noch ebenso wenig aus den Regalen der Buchhandlungen wegzudenken wie Sherlock Holmes, Miss Marple oder Hercule Poirot. Das Detective Adventure ʻJack Orlando - A Cinematic Adventure - Directorʼs Cutʼ soll hier die amerikanische Schule repräsentieren.[40]

Die in den 50er Jahren aufkommenden Spionageromane, darunter die weltweit bekannte James Bond-Reihe von Ian Flemming, die manche Autoren als eine Weiterentwicklung des Genres ansehen, schließt auch Neuhaus nicht mehr in seine Definition des Detektivromans mit ein. Er bestätigt zwar die Parallelen im Aufbau der Geschichten und in den Arbeitsweisen der Protagonisten, doch bricht diese Form, aus seiner Sicht, durch ihre Ansiedlung des Geschehens im internationalen, rechtsfreien Raum, die Bezeichnung der Protagonisten als Agenten und dem nachweislich höheren Abenteueranteil mit den Gattungskonventionen.[41]

---

38. Vgl., Neuhaus: Mysterion..., S. 32.
39. Vgl., Broich: Der entfesselte Detektivroman, S. 100f; Schiel: Die andere Detektivgeschichte..., S. 82ff.
40. Weitere Aspekte zur amerikanischen Schule finden sich u.a. in den angegebenen Ausführungen von Schiel.
41. Vgl., Neuhaus: Mysterion..., S. 21ff; Schulz-Buschhaus: Funktionen des Kriminalromans..., S. 539.

Wählt man die Romane von Ian Flemming, Ken Follett, Robert Harris oder Gleen Meade als typische Spionageromane, dann kann man dieser strikten Trennung sicherlich widerspruchslos zustimmen. Diese Werke haben in der Tat mit einem Detektivroman englischer oder amerikanischer Schule nur noch in sehr wenigen Zügen etwas gemeinsam.[42]

Es gibt hier jedoch Grenzfälle, die auf der einen Seite eindeutig Aspekte des Spionageromans enthalten, während auf der anderen Seite die klassischen Elemente eines Detektivromans nicht dermaßen in den Hintergrund gedrängt werden, wie dies bei den oben genannten Autoren häufig geschieht. So würde man sicher Doyles Kurzgeschichte `His Last Bow: The War Service of Sherlock Holmes´ nicht als Spionageerzählung bezeichnen, nur weil die Geschichte einen internationalen politischen Aspekt enthält. Gleiches gilt für Detective Adventures wie beispielsweise `The Lost Files of Sherlock Holmes - The Case of the Rose Tatoo´, ein Adventure, dessen Geschichte bis ins Detail die Struktur einer typischen Holmes-Erzählung aufweist, abgesehen von dem Umstand, dass ein politischer Komplott englischer Diplomaten und untreuer Offiziere des deutschen Kaisers letztlich die Ursache der Ereignisse ist.[43]

Hier verbleiben, trotz der von Neuhaus kritisierten Vermischung der Elemente, vor allem für den Erstrezipienten die Aspekte von Detektivroman oder Detective Adventure im Vordergrund. Verstärkt wird dieser Eindruck durch die Beibehaltung von Webers Schema der analytischen Erzählstruktur in den entsprechenden Romanen und Adventures.[44]

Gerade innerhalb des Adventure-Genres nimmt man dort, wo die Überlagerung der Grundstrukturen weitest gehend ausbleibt, keine strikte Trennung vor. Die Spionage- und Abenteuerelemente werden hier bis zu einem gewissen Grad akzeptiert. Vor allem letztere sind, zumindest im Bezug auf die Rätselstruktur, sogar fester Bestandteil der meisten Detective Adventures.[45]

---

42. Vgl., Alewyn: Anatomie..., S. 388f. Auch Alewyn schließt diese Form nicht in seine Definition mit ein.
43. Vgl., Doyle: His Last Bow..., S. 957ff; vgl., `Sherlock Holmes - The Case of the Rose Tatoo´ Episode III.
44. Details zu den Ausführungen von Weber finden sich unter 5.2.
45. Ausgegrenzt werden jedoch Titel, bei denen vor den Aspekten einer Detektivgeschichte eindeutige Abenteuerelemente dominieren, wie bei den Serientiteln von `Gabriel Knight´ und `Baphomets Fluch´.

Adventures, bei denen die Spionageelemente dominieren, sind äußerst selten. Titel mit entsprechender Thematik werden heute ausschließlich im Genre der s.g. Ego-Shooter publiziert.[46] Eines der bekanntesten Detective Adventures, bei dem Abenteuer- und Spionageelemente eine Rolle spielen, heißt `The Last Express´. Dieser Titel soll nachfolgend, gleichgestellt mit den anderen Detective Adventures, analysiert werden.[47]

Von der literarischen Forschung weit gehend unbeachtet geblieben ist bis heute die Entwicklung des Jugenddetektivromans. Er wird von den meisten Literaturwissenschaftlern nicht als eigenständige Ausprägung der Gattung in die jeweiligen Untersuchungen mit einbezogen. Aufgrund der in den letzten Jahren gestiegenen Bedeutung des Detective Adventures für die jüngere Zielgruppe soll dies in dieser Arbeit anders sein. Der Titel `Der Schatz der Maya - Das Detektivspiel´ aus der Reihe `Ein Fall für TKKG´ soll gemeinsam mit den anderen Adventures analysiert und auf die Parallelen zum Jugenddetektivroman hin untersucht werden.

Dessen Vorläufer datieren in die zweite Hälfte des 19. Jahrhunderts. Zwar handelt es sich bei Titeln wie Dickins `Oliver Twist´, Twains `Tom Sawyer´ und Stevensons `Schatzinsel´ in erster Linie um Abenteuergeschichten, doch sind hier, ähnlich dem englischen Schauerroman, bereits Elemente zu finden, die sich später in den Detektivromanen nachweisen lassen.[48]

Einer der ersten erfolgreichen Detektivromane für junge Leser, der diesen Namen zurecht auch im Titel trägt, war Erich Kästners `Emil und die Detektive´ von 1932. Ähnlich wie es Doyle in seinen Sherlock Holmes-Geschichten gelang, vereinte Kästner die später stereotypen Elemente hier erstmalig in einem Jugenddetektivroman. Autoren wie Enid Blyton und Alfred Hitchcock übernahmen diese bis heute verwendeten Grundstrukturen für ihre Jugendromane.[49]

---

46. Hierzu gehören beispielsweise auch alle bekannten Softwareumsetzungen von Flemmings James Bond (aktueller Titel `007 - Nightfire´) oder die `No One Lives Forever´-Reihe.
47. Weitere Ausführungen zum Thema Spionageroman finden sich bei Eco: Die Erzählstrukturen bei Ian Flemming.
48. Vgl., Alewyn: Anatomie..., S. 370; Hasubek: Die Detektivgeschichte für junge Leser, S. 26ff.
49. Vgl., Hasubek: Die Detektivgeschichte für junge Leser, S. 33f.

Neben vielen Parallelen fallen bei genauerer Betrachtung schnell einige Unterschiede zum Detektivroman für erwachsene Leser ins Auge: So treten die jungendlichen Detektive meist in kleinen, weit gehend homogenen Gruppen von drei bis fünf Personen auf. Die Aufgaben, die sonst ein Detektiv in seiner Person vereint, sind entsprechend der Fähigkeiten jedes Einzelnen genau aufgeteilt, und jeder trägt gleichberechtigt mit den anderen zur Lösung eines Falls bei.[50]

Bezüglich Verbrechen und Gewaltdarstellung nehmen die Autoren eine Anpassung an die Welt der Jugendlichen vor: Verbrecher, mit denen die Jugendlichen Kontakt haben, werden zwar als 'böse', jedoch nicht als gewalttätig beschrieben, und selbst bei den Vergehen handelt es sich nur äußerst selten um Gewaltverbrechen.[51]

Die meisten Geschichten weisen verhältnismäßig viele Abenteuerelemente auf und besitzen zugleich einen wissensvermittelnden bis belehrenden Charakterzug. Abgesehen von den Tätern kommen Erwachsene in der Welt der Jugendlichen nur dort zum Zuge, wo die Kompetenz letzterer aufhört, wie beispielsweise bei der Festnahme eines Verdächtigen.[52]

Inwieweit sich diese und einige weitere für den Jugenddetektivroman stereotype Aspekte in den Detective Adventures nachweisen lassen, soll in Kapitel vier und fünf weiter ausgeführt werden.

2.2 Ausprägung und Entwicklung der Computer- und Videospiele

Das Jahr 1958 gilt allgemein als das Erfindungsjahr des Videospiels. Im Oktober diesen Jahres konstruierte der amerikanische Wissenschaftler William Higinbotham mit Hilfe eines Oszilloskops und einigen Schaltkreisen das Spiel 'Tennis for Two' [53], das eigentlich nur den Besuchern am Tag der offenen Tür des 'Brookhaven National Laboratory' die dortigen wissenschaftlichen Experimente veranschaulichen sollte.

---

50. Vgl., ebd., S. 36ff.
51. Vgl., ebd., S. 63ff.
52. Vgl., ebd., S. 53ff.
53. Kurzbeschreibungen der Spielinhalte aller genannten Arcade-Spiele finden sich im Anhang.

Doch mit dieser Demonstration brachte Higinbotham wesentlich mehr und vor allem ganz andere Steine ins Rollen, als er eigentlich beabsichtigt hatte. Überall in den USA begannen in den Folgejahren Wissenschaftler und Studenten die Ideen von Higinbotham mit Hilfe der damals fast ausschließlich in den Universitäten verfügbaren Großrechner weiterzuentwickeln. Dennoch sollte es bis 1967 dauern, bis man in den USA zum ersten Mal Tischtennis am heimischen Fernseher spielen konnte.[54]

Deutlich schneller gingen die Entwicklungen in den 70er Jahren voran. In dieser Zeit versuchten nicht nur unzählige Hersteller von Videospielkonsolen für den heimischen Fernseher, mit ihrem System den Durchbruch zu schaffen, sondern es begann auch die große Zeit der Spielhallen. Die s.g. `Arcades´ waren überaus beliebt, und neben einem neuen Industriezweig entstand eine ebenso neue Form der Freizeitbeschäftigung in Amerikas Städten.[55]

Besonders in der zweiten Hälfte des Jahrzehnts, in der die ersten nennenswerten Grafiken Einzug in die bis dahin oft viel Fantasie erfordernden Spielwelten hielten, boomte der Markt mit den Videoautomaten. Titel wie `Space Invaders´ oder `Asteroids´ brachten den Herstellern oft mehr als 100 Mio. Dollar ein. Die späten 70er Jahre gelten bis heute als das im wahrsten Sinne des Wortes Goldene Zeitalter der Videospiele.[56]

Eine große Zeit des Umbruchs waren die 80er Jahre des vergangenen Jahrhunderts. Auf der einen Seite wurden hier viele Grundsteine für die gegenwärtige Spielentwicklung gelegt, und die meisten heute bekanten Genres vom Rollenspiel über die Sport- und Wirtschaftssimulationen bis hin zum rundenbasierten Strategiespiel entstanden in dieser Zeit. Auf der anderen Seite gab es jedoch viele negative, oftmals gegenläufige Entwicklungen.

---

54. Vgl., Mertens: Wir waren Space Invaders..., S. 20ff und 31ff; Poole: Trigger Happy, S. 29ff.
55. Vgl., Lischka: Spielplatz..., S. 46f.
56. Die meisten der damals publizierten Spieltitel würden heute in die Genres Sport-, Hüpf- & Lauf oder Schieß-Spiele fallen. Der immer wieder verwandte Begriff des Geschicklichkeitsspiels ist für eine Zuordnung viel zu ungenau und dient mehr als `grenzenloses´ Sammelbecken für Titel wie `Tetris´, die sich keinem Genre eindeutig zuordnen lassen. Die Nachfolger vieler in den 70ern entstandenen Spiele wie beispielsweise `Pac Man´ werden auch heute noch als `Arcade-Spiele´ bezeichnet.

Anfänglich bestimmten noch die Videospielautomaten in den Spielhallen mit bekannten Titeln wie `Pac Man´ oder `Donkey Kong´ gemeinsam mit den Heimvideosystemen aus den späten 70ern das Geschehen. Umsatzsteigerungen von bis zu 50% pro Quartal waren für manche Hersteller keine Seltenheit, und es schien ein neues Naturgesetz zu sein, dass die Menschen Videospiele kauften und vor allem, dass sie immer mehr davon kauften.[57]

Umso härter traf der Crash Ende 1982, in erster Linie hervorgerufen aufgrund von Überproduktion und falschen Markteinschätzungen, die gesamte Videospielbranche. Über Nacht wurde den schnellen Erfolgen ein ebenso jähes wie unerwartetes Ende gesetzt. Doch während 1983 schätzungsweise die Hälfte aller Spielhallen in den USA geschlossen wurden und Branchenführer Atari sich gezwungen sah, nach einem Verlust von mehr als einer halben Milliarde Dollar in der Vorjahresbilanz rund 6 Millionen nicht verkaufe Steckkarten für sein Heimvideosystem in der Wüste von Nevada zu entsorgen, verbuchten die Hersteller der ersten massentauglichen Spielcomputer dreistellige Millionengewinne. Das Ende der Videospielära war zugleich die Geburtsstunde des Computerspiels.[58]

Spielcomputer wie der legendäre C64 von Commodore und seine Nachfolger Amiga 500 / 1000 dominierten vor allem in der Mitte der 80er Jahre, einer Zeit, in der ein herkömmlicher `Personal Computer´ schlichtweg noch nicht spieltauglich war und die wenigen noch verfügbaren Videospielsysteme keine vergleichbare Leistung boten.[59]

Gegen Ende des Jahrzehnts setzten sich dann die inzwischen ebenfalls spieltauglichen PCs aufgrund ihrer Funktionsvielfalt gegen die Spielcomputer durch. Zugleich kamen 1989 mit Nintendos `GameBoy´ und Segas `Mega Drive´ zwei völlig neue Spielkonsolen auf den Markt, die kaum noch etwas mit den früheren Videosystemen gemeinsam hatten.

---

57. Vgl., Herz: Joystick Nation, S. 131ff; Lischka: Spielplatz..., S. 51.
58. Vgl., Lischka; Spielplatz..., S. 51ff.
59. Vgl., ebd., S. 153f; Mertens: Wir waren Space Invaders..., S. 9ff.

Sie legten die Grundsteine für die Entwicklung der Spielkonsolen, wie wir sie gegenwärtig in Form von PlayStation II, X-Box und GameCube kennen.[60] Zu den bekanntesten Software-Entwicklungen der 80er, die auch heute noch auf vielen Computern zu finden sind, gehören neben dem schon erwähnten ´Pac Man´ auch ´Tetris´ und Nintendos ´Super Mario´.

Die 90er Jahre waren für die Welt der Computerspiele alles andere als von Stillstand geprägt. Zunächst eröffneten sich durch die immer leistungsstärkere Hardware, sowohl in grafischer Hinsicht als auch im Bezug auf Speicherkapazitäten und Prozessorgeschwindigkeit, den Programmierern ständig neue Möglichkeiten. Zeitlich gesehen parallel zu dieser Entwicklung wurden Computerspiele durch die massive Verbreitung von Computern und Spielkonsolen in Privathaushalten und Kinderzimmern jetzt auch in Europa endgültig zu einem gesellschaftlich weit gehend anerkannten Massenphänomen. Nicht zuletzt waren es aber vor allem auch die Spieler, die nun immer öfter von den Designern neue Ideen oder Konzepte zur Ausnutzung des technisch Machbaren forderten.

So entstanden Mitte der 90er Jahre sogar neue, eigenständige Genres: Mit dem Titel ´DOOM´ wurde 1993 das bis heute erfolgreichste und aufgrund des oft hohen Grades an Gewaltdarstellung ebenso umstrittene Genre der s.g. Ego-Shooter geschaffen.[61] Nur zwei Jahre später gelang dem neuen Genre der Echtzeitstrategiespiele mit dem ersten Teil der ´Command & Conquer´-Reihe von Westwood der Durchbruch.

Dieses Genre ist bis heute neben den Ego-Shootern das erfolgreichste, zumindest in kommerzieller Hinsicht.[62]

In den letzten Jahren, in denen schließlich auch der Joystick als Eingabegerät endgültig dem Joypad und der Tastatur weichen musste, konzentrierten sich die Spielentwickler weniger auf die Schaffung neuer Genres als vielmehr darauf, den Realitätsgrad der bisher schon bestehenden

---

60. Heute stehen Produzenten von Computer- und Konsolenspielen schon aufgrund unterschiedlicher Zielgruppen und unterschiedlicher Genregewichtung nicht mehr in direkter Konkurrenz zueinander. Bei Genres, die sowohl bei Computer- als auch bei Konsolenspielern beliebt sind, bieten viele Entwickler ihre Titel für beide Interessensgruppen an. Einige Titel sind sogar für mehrere aktuelle Spielkonsolen verfügbar.
61. Der durch die Medien auch außerhalb der Fachwelt wesentlich bekanntere Titel ´Half-Life Counterstrike´ gehört ebenfalls zu diesem Genre. Er ist im Gegensatz zu ´DOOM´ und den meisten anderen Genrevertretern jedoch nicht indiziert, sondern besitzt eine gesetzlich verbindliche Altersfreigabe für Personen ab 16 Jahren.
62. Vgl., Mertens: Wir waren Space Invaders..., S. 161ff und S. 170ff.

Spieltypen zu erhöhen.[63] Dies geschah vor allem durch die Verbesserung der Künstlichen Intelligenz und dem damit verbundenen Gegnerverhalten sowie kontinuierliche Weiterentwicklungen im Bezug auf Grafik und Audiowiedergabe.[64]

Zwei im Zusammenhang mit dieser Arbeit bedeutsame Tendenzen lassen sich spätestens seit der Jahrhundertwende genreübergreifend beobachten: Zum einen sind die Designer heute in erster Linie zunehmend um Komplexität und Spieltiefe bemüht, zum anderen verfügt inzwischen fast jeder aktuelle Titel über einen s.g. `Storymodus´.[65]

2.2.1 Ausprägung und Entwicklung des Adventuregenres

„Adventures sind storybezogene Spiele, deren Handlungsstrang sich durch das Lösen vieler Rätsel vorantreiben lässt. Adventures können sowohl auf Text [...] als auch auf Grafik basieren [...]. Sie können aus der Perspektive der ersten Person [...] oder aus der Warte der dritten Person [...] erzählt werden. [...] Die Spieler erwarten von einem Adventure normalerweise, dass es eine große komplexe Welt mit interessanten Charakteren und einer guten Story zu erforschen gibt."[66]

Zutreffender als Bob Bates kann man eine Definition für das Adventuregenre wohl kaum geben. Das Genre zählt zu den ältesten überhaupt. Bereits Mitte der 70er Jahre kursierte auf den Großrechnern in amerikanischen Universitäten ein Spiel mit dem folgenschweren Namen `Adventure´. Ursprünglich von einem Hobbyhöhlenforscher, Tolkien-Fan und Dungeons & Dragons-Spieler Namens William Crowther entwickelt, bauten Studenten an unterschiedlichen Universitäten das Spiel bald zu einem äußerst komplexen Labyrinth aus, in dem der Spieler tagelang umherirren konnte.[67]

---

63. Innerhalb bestehender Genres gab es hingegen weitere neue Ausprägungen wie beispielsweise den Taktischen Shooter oder das Spielprinzip der `Moorhuhnjagd´.
64. Hervorzuheben wäre hier insbesondere die Einführung s.g. 3D-beschleunigter Grafikkarten sowie des digitalen Dolby-Surround Audiosystems.
65. Weitere Ausführungen zum `Storymode´ erfolgen unter den Punkten 3.0 und 3.1. Für weitere Ausführungen zu den Anfängen der Computer- und Videospiele sei auf die Darstellungen von Kent und Poole verwiesen.
66. Bates: Game Design..., S. 7f. In den Auslassungen werden vom Autor jeweils Beispiele für den zuvor angesprochenen Aspekt gegeben.
67. Vgl., Lischka: Spielplatz..., S. 31ff.

Wie das 1980 erste kommerziell vertriebene Adventure `Zork´ besaß `Adventure´ mehr als 150 Orte sowie rund 200 Objekte und Gegenstände. Es gab Sackgassen, Speicheroptionen, mehrere nichtlineare Lösungswege und unterschiedliche Spielenden. Gleiches galt für viele der nachfolgenden Adventures der frühen 80er Jahre.[68]

Diese Text-Adventures, die mit Sätzen wie "You are in a dark and narrow passage way"[69] oder "West of House. You are standing in an open field west of a white house, with a boarded front door. There is a small mailbox here."[70] begannen und den Spieler dann mit einem blinkenden Cursor in der Befehlszeile alleine ließen, waren reine interaktive Textberge. Auf kurze Worteingaben durch den Spieler folgten lange Textpassagen, die die Geschichte fortschrieben. Fast wie bei einem Buch musste sich der Spieler die Handlung der Geschichte, mit der er kommunizierte und interagierte, durch stundenlanges lesen erarbeiten. Er wurde auf diese Weise im wahrsten Sinne des Wortes ein interaktiver Leser.[71]

Die Kritiker rezensierten die, selbst in Buchhandlungen erhältlichen Text-Adventures, als wären es Bücher[72], und manche basierten in der Tat auf literarischen Vorlagen.[73] Mit im Schnitt 30 bis 100 Stunden nahm die Rezeption eines Text-Adventures jedoch deutlich mehr Zeit in Anspruch als die Lektüre der meisten Romane.[74]

Das Ziel der Adventures bestand meist nicht nur darin, irgendwann das Ende der interaktiven Geschichte zu erreichen; oft galt es zudem noch, eine möglichst hohe Punktzahl zu erhalten.[75]

---

68. Vgl., ebd., S. 13f und S. 38.
69. Mertens: Wir waren Space Invaders..., S. 96.
70. Ebd., S. 100.
71. Näher an das Medium der Buchliteratur war bis dahin und ist bis heute keine Ausprägung eines anderen Computerspielgenres gelangt; Vgl., Bates: Game Design..., S. 55 und S. 78.
72. Vgl., Lischka: Spielplatz..., S. 32 und S. 73ff.
73. So gibt es beispielsweise ein Text-Adventure nach Bradburys `Fahrenheit 451´, oder eines mit dem Titel `Agatha Christie´, der Autorin der Buchvorlage. Crichton schrieb selbst eine vereinfachte Version seines Buches `Congo´ als Basis eines Text-Adventures; vgl., Lischka: Spielplatz..., S. 76.
74. Vgl., ebd., S. 139f.
75. Meist erhielt der Spieler umso mehr Punkte, je mehr Personen er befragt und je mehr Orte er aufgesucht hatte. Unter den Grafik-Adventures besitzt nur die `Gabriel Knight´-Reihe ein vergleichbares System. Bei anderen Text-Adventures kam es darauf an, das Ende in möglichst kurzer Zeit zu erreichen.

Wie das Spielende selbst aussah, war häufig abhängig vom Verhalten des Spielers und dem daraus resultierenden Verlauf der Geschichte. Manche Titel verfügten über bis zu 30 unterschiedliche Enden.[76]

Die Zeit der Text-Adventures neigte sich dem Ende zu, als mit ´Maniac Mansion´ 1987 das erste als solches zu bezeichnende Grafik-Adventure erschien.[77] Der Textanteil dieser Adventures fiel deutlich geringer aus, da fast alle beschreibenden Passagen nun in Form von Grafiken dargestellt wurden. Zugleich reduzierte sich die Komplexität vieler Titel erheblich.[78]

Beinahe revolutionärer als die noch recht groben Grafiken war die mit diesem Titel neu eingeführte s.g. ´Punkt-Klick-Steuerung´. Diese wurde in der Folgezeit immer weiter verfeinert und bildet bis heute als stereotypes Merkmal die Steuergrundlage fast aller Adventures. Alle Aktionen, die man zuvor durch die Eingabe einer Textzeile ausgeführt hatte, erfolgten nun mit Hilfe eines einfachen Mausklicks. Auf diese Weise wurden die Interaktions- und Kommunikationsmöglichkeiten zwischen der virtuellen Welt des Spiels und dem Rezipienten deutlich erhöht. Die scheinbar größere Bewegungsfreiheit für den Spieler vermittelte diesem ein ganz neues Raumgefühl, die virtuellen Welten erschienen nun greifbarer als je zuvor.[79]

Weitere, schon bald folgende Neuerungen waren Übersichtskarten der virtuellen Welt, optisch greifbare Inventare und Notizbuchfunktionen. Auch diese Elemente sind bis heute noch fester Bestandteil in beinahe jedem Adventure.[80]

Auf die Schließung des ehemaligen Branchenführers für Text-Adventures Infocom im Jahre 1989 folgte mit ´Loom´ die Veröffentlichung des ersten multimedialen Adventures, das die einzelnen technischen Neuerungen gemeinsam mit einer vergleichsweise komplexen Geschichte zu einer Einheit verknüpfte.

---

76. Vergleichbare Zahlen sind in Grafik-Adventures bei weitem nicht zu finden.
77. Alle bis dahin erschienenen und als solche bezeichneten Grafik-Adventures waren Text-Adventures, in die man einige statische Einzelbilder eingeflochten hatte.
78. Eine mit einem Text-Adventure vergleichbare Zahl an Schauplätze hätte die (Grafik)speicher der damaligen Rechner deutlich überfordert.
79. Hier geschah der größte Wandel auf den Ebenen der Kommunikation und der Interaktion. Fantasie und Vorstellungskraft des Spielers waren fortan für das Aussehen der virtuellen Welt nur noch bedingt gefordert und das wichtigste Interaktionsmittel war nicht mehr die Tastatur, sondern die Computermaus.
80. Unter den Punkten 3.1, 3.2 und 3.3 soll detaillierter auf die einzelnen Elemente eingegangen werden.

Eine neue Basisformel war gefunden, das Genre erlebte einen enormen Aufschwung.[81]

Die Entstehung neuer, von Beginn an erfolgreicher Genres in der Mitte der 90er Jahre, vor allem aber die Genreübergreifende Umstellung auf das Speichermedium CD-ROM sorgten dann jedoch für einen deutlichen Verlust in der Spielergunst, von dem sich das Genre bis heute nicht erholt hat.[82] Viele Designer verfielen dem Irrglauben, die Zukunft gehöre dem interaktiven Film. In der Folge degenerierten die meisten Adventures zu einer Aneinanderreihung von häufig schlecht aufgelösten und noch schlechter gespielten Minifilmsequenzen, zwischen denen der Spieler wenige, beinahe belanglose Mausklicks ausführen musste. Die Kommunikation und Interaktion zwischen Spieler und Spiel wurden auf ein Minimum beschränkt und die Hintergrundgeschichten waren in der Regel ebenso unlogisch wie die kaum noch vorhandenen Rätsel. An letzterem Punkt scheiterten auch diejenigen Titel, die statt mit Filmsequenzen mit opulenten 3D-Landschaften und einem 360°-Blickwinkel aufwarteten.[83] Ohne die vormals hohe Zahl komplexer Rätsel hatten diese Adventures ihre eigentliche Substanz verloren.

Eine Identifizierung mit dem Protagonisten, wie sie zuvor in einem Adventure stattgefunden hatte, kam schon aufgrund der Darstellung der Personen für die meisten Spieler nicht mehr infrage.

Zum Ende des letzten Jahrzehnts entstandene Ausprägungen waren hier deutlich erfolgreicher und ihre Titel gehören bis heute zu den meistverkauften Spielen weltweit: Dies ist zum einen das ursprünglich aus Japan stammende Subgenre der Survival-Horror-Adventures und die vor allem durch die englische `Tomb Raider´-Reihe[84] und deren Titelheldin Lara Croft bekannt gewordene Sparte der s.g. Action-Adventures. Beide Ausprägungen zeichnen sich trotz ihrer Abweichungen von den herkömmlichen Schemata durch eine vergleichsweise hohe Rätselanzahl

---

81. Vgl., Lischka: Spielplatz..., S. 82ff.
82. Auch die Qualität der Weltraum-Simulationen (Space Combat Simulations) litt unter dieser Entwicklung.
83. Lediglich der erste Titel dieser Art das Adventure `MYST´ war ein weltweiter Erfolg.
84. Von den fünf zwischen 1996 und 2001 veröffentlichten Spielen der Reihe wurden weltweit mehr als 25 Millionen Exemplare verkauft. Parallel zum zweiten, indirekt auf der Reihe basierenden, Kinofilm ist im Juli 2003 der sechste Teil mit dem Untertitel `Angel of Darkness´ erschienen.

und eine enorme Komplexität aus. Die Intensität der Kommunikation und der Interaktion zwischen Medium und Rezipienten fällt bei den Action-Adventures stärker aus als bei allen anderen Sparten des Genres.[85]

Zur Jahrhundertwende erfolgte eine Rückbesinnung auf die erfolgreichen Konzepte der frühen 90er Jahre, und neben den beiden gerade genannten Ausprägungen verzeichnen heute auch Adventures des klassischen Stils wieder steigende Verkaufszahlen. Sie sind, abgesehen von Verbesserungen meist optischen Charakters, kaum von den Titeln erfolgreicherer Zeiten zu unterscheiden.[86]

Neben einer dichten und gut durchdachten Hintergrundgeschichte zeichnet sich ein solches Adventure vor allem durch eine hohe Zahl logischer und möglichst komplexer Rätsel aus, zu deren Lösung man Personen befragen, Objekte einsammeln oder benutzen und vor allem selbst logisch kombinieren muss.[87] Die meisten Adventures haben dabei einen recht hohen Anspruch an die Analyse- und Kombinationsfähigkeit der Spieler, sicher ein Grund für den vergleichsweise hohen Altersdurchschnitt, der auch das Rollenspielgenre kennzeichnet. Aber das Genre hat noch andere typische Merkmale, die es für den einen reizvoll, für den anderen eher unattraktiv macht.[88] So besitzt der Rezipient eines Adventures im Gegensatz zu den Spielen anderer Genres meist alle Zeit der Welt, um sich seinen nächsten Schritt genau zu überlegen. Nur selten läuft eine Uhr mit und ebenso selten wird man zu schnellen Entscheidungen und Handlungen gezwungen.[89]

In der Spielwelt, die dennoch nicht statisch wirken muss, wird so lange nichts passieren, bis der Spieler die Interaktion wieder aufnimmt und die nächste Handlung ausführt. Kurzzeitige Action-Sequenzen, in denen ein

---

85. Ausführlich soll der Aspekt der Kommunikation unter den Punkten 3.1, 3.2 und 3.3 besprochen werden.
86. Aufgrund der starken Konkurrenz liegt der Marktanteil klassischer Adventures dennoch nur bei ca. 5%.
87. Oft muss man mehrere der genannten Aktionen ausführen, um ein Rätsel zu lösen. Häufig lässt sich ein größeres Geheimnis erst dann lüften, wenn zuvor mehrere kleine Rätsel gelöst wurden; vgl., Bates: Game Design..., S. 56.
88. Viele Spieler stört es beispielsweise, dass die meisten Adventures, im Gegensatz zu den Titeln der anderen Genres, trotz eines, zumindest zeitweise, nichtlinearen Spielaufbaus nach der Erstrezeption weit gehend Reiz und Herausforderung verlieren.
89. Eine Ausnahme stellt beispielsweise der in dieser Arbeit untersuchte Titel `The Last Express´ dar.

Kampf ausgeführt oder eine bestimmte Aufgabe unter Zeitdruck gelöst werden muss, kommen zwar in fast allen Adventures vor, beschränken sich aber meist auf einen sehr kurzen Abschnitt der Geschichte.

Trotz der Umsetzung der meisten beschreibenden Passagen in Grafiken beinhalten auch moderne Grafik-Adventures einen hohen Textanteil. Dies spiegeln nicht nur die vielen, durch sichtbaren Text wiedergegebenen Gespräche wider. Fast immer spielen Briefe, Tagebücher, verschiedenste Unterlagen, Schriftrollen, Testamente oder andere schriftliche Quellen eine entscheidende Rolle für den fortschreitenden Handlungsstrang. Den Grafiken wird ebenso wie den Audioelementen als Hauptaufgabe die Veranschaulichung der Geschichte und nicht deren inhaltliche Weiterentwicklung zugewiesen. Mit Hilfe der Grafiken und Audioelemente entfaltet der Designer eine immer größere und komplexere Welt vor den Augen des Spielers und schafft eine Atmosphäre, die den Spieler fasziniert und ihn gemeinsam mit dem Handlungsinhalt und den Rätselkonstruktionen an den Computer fesselt.[90]

Der Genrebezeichnung gerecht werdend haben die meisten Adventures einen eindeutigen Abenteuercharakter. Sie erinnern in jeder Hinsicht an klassische Abenteuer- oder Science-Fiction-Romane. Dies gilt nicht nur für die Handlung der Geschichte, sondern auch für ihre räumliche und zeitliche Einordnung sowie die Struktur der Rätselkonstruktionen.

So gehören zum Beispiel auch supernatural-Elemente als typisches Merkmal in beinahe jedes Adventure, selbst wenn dieses ansonsten weit gehend realistisch gestaltet ist. Handelt es sich beim Schauplatz des Geschehens um einen unerforschten Dschungel oder einen bis dato unbekannten Planeten in den Weiten des Alls, dann muss man als Rezipient fast immer mit diesem Aspekt rechnen.[91]

Ein erfahrener Spieler, der weiß, dass ein Adventure eine Welt mit eigenen Gesetzen und Regeln ist, kalkuliert solche Ereignisse von vornherein in sein Vorgehen mit ein. Da er sich jedoch zugleich sicher sein kann, dass selbst in einer virtuellen Welt `supernatural´-Elemente gewisse erkennbare und fast immer in irgendeiner Form auch logische Strukturen besitzen, hält er sich in einem solchen Fall, wie zur Lösung aller anderen Rätsel, an die

---

90. Weitere Ausführungen zu den Aufgaben des Designers finden sich unter Punkt 3.2.
91. Einige Designer verzichten auch dann nicht auf die Einbindung dieser Elemente, die im Übrigen meist in ihrer Ursache unaufgeklärt bleiben, wenn sie durch die Logik des gesamten Spiels in Frage gestellt wird.

wenigen Grundregeln, die man als Spieler des Genres generell beachten sollte.[92]

Diese Basisregeln besagen, dass man erst einmal alle erreichbaren Schauplätze aufsuchen sollte. Die nach der Lösung eines Rätsel neu hinzugekommenen Örtlichkeiten gilt es ebenfalls umgehend zu untersuchen. Nur wer einen genauen Gesamtüberblick über die Spielwelt besitzt, kann sicher sein, kein wichtiges Detail übersehen zu haben. An jedem besuchten Schauplatz müssen zudem grundsätzlich alle auffindbaren Objekte eingesammelt werden. Dabei gilt: Kommt man an einen Gegenstand nicht so ohne weiteres heran, muss er von einer gewissen Relevanz für den wieteren Handlungsverlauf sein. Objekte, die man ohne Widerstand mitnehmen kann, sind meist nebensächlich.[93]

Darüber hinaus sollte man mit allen Personen, denen man an den Schauplätzen begegnet, reden und dabei alle zur Verfügung gestellten Gesprächsoptionen ausschöpfen. Auch auf den ersten Blick irrelevante Gesprächsoptionen müssen genutzt werden. Schließlich gilt als Faustregel, dass man die meisten Orte mehr als einmal aufsuchen und man auch mit den meisten Personen mehrfach reden muss, um alle Informationen zu erhalten und alle zur Fortführung der Geschichte relevanten Handlungen ausführen zu können. Wer diese Grundregeln beherzigt, wird in einem logisch aufgebauten Adventure alle Rätsel lösen und jede Handlung zügig abschließen können, ohne dabei zu einem Lösungstext greifen zu müssen.

2.2.2 Ausprägung und Entwicklung des Detective Adventures

Nimmt man den Begriff des ʾAdventuresʾ wörtlich, dann scheint dieser für interaktive Detektivgeschichten auf den ersten Blick nicht zu passen. Legt man jedoch statt einer wörtlichen Übersetzung die im vorherigen Abschnitt zitierte Definition zugrunde, so lassen sich auch diese Geschichten ohne Widerspruch in das Adventuregenre einordnen.

---

92. Dass ein solches Element letztlich nach den logischen und physikalischen Gesetzen der virtuellen Welt funktioniert, vielleicht sogar in seiner Ursache erklärbar wird, hat nur sehr selten zur Folge, dass es auch nach den Logikregeln unserer Realität rational fassbar wird.
93. Lediglich zu Beginn vieler Spiele kommt man auch an wichtige Gegenstände ohne Probleme heran.

Obwohl ihr Anteil nie besonders hoch war, sind Detective Adventures schon immer ein fester Bestandteil des Genres gewesen. In den Anfängen der Text-Adventures waren Detektivgeschichten aufgrund ihres vergleichsweise einfachen Handlungsablaufs von Mord - Deduktion - Aufklärung und Lösung eine beliebte Grundlage. Sie galten vor allem als leicht konstruierbar.[94]

So befand sich auch unter den ersten 1980 kommerziell vertriebenen Text-Adventures ein Detective Adventure mit dem Titel `Mystery House´. In der Rolle des Detektivs galt es hier einen Mord aufzuklären. In den Folgejahren produzierte vor allem Branchenführer Infocom eine ganze Reihe ähnlicher Titel.[95]

Mit dem Aufkommen der Grafik-Adventures nahm die Zahl der produzierten Detective Adventures etwas ab. So sehr wie sich ihr Handlungsaufbau für die Struktur eines Text-Adventures eignete, so wenig ließen sich die neuen Errungenschaften wie Animationen oder farbenfrohe Grafiken und die damit verbundenen neuen Rätselstrukturen sinnvoll mit einer Detektivgeschichte verbinden. Technisch gab es keine Hindernisse, doch zogen die meisten Designer nun Abenteuergeschichten vor, die ihnen mehr gestalterische Freiheiten boten.[96] Der weitere Entwicklungsverlauf der Detective Adventures unterscheidet sich bis heute nicht wesentlich von der Entwicklung des Gesamtgenres.

Dass Detective Adventures nach wie vor beliebt sind, zeigt neben der Neuauflage erfolgreicher Detective Adventures[97] auch die kontinuierliche Produktion neuer Titel. Unter letzteren befinden sich zwei interaktive Geschichten mit Doyles Sherlock Holmes in der Rolle des Protagonisten.[98]

---

94. Vgl., Lischka: Spielplatz..., S. 73f.
95. Vgl., ebd., S. 73f und S. 78f.
96. Die Möglichkeit, farbenfrohe Dschungellandschaften oder fiktive Weltraummetropolen zu gestalten, reizte viele Grafiker mehr als die Darstellung nebliger Londoner Seitenstraßen oder die der Innenräume eines eingeschneiten Hauses, in dem ein Mord geschehen war. Die Werte hatten sich zu Ungunsten des Geschichtsinhalts verschoben.
97. Als Beispiel sei `Jack Orlando - A Cinematic Adventure - Director's Cut´ genannt.
98. `Sherlock Holmes und das Geheimnis der Mumie´ (2003) und `Sherlock Holmes: The Case of Sherringford´ (2004).

Zählt man diese mit, dann ist Holmes mit insgesamt sieben Titeln der am häufigsten für Grafik-Adventures herangezogene, aus der Literatur bereits bekannte Detektiv. Lediglich von der Jugendbuchreihe TKKG gibt es mit rund einem Dutzend Softwareumsetzungen zurzeit mehr Titel.[99]

Bei der Abgrenzung der Detective Adventures gegenüber anderen Adventures geht es nicht weniger ungenau zu als bei der Abgrenzung zwischen Detektiv- und Kriminalroman. So finden sich auf vielen Hüllen Bezeichnungen wie `Detektiv-Kriminaladventure´, `Detektivabenteuer´ oder `Detektiv-Mystery-Adventure´. Ebenso wenig passt häufig der Inhalt: Eine große Zahl der als Detective Adventures angebotenen Titel besitzen so viele Abenteueraspekte und supernatural-Elemente, dass man sie nicht mehr als solche zählen kann.[100] Andere haben reine Spionage- , Science Fiction- oder gar Horrorgeschichten zur Grundlage, und das einzige Detektivische ist ein als Detektiv bezeichneter Protagonist, der sich nur selten entsprechend verhält.[101] Wieder andere Titel disqualifizieren sich beinahe schon von selbst, wenn es zum Beispiel auf der Verpackung heißt, dass der Privatdetektiv übersinnliche Fähigkeiten erworben habe, weil seine Eltern am Tag der Beerdigung von Alfred Hitchcock einen tödlichen Autounfall hatten.[102]

Aber selbst Adventures, deren Handlung auf den ersten Blick durch und durch den Aufbau eines klassischen Detektivromans zu haben scheinen, können sich als reine Aneinanderreihung von Knobelaufgaben und Wortspielen entpuppen, deren Lösung für die Fortschreibung der Handlung obligatorisch, für die Aufklärung des Falls völlig irrelevant ist und sich zugleich das eigentliche Verbrechen praktisch von alleine löst.[103]

Demgegenüber gibt es jedoch eine ganze Reihe von Detective Adventures, die sich nicht nur eindeutig als solche identifizieren, sondern sich zudem auch in die im Bereich des Detektivromans benutzten Untergattungen gliedern lassen, wie die vier gewählten Untersuchungsobjekte belegen.

---

99. Neben den genannten Protagonisten werden nur selten aus der Literatur bekannte Detektive für Detective Adventures herangezogen. Eine der wenigen Ausnahmen ist der Titel `Phillip Marlowe - Private Eye´.
100. Als Beispiel können hier die Trilogien `Baphomets Fluch´ und `Gabriel Knight´ dienen.
101. Als Beispiel sei hier `Alone in the Dark IV´ genannt.
102. Ein Beispiel hierfür stellt `Hitchcock - The Final Cut´ dar.
103. Hierfür kann `Cluedo - Tödliche Täuschung´ als Beispiel dienen.

Reine Detective Adventures zeichnen sich im Allgemeinen durch einen vergleichsweise geringen Anteil an Abenteueraspekten und supernatural-Elementen aus. Ihre Rätselstruktur ist an eine Handlung angepasst, deren Grundlage ein realistisches, greifbares Verbrechen darstellt. Während einige Designer auf bekannte Protagonisten setzen, wählen andere schon im Detektivroman gerne als Ort des Verbrechens genutzte Schauplätze wie beispielsweise den Orient Express.[104] Manchen dienen zumindest bekannte Städte als Schauplatz. Nur selten werden die Geschichten an einer völlig fiktiven Umgebung angesiedelt.[105] Vergleichsweise präzise fällt meist auch die zeitliche Einordnung aus. In einigen Fällen sind genaue Angaben zu Datum und Uhrzeit von hoher Wichtigkeit.[106]

Alles in allem vermitteln Detective Adventures einen höheren Realitätsgrad als andere Adventures, was sich vor allem in der Ausprägung der Rätsel widerspiegelt, von denen einige mehr und andere weniger im direkten Zusammenhang mit der Aufklärung des Falls stehen. Während man in anderen Adventures wesentlich länger braucht, um die Gesetzmäßigkeiten der virtuellen Welt zu erfassen, verfolgt man im Detective Adventure schon bald handfeste Spuren, wertet Aussagen aus und überprüft Alibis. Die Clues bilden für den analysierenden und kombinierenden Spieler einen roten Faden, der sich durch die gesamte Handlung zieht.

Bei seinem Vorgehen kann der Rezipient hier fast immer auf die eigene Logik vertrauen, denn so sehr die Welt des Detective Adventures im Sinne Alewyns eine verfremdete Welt[107] sein mag, sie ist ihm doch deutlich näher als die jedes anderen Genrevertreters.[108]

Bei den meisten Detective Adventures fällt der Actionteil, in dem es für den Spieler gilt, Geschicklichkeitsaufgaben zu meistern oder aktiv in Auseinandersetzungen einzugreifen, relativ gering aus.[109] Deutlich länger und vor allem komplexer als bei anderen Adventures sind hingegen Gespräche und beschreibende Passagen.

---

104. Eines der bekanntesten Beispiele hierfür ist `The Last Express´.
105. Häufig wird ein fiktiver Schauplatz gewählt, wenn die Geschichte in der fernen Zukunft angesiedelt ist.
106. Auch hierfür kann `The Last Express´ als Beispiel genannt werden.
107. Vgl., Alewyn: Anatomie..., S. 387ff.
108. Dies bedeutet jedoch nicht, dass man sich im Detective Adventure immer gleich über den nächsten Schritt im Klaren ist und nicht manchmal doch auf `Versuch macht klug´ setzt.
109. Dies gilt auch für diejenigen Detective Adventures, die der amerikanischen Schule zuzuordnen sind.

Die Lösung eines Verbrechens setzt sich im Falle eines Detective Adventures wie bei einem Detektivroman englischer Schule zum größten Teil aus einer genauen - teilweise textbasierten - Beschreibung des Tatorts, Zeugenaussagen, Personenbeschreibungen, Hinweisen polizeilicher Ermittler, eigenen Analyseergebnissen, der Interpretation von Indizien oder die Untersuchung von Objekten sowie vom Protagonisten selbst aufgestellten Theorien zusammen. Dennoch liegt der generelle Anteil aktiven Handelns hier höher als bei vielen Detektivromanen.

Betrachtet man die genannten Kriterien, dann lässt sich kurz zusammenfassen, dass sich die Detective Adventures beinahe in genau den Punkten von den anderen Adventures unterscheiden, in denen sich auch ein Detektivroman von anderen Gattungen abgrenzt. Wo sich im Detail Parallelen und Unterschiede zwischen den beiden Medien Detective Adventure und Detektivroman aufzeigen lassen, soll in den nachfolgenden Kapiteln ausgeführt werden.

3.0 Zwei Medien im Vergleich

Buch und Computerspiel sind zwei auf den ersten Blick vollkommen unterschiedliche Medien, die noch weniger miteinander vereinbar scheinen als Buch und Film. Doch ist dem wirklich so? Bei genauerer Betrachtung kann man die Frage verneinen, denn es gibt zwischen diesen beiden Medien mehr Übereinstimmungen und Parallelen, als man zunächst vermuten würde. Dies gilt besonders für die Genres der Adventure- und Rollenspiele. Aber nicht nur dort, sondern auch in Wirtschaftssimulationen, Sportspielen, Strategiespielen und sogar Ego-Shootern werden Geschichten erzählt. Wie eingangs bereits erwähnt, gibt es heute praktisch kein Genre mehr, dessen Titel ohne die Einbettung in eine mehr oder minder detaillierte Hintergrundgeschichte und einen s.g. Storymode auskommen.[110] Haben sich Buch und Computerspiel seit dem Niedergang der Text-Adventures immer weiter voneinander entfernt, so ist die Bindung in den letzten Jahren genreübergreifend wieder zunehmend enger geworden.[111] Dennoch verbleiben eine ganze Reihe von Unterschieden, die beide Medien deutlich voneinander trennen. In den nächsten Abschnitten soll im Detail dargestellt werden, wo diese Übereinstimmungen und Abweichungen im Bezug auf die beiden Medien an sich, die Aufgaben von Autoren und Designern[112] sowie das Rezeptionsverhalten von Leser und Spieler liegen.[113]

3.1 Detektivroman und Detective Adventure

Liegen auf dem Schreibtisch Detektivromane und Detective Adventures nebeneinander, so fällt zunächst einmal auf, dass beide gleiche Formate besitzen.[114] Ähnelt die eine Spielhülle mehr einem Hardcoverbuch, so gleicht die andere einem Taschenbuch.[115]

---

110. Vgl., Bates: Game Design..., S. 78f.
111. Vgl., Mertens: Wir waren Space Invaders..., S. 102ff.
112. Um Missverständnisse und Verwechslungen zu vermeiden, soll mit ´Autor´ im Nachfolgenden immer der Buchautor gemeint sein, während der Spielautor, seinen Aufgaben entsprechend, durchweg als ´Designer´ bezeichnet werden soll.
113. Dabei soll der Hauptfokus natürlich auf dem Detektivroman und dem Detective Adventure liegen.
114. Aktuelle Titel werden meist in handelsüblichen DVD-Boxen angeboten (ca. 19 x 13,5 x 1,5 cm).
115. Nicht wenige Spieler haben die Spielboxen, ähnlich wie Bücher, im Regal stehen.

Über ein Titelbild und eine kurze Inhaltsbeschreibung auf der Rückseite verfügen ebenfalls beide. Einziger Unterschied: Auf den Hüllen der Adventures finden sich meist ausführlichere Paratexte und mehr Szenenbilder als auf dem Buchrücken.[116]

Einen deutlichen Unterschied stellt man fest, vergleicht man die im Handel verlangten Preise: Erhält man einen Detektivroman je nach Format im Schnitt für 25 € (Hardcover) oder 12 € (Taschenbuch), kostet ein aktuelles Detective Adventure rund 50 €, ältere Titel sind für ca. 20 € erhältlich.[117]

Ein weiterer auffälliger Unterschied besteht darin, dass man zur Benutzung eines Buches keine zusätzlichen Komponenten benötigt, außer vielleicht eine Lesebrille. Für ein Detective Adventure braucht man hingegen einen Computer, auf dem das Spiel zunächst installiert werden muss.

Erst wenn man anschließend auch noch das Handbuch gelesen hat, kann man mit dem Spiel beginnen. Die erste Seite in einem Detektivroman ist da schneller aufgeschlagen.[118]

Schneller hat man einen Detektivroman jedoch meist auch ausgelesen. Braucht man für die Lektüre eines solchen je nach Lesegeschwindigkeit zwischen fünf und acht Stunden, benötigt selbst ein erfahrener Spieler rund 20 Stunden, bis er die Endsequenz eines Adventures betrachten kann; Gelegenheitsspieler benötigen häufig wesentlich mehr Zeit.[119]

Wer ein Buch aufschlägt, findet nach dem Inhaltsverzeichnis in der Regel einen Prolog oder das erste Kapitel. Wer ein Spiel startet, hat nach einer Einführungssequenz hingegen ein Auswahlmenü auf dem Bildschirm, worin sich nicht nur die Möglichkeit findet, die Geschichte zu beginnen. Alternativ kann man von hieraus auch einen gespeicherten Spielstand laden, was vergleichbar wäre mit dem Aufschlagen einer mit einem Lesezeichen markierten Stelle im Buch.

---

116. Darüber hinaus finden sich hier lediglich noch Angaben technischer Natur sowie das inzwischen obligatorische Siegel für die Altersfreigabe.
117. „Ältere Titel" bedeutet im schnelllebigen Softwaremarkt, dass die Spiele bereits länger als ein Jahr erhältlich sind. Meist werden sie dann in s.g. `Low Budget´-Serien zweitvermarktet. Vergleichbar ist das Verfahren mit der späteren Herausgabe von Taschenbuchausgaben im Buchhandel.
118. Installation und Handbuchlektüre können durchaus eine halbe Stunde in Anspruch nehmen.
119. Zieht der Spieler durchgängig eine Komplettlösung hinzu, dann kann er die Spieldauer auf die Lesezeit eines Detektivromans reduzieren.

Darüber hinaus findet sich hier ein s.g. Optionsmenü, mit dessen Hilfe man das Spiel an die eigenen Bedürfnisse oder die Leistung des verwendeten Computers anpassen kann.[120] Eine vergleichbare Möglichkeit, beispielsweise die Schriftgröße anzupassen, eine Sprache auszuwählen oder sogar den Schwierigkeitsgrad der Rätsel festzulegen, bietet ein Roman nicht. Im Gegenzug hat man dort die Chance, vergangene Ereignisse wortwörtlich noch einmal nachzuschlagen oder auf der letzten Seite zu schauen, wer der Täter ist. Lässt sich Ersteres im Adventure noch bedingt ermöglichen, ist Letzteres nicht realisierbar.[121]
Die Zusammenführung von Text-, Grafik- und Audioelementen zur Gestaltung der Geschichte stellt sicher den auffälligsten äußerlichen Unterschied da. Selbst wenn die Erzählung in einem Buch mit Bildern veranschaulicht wird, so bleibt sie doch weit gehend auf den Text beschränkt und kann schon auf visueller Ebene nicht mit einem Adventure konkurrieren. Letzteres bietet zudem eine zweite Ebene, die Audioebene. Die auf Texten und Grafiken basierende Handlung des Adventures wird durch Sprachausgabe[122], Musik und Geräuscheffekte ergänzt. Dabei dient die Audioebene nicht nur der Atmosphäre, sondern wird ganz gezielt zur Lenkung des Spielers eingesetzt.[123] Betrachtet man den äußeren Aufbau der bekanntesten Detective Adventures, so fällt auf, dass sich die von Aristoteles für das Drama vorgeschlagene Einteilung in drei Akte - Anfang, Mittelteil und Ende -, die Sayers, wie bereits erwähnt, erfolgreich auf den Detektivroman bezogen hat, ebenso gut auf die interaktiven Geschichten übertragen lässt.[124]

---

120. Hier lassen sich u.a. Form und Qualität der Grafik- und Audioausgabe sowie die Art der Steuerung festlegen.
121. Die meisten Spiele bieten die Option, zumindest Gespräche zu wiederholen. Doch können selbst ausführliche Notizblockfunktionen bzw. die Lade- und Speicheroption den schnellen Blick ins vorherige Kapitel nicht umfassend ersetzen. Das Spielende selbst lässt sich ohne Manipulation der Software nicht vorwegnehmen.
122. Während der Gespräche werden alle Texte, neben der Sprachausgabe, zum Mitlesen eingeblendet. Dies ist vergleichbar mit Untertiteln bei einem Film.
123. Möglichkeiten und Aufgaben der Audioebene werden unter Punkt 3.2 und 3.3 weiter ausgeführt.
124. Vgl., Bates: Game Design..., S. 78ff.

Spieldesigner Bates formuliert das Prinzip für die Gestaltung der drei Akte wie folgt:

„Im ersten Akt scheuchen Sie den Helden auf einen Baum. Im zweiten Akt bewerfen Sie ihn mit Steinen und im dritten Akt lassen Sie ihn wieder vom Baum herunterkommen."[125]

Wie dies im Detail zu verstehen ist, soll in den nachfolgenden Kapiteln verdeutlicht werden. Dort soll zudem auf Parallelen und Unterschiede im Bezug auf die inhaltlichen Aspekte der beiden untersuchten Medien eingegangen werden. Da diese Aspekte meist im direkten Zusammenhang mit den Aufgaben von Autor und Designer oder dem Verhalten von Leser und Spieler stehen, erscheint eine Ausführung dort am effektivsten.[126] Vorab soll jedoch noch eine ganz andere, für die weitere Untersuchung jedoch nicht unbedeutende Frage erörtert werden.

3.1.1 Computerspiele als interaktive Literatur

'Kann man Computerspiele als eine Form von Literatur bezeichnen?', lautet die Frage, welche die meisten Spieldesigner, die von ihren eigenen Spielen gerne als künstlerische Werke oder gar Epen sprechen, ohne zu zögern positiv beantworten werden, während so mancher Literaturwissenschaftler sicher zurückhaltender reagieren würde. Verständlich, denn unproblematisch ist die Einordnung von Adventures oder auch von Computerspielen im Allgemeinen unter die weit gehend anerkannten Definitionen des Literaturbegriffs, sofern sie überhaupt möglich ist, sicher nicht.

Unbestreitbar ist jedoch, dass in praktisch jedem Computerspiel eine Geschichte erzählt wird, eine Handlung geschieht, an der Charaktere beteiligt sind und die, trotz aller Visualisierung und Untermauerung durch akustische und grafische Elemente, letztendlich auf Texten basiert.[127]

---

125. Vgl., ebd., S. 81.
126. Dort soll auch auf Erzählstruktur und Spannungsaufbau eingegangen werden. Der Aspekt der Erzählperspektive wird im Zusammenhang mit den Ausführungen von Neuhaus unter 5.3 behandelt.
127. Dabei spielen die Texte eine deutlich zentralere Rolle für die Handlung und die Struktur des Mediums an sich als beispielsweise bei einem Film. Dort werden die Texte zudem nicht, wie im Fall des Spiels, auf dem Bildschirm visualisiert.

Betrachtet man den gerade bei Adventures und Rollenspielen doch sehr hohen Textanteil am Gesamtumfang, so kann man hier durchaus von einem Erlesen der Geschichte sprechen.[128] Andere Genres kommen oft mit weniger, bei weitem aber nicht ohne auf dem Bildschirm visualisierte Texte aus, die den Handlungsstrang weiterführen, die einzelnen Spielabschnitte zu einer Einheit verbinden und nach der letzten Spielstufe die Hintergrundgeschichte abschließen.

Spätestens in dem Augenblick, in dem sich der Spieler eine Komplettlösung zur Seite legt und sich das Spiel durchgängig nach den Angaben dieser schriftlichen Lösung erschließt, macht er, die Lösung lesend und die Erkenntnisse am Computer umsetzend, jedes Spiel zu einem 'interaktiven Buch' mit einer interaktiven Geschichte, die er sich zunächst erliest und anschließend erst erspielt.[129]

Auch dies reicht für eine Einordnung der Computerspiele unter dem allgemeinen Literaturbegriff zwar nicht aus; bei Computerspielen unter den gegebenen Voraussetzungen jedoch von interaktiver Literatur zu sprechen, scheint durchaus gerechtfertigt zu sein.[130]

Dass so mancher Designer bei der Betrachtung eines Rollenspiels, dessen Ausmaße in fast jeder Hinsicht mit den Abenteuern der Protagonisten in Tolkiens 'Herr der Ringe' oder auch den Heldentaten der Recken des 'Niebelungenliedes' vergleichbar sind, von einem Epos spricht, erscheint unter dieser Prämisse ebenfalls nachvollziehbar.[131]

Viele Spieler, bei denen das Lesen von Buchliteratur und die Beschäftigung mit Computerspielen über Jahre hinweg parallel zueinander verlaufen ist, stellen oft ähnliche Vergleiche an.

---

128. Neben Einführungs- und Dialogtexten spielen häufig Dokumente und Inschriften eine wichtige Rolle.
129. Entsprechende Komplettlösungen gibt es nicht nur für Adventures und Rollenspiele, sondern auch für Strategiespiele, Ego-Shooter und fast alle anderen bekannten Genres. Sie liegen entweder in Buchform vor oder finden sich als Textdokument im Internet; vgl., Buschbaum: Jack Orlando - Komplettlösung; Buschbaum: Command & Conquer...,; www.dlh.net; www.spielwiese.de.
130. Viele Autoren der direkten Fachliteratur sowie Kritiker und Rezensenten der Fachpresse verwenden den Begriff der interaktiven Literatur in ihren Ausführungen.
131. Vgl., Lischka: Spielplatz..., S. 36, S. 45 und S. 69; Mertens: Wir waren Space Invaders..., S. 172 und S. 184.

Sie unterscheiden jedoch bei Spielen ebenso wie bei Büchern zwischen, aus ihrer Sicht, qualitativ hochwertigen und weniger hochwertigen Titeln.[132]
Komplexität und Tiefgang der Geschichte spielen dabei meist die entscheidende Rolle.[133]
Zum weiteren Verständnis der folgenden Ausführungen soll hier festgehalten werden, dass man Computerspiele durchaus als interaktive Literatur bezeichnen kann, auch wenn man, ebenso wie bei der Buchliteratur, Differenzierungen qualitativer Natur machen muss und zugleich nicht jedes Kampfsportspiel, nur weil es einen Storymode besitzt, mit einem Rollenspiel, dessen Bezug zur Buchliteratur wesentlich offensichtlicher ist, hier auf die gleiche Stufe stellen kann.[134]

3.2 Die Aufgaben von Autor und Designer

Die vorangegangenen Abschnitte haben gezeigt, dass, bezogen auf die äußeren Merkmale, die beiden Medien Buch und Computerspiel mehr Parallelen aufweisen, als man zunächst vermuten würde. Doch wie sieht es mit den Aufgaben aus, die dem Buchautor und dem Spieldesigner zufallen? Muss letzterer nicht vergleichsweise mehr Aspekte beachten, weil der Spieler eines interaktiven Computerspiels größere Freiheiten besitzt als der Leser eines Romans?
Zunächst einmal ist der Designer ebenso wie der Autor insofern allmächtig, als dass er eine fiktive Welt schaffen kann, in der er die Gesetze und Regeln festlegt, Gott spielt, wie manche Designer selbst gerne sagen.[135]

---

132. Entsprechend kann sich ein Spiel, mit dem sich ein Spieler mehrere Tage oder Wochen beschäftigt hat, seinem Platz im Regal und der Zweitrezeption ebenso sicher sein wie ein spannender Detektivroman.
133. Bei der qualitativen Bewertung von Computerspielen spielt eine detaillierte und logisch aufgebaute Hintergrundgeschichte eine bedeutende Rolle. Beeindruckende Grafiken und Audioausgaben reichen in den Augen der Spieler und der Fachpresse schon lange nicht mehr aus.
134. Da die Literaturwissenschaft sich jedoch bis heute nicht einigen kann, ob man Detektiv- oder auch Science-Fiction-Romane überhaupt als Literatur bezeichnen kann, dürfte auch die Diskussion um den Begriff und die Bedeutung von interaktiver Literatur außerhalb der direkten Fachliteratur und Fachpresse noch lange geführt werden. Dass ein amerikanisches Gericht im Frühjahr 2003 Computerspiele im Bezug auf die Meinungsfreiheit als Kunst definiert hat und sie rechtlich auf die gleiche Stufe mit Gemälden, Musik und Literatur gestellt hat, wird daran sicher nicht viel ändern; vgl., Blendl: Games Ticker..., S. 20.
135. Vgl., Mertens: Wir waren Space Invaders..., S. 78.

Neben den Aspekten, die auch ein Autor bei der Gestaltung beachten muss, damit seine fiktive Welt für den Leser interessant wird, muss der Designer vor allem eines sicherstellen: Er muss in jeder Situation die Kontrolle über die Handlungen des Spielers und die Geschichte an sich behalten. Zugleich darf er aber den Spieler, der bei der späteren Rezeption nach möglichst großer Bewegungsfreiheit strebt und immer versucht ist, die Macht über die Handlung zu gewinnen, nicht zu sehr einschränken.[136] Wie der Designer diesem Problem begegnen kann, wird unter dem Stichwort der Interaktivität später weiter ausgeführt.

Wie unter 3.1 bereits angesprochen, folgt der Aufbau der Detective Adventures dem bekannten aristotelischen Prinzip, dem auch der Detektivroman weit gehend verpflichtet ist. Vergleicht man nun die beiden Medien miteinander, so sind im Bezug auf den ersten Akt, den Beginn der Geschichten, zunächst keine Abweichungen zu beobachten. Wie in den meisten Romanen wird der Protagonist zu Anfang vor das Haupträtsel gestellt, indem der Designer ihn mit den Ereignissen konfrontiert, die das zu lösende Geheimnis konstituieren.[137] Auf lange Einleitungspassagen mit Charakter- oder Landschaftsbeschreibungen wird meist verzichtet. Mit diesen würde der Designer ebenso wie der Autor nur bedingt die uneingeschränkte Aufmerksamkeit des Rezipienten gewinnen.[138] Häufig noch während der Einführungssequenz stellen die Designer den Spieler vor das erste Rätsel. Auf diese Weise wird der Spieler sofort gefordert und in die Geschehnisse eingebunden, bevor er im Detail weiß, worum es eigentlich geht.[139]

Wie häufig am Ende des ersten Kapitels eines Detektivromans, beginnt nach den ersten Schritten in der virtuellen Welt auch der Hauptteil eines Detective Adventures. Spieler wie Leser werden in dessen Verlauf immer wieder vor neue unterschiedliche Geheimnisse und Widerstände gestellt, deren Aufdeckung oder Aufhebung sie nach und nach näher an das Ziel, meist die Ermittlung eines Mörders, heranbringt.[140]

---

136. Vgl., Lischka: Spielplatz..., S. 95f.
137. In allen vier genauer untersuchten Detective Adventures wird das Haupträtsel, Spannung und Motivation steigernd, bereits in der Einführungssequenz, spätestens jedoch in der ersten Spielszene konstruiert.
138. Entsprechende Hintergrundinformationen erfährt der Rezipient im weiteren Handlungsverlauf, sobald diese für den Fortgang der Handlung relevant werden.
139. Vgl., Bates: Game Design..., S. 79f.
140. Wie bereits erwähnt, müssen zur Auflösung eines schwierigeren Rätsels im Detective Adventure meist zunächst mehrere kleine Aufgaben bewältigt werden.

Parallel hierzu lassen Autor wie Designer hier nun auch weitere Hintergrundinformationen einfließen, beschreiben die beteiligten Charaktere und die Umgebung des Geschehens. Die fiktive Welt des Romans und die virtuelle Welt des Spiels gewinnt so nach und nach an Umfang und an inhaltlicher Substanz. Bei der Konstruktion des Hauptteils der Erzählung muss der Designer deutlich stärker als der Autor darauf achten, dass er sich sowohl an die Fairness- als auch an die Konstruktionsregel hält.[141]

Da die Entfaltung der Geschichte vollkommen abhängig ist vom Verhalten und damit vom Wissensstand des Spielers, ist der Designer gezwungen, für diesen, offensichtlicher als für jeden Romanleser, Clues in die Handlung einzubinden und diese auch aufzuzeigen. Selbstverständlich darf auch der Designer, ebenso wie der Autor, dabei nicht lügen. Dies hätte in einem Detective Adventure noch schwerwiegendere Folgen als in einem Detektivroman.[142]

Wiederum nicht voneinander abweichend sind die Handlungsenden. Hier wie dort ist das Geschehen, soweit der Urheber der Geschichte es zulässt, bis ins Details aufgeklärt, sind die Täter ihrer Strafe zugeführt. Der Detektiv hat seine Aufgabe erfüllt, und wenn auch der ursprüngliche Zustand nicht mehr erreicht werden kann, eine gewisse Ordnung ist in der zuvor entrückten Welt nun wieder hergestellt.[143]

Für die Gestaltung des Schauplatzes der Ereignisse stehen dem Autor Worte, dem Designer in erster Linie Grafiken zur Verfügung. Daraus resultiert für letzteren der Vorteil, dass er nicht nur deutlich mehr Informationen in kürzester Zeit übermitteln kann, sondern dass er oft auch wesentlich konkreter werden kann als ein Autor.[144]

---

141. Vgl., Neuhaus: Mysterion..., S. 39f.
142. Zieht der Spieler aufgrund von Falschaussagen durch den Designer falsche Schlüsse, gerät die gesamte Handlung ebenso ins Stocken oder wird im Extremfall sogar beendet, als wenn dem Leser zu wenige Clues aufgezeigt werden. Wenn der Leser einen Clue übersieht oder mangels ausreichender Informationen ein Rätsel nicht lösen kann, ist dies für den Fortgang der Geschichte nicht weiter dramatisch. Kann ein Spieler ein Rätsel langfristig nicht lösen, kann die Handlung nicht fortgeführt werden, da der Protagonist nicht eigenständig agiert.
143. Vgl., Alewyn: Anatomie...., S. 386 und S. 389.
144. So lässt sich zum Beispiel ein Straßenzug mit Hilfe von Grafiken schneller vermitteln als mit Worten, und während sich trotz detaillierter Wortbeschreibung beispielsweise einer grünen Tür dennoch 100 Leser 100 verschiedene Türen vorstellen, kann der Designer dies durch die visuelle Darstellung verhindern.

Mit Hilfe der Grafiken kann der Designer vieles erheblich präziser veranschaulichen und ausführen, als es ausschließlich mit Worten möglich ist. Dementsprechend weiß der Spieler eines Detective Adventures häufig viel detaillierter über die Umgebung Bescheid, in die die Handlung eingebettet ist, als der Leser.[145] Die Fantasie und Vorstellungskraft des Spielers ist im Bezug auf die Umgebungsdarstellung hingegen deutlich weniger gefragt, der Designer führt ihm alles vor Augen.

Ergänzend zu den Grafiken setzen die Designer durchgehend auf die schon angesprochene Audioebene, mit deren Hilfe sie ihre Geschichte ausgestalten und zugleich die Kommunikation mit dem Spieler verstärken. Die zu jeder Zeit präsente Hintergrundmusik dient nicht nur zur Unterstützung der allgemeinen Atmosphäre, sondern beispielsweise auch zur Erzeugung von Spannungsmomenten. Geräuscheffekte werden hingegen meist genutzt, um auf Ereignisse aufmerksam zu machen, die visuell nicht sofort greifbar sind. Manchmal dienen sie auch zur Unterstützung des optisch bereits Wahrgenommenen. Die Sprachausgabe schließlich ist nicht nur bei Gesprächen hilfreich, sondern unterstützt die Mimik der Beteiligten und ermöglicht eine durchaus emotionale Darstellung der entsprechenden Situationen.

Kombiniert mit der Sequenzdarstellung werden Grafik- und Audioebene von den Designern sowohl bei den s.g. Vorgeschriebenen Ereignissen[146], die dem Spieler beispielsweise anzeigen, dass er sich auf dem richtigen Weg befindet, wie auch bei den Zwischensequenzen. Letztere dienen dem Designer meist zur Beendigung eines Spielabschnitts und zur Zusammenführung zeitweise voneinander abweichender Handlungsverläufe. Sie werden jedoch auch für Zeitsprünge, Ortswechsel oder zur Fortschreibung der Handlung durch den Designer genutzt.[147]

Letzten Endes kommt natürlich kein Spiel ohne optisch dargestellte Texte aus. Dies bedeutet nicht nur, dass die Sprachausgabe durch Untertitel ergänzt wird. Beispielsweise auch alle nicht verwendeten Gesprächsoptionen des Protagonisten werden auf dem Bildschirm dargestellt.

---

145. Eine Wortumschreibung aller Grafikdetails würde in einem Detektivroman viele Seiten füllen, die man lesen müsste. Dies würde sich wahrscheinlich negativ auf die Spannung und die Dynamik der Handlung auswirken. Das Adventure kann die gewonnenen Kapazitäten für die Ausführung von Handlung und Deduktion nutzen.
146. Diese Sequenzen werden durch bestimmte, nur dem Programm, jedoch nicht dem Spieler, bekannte Handlungen, einen s.g. `trigger´, ausgelöst.
147. Vgl., Bates: Game Design..., S. 86f.

Darüber hinaus werden die für die Handlung des Spiels relevanten Schriftstücke eingeblendet, so dass der Spieler diese selbst lesen kann bzw. muss.[148] Zudem werden häufig auch Ereignisse oder Situationen, die nicht ausreichend visualisierbar sind, mit Hilfe von Texten beschrieben.[149] Nicht zuletzt dienen diese in einigen Fällen auch der Einführung in die Handlung oder die Fortschreibung dieser durch den Designer.[150]
Diese sich aus den bis hierhin genannten Elementen ergebenden Kombinationsmöglichkeiten bei der Darstellung machen es für den Designer wesentlich einfacher, jedes Detail der Atmosphäre genau zu bestimmen, als für den Autor. Zugleich kann der Designer dem Rezipienten mit Hilfe der unterschiedlichen Ebenen ein Raumgefühl vermitteln, welches deutlich über jenes Raumgefühl hinausgeht, das im Kopf des Lesers entsteht, wenn dieser versucht, die Beschreibungen eines Buchautors in Bilder umzusetzen. Dies gilt nicht nur für den jeweiligen aktuellen Schauplatz oder Handlungsraum, sondern auch für das Bild vom Gesamtumfang der fiktiven bzw. virtuellen Welt.[151]
Von großer Bedeutung sind für beide Medien neben dem Schauplatz der Ereignisse vor allem die in die Handlung integrierten Charaktere. Dabei gilt es zu unterscheiden zwischen dem Protagonisten der Geschichte, direkt am Geschehen beteiligten Personen und Personen, die für die eigentliche Handlung kaum eine oder gar keine Rolle spielen.[152] Während dem Autor die Wahl bleibt, ob er dem Leser die Geschichte aus der Sicht des Protagonisten, der eines außenstehenden Betrachters oder aus einer anderen Perspektive vermittelt[153], bleibt der Designer streng genommen auf die Sicht des Protagonisten beschränkt.

---

148. Die zu lesende Textmenge ist daher meist um ein vielfaches höher, als die akustisch wiedergegebene.
149. So werden beispielsweise bei 'Sherlock Holmes' Details bei der Leichenbetrachtung oder Analyseergebnisse vom Labortisch dem Spieler in Textform vermittelt. Erkenntnisse, die durch die visuelle Darstellung alleine nicht zu gewinnen wären; vgl., 'Sherlock Holmes' Episode I.
150. Vgl., 'Jack Orlando' Einführungssequenz.
151. Vgl., Maushagen: Death on the Nile...., S. 190ff; Mertens: Wir waren Space Invaders..., S. 80.
152. Inwieweit es zur Charakterentwicklung einzelner Personen kommt, hängt im Adventure wie beim Detektivroman oft von der Länge der zugrunde liegenden Geschichte ab.
153. Vgl., Neuhaus: Mysterion..., S. 30ff.

Im Gegensatz zum Autor hat er hier jedoch die Wahl zwischen zwei visuellen Perspektiven: Er kann den Spieler die Geschichte direkt mit den Augen des Detektivs erleben lassen, indem er die Ich-Perspektive wählt, oder dem Spieler, zumindest visuell, eine Betrachterrolle zuweisen, indem er die Perspektive der dritten Person wählt.[154] In Text-Adventures wurde der Spieler früher häufig direkt mit ʼduʼ angesprochen und auf diese Weise vom ersten Moment an in die Geschichte mit eingebunden. Moderne Grafik-Adventures, die dem Spieler die Ich-Perspektive zuweisen, verfolgen das gleiche Ziel und vermitteln dem Rezipienten ebenfalls von Beginn an das Gefühl, selbst Teil der Geschichte, mitten drin statt nur dabei zu sein.[155]

Wählt der Designer die Er-Perspektive, so schafft er zwar optisch einen Abstand zwischen dem Protagonisten der Geschichte und dem Spieler; da beide Positionen jedoch vollkommen voneinander abhängig sind, kommt es auch hier schneller zur völligen Identifizierung des Spielers mit der Spielfigur, als Außenstehende es meist vermuten.[156] Dies liegt durchaus in der Absicht der Designer, und so statten sie ihre Protagonisten mit Eigenschaften aus, mit denen sich ein Spieler mehr oder minder ohne zu zögern identifizieren kann.[157] Dementsprechend sind, vergleichbar mit den Äußerungen Dr. Fells bei Carr, auch hier die Erwähnungen der Protagonisten, man befände sich in einem Spiel und es sei unmöglich, den Spieler darüber hinwegzutäuschen, nicht in der Absicht zu werten, Abstand zwischen Spieler und Protagonisten zu schaffen.[158]

Verdeutlicht man sich den von den Designern geförderten Grad der Identifizierung von Spielfigur und Spieler, dann wird selbst die These von Tobias Schiel, eine Detektivgeschichte erzähle in erster Linie die Geschichte des Detektivs, hier greifbarer, als es in vielen Detektivromanen der Fall ist.[159] Dies soll im Zusammenhang mit den Ausführungen des Identifikationsaspekts aus Sicht des Spielers unter 3.3 noch deutlicher werden.

---

154. Auf die jeweiligen Handlungsmöglichkeiten und das Gefühl der Identifikation mit dem Protagonisten soll unter Punkt 3.3 eingegangen werden.
155. Beispiele hierfür sind die Titel ʼThe Last Expressʼ und ʼTKKGʼ.
156. Als Beispiele hierfür können ʼSherlock Holmesʼ und ʼJack Orlandoʼ dienen.
157. Vgl., Bates: Game Design..., S. 83ff.
158. Vgl., Lischka: Spielplatz..., S. 144; Neuhaus: Vorüberlegungen..., S. 269.
159. Vgl., Bates: Game Design,..., S. 87; Schiel: Der andere Detektivroman..., S. 9, S. 170 und S. 246.

Bei der Schaffung der weiteren Charaktere und je nach der Weiterentwicklung dieser im Verlauf der Handlung gelten für den Designer die gleichen Grundsätze und Möglichkeiten wie für den Autor eines Detektivromans. Wesentliche Unterschiede lassen sich in diesem Punkte nicht feststellen.

Die oben bereits angesprochene Interaktivität und der damit drohende Machtverlust für den Designer stellt für diesen in der Regel die größte Herausforderung dar. Während der Autor seine Allmacht von der ersten bis zur letzten Seite eines Buches weitest gehend behält und genau kontrollieren kann, wann und in welcher Reihenfolge der Leser die relevanten Informationen erhält, wann der Protagonist welche Tür öffnet, die dem Leser wichtig erscheinende Frage stellt oder beispielsweise die Tatwaffe genauer analysiert, muss der Designer in jeder Situation mit der Neugier des Spielers rechnen.[160]

Dieser hat im Gegensatz zum Leser die Möglichkeit, mit seinem Mauszeiger auf alles und jedes zu klicken, was er auf dem Bildschirm sieht. Ein erfahrener Spieler wird an jedem Schauplatz sofort versuchen, von allen Nichtspielercharakteren, auf die er trifft, so viele Informationen zu bekommen, wie er nur kann. Zudem wird er versuchen, alle Türen, Schubladen oder Geheimfächer zu öffnen und schließlich jeden Gegenstand genauer zu betrachten und zu untersuchen, der ihm dessen würdig erscheint.

Hier gerät der Designer schnell in den Konflikt, auf der einen Seite eine gewisse Reihenfolge und Linearität einzuhalten, zugleich aber dem Spieler den Eindruck einer möglichst hohen Bewegungsfreiheit vermitteln zu müssen. Gleichzeitig gilt es für ihn, zu jeder Zeit die Logik der Handlung aufrecht zu erhalten und zu verhindern, dass der Spieler Rätsel umgehen oder vorzeitig lüften kann, weil er durch eine vom Designer nicht bedachte Handlung an Informationen gelangt ist, die er zu diesem Zeitpunkt noch gar nicht haben dürfte.[161]

---

160. Vgl., Bates: Game Design..., S. 22f.
161. Ein solcher Fehler unterläuft bei `Jack Orlando´, wo der Protagonist die Option erhält, von einem Informanten die Lage eines Casinos zu erfragen, obwohl bis dahin nie von einem Casino die Rede war und der Spieler diese Möglichkeit ebenso wenig einordnen kann wie die gewonnene Information; vgl., `Jack Orlando´ Episode II.

Gespräche kann der Designer noch vergleichsweise einfach kontrollieren, indem er dem Spielern nur bestimmte Frage- und Antwortoptionen zur Verfügung stellt und den Nichtspielercharakteren auch für die abwegigste der verfügbaren Frageoptionen eine logische Antwort in den Mund legt. Wesentlich komplexer wird es, sobald es darum geht, den vom Spieler gesteuerten Protagonisten am unerwünschten Betreten von Räumen oder der Benutzung von Gegenständen zu hindern.[162]

Jeder Spieler reagiert auf eine Problemsituation anders, und der Designer muss nicht nur versuchen, alle diese Reaktionen einzukalkulieren, sondern er muss auch noch für jede Reaktion des Spielers eine intelligente Antwort durch das Spiel bereit halten, ohne dadurch beim Spieler falsche Intentionen auszulösen oder aus dessen Sicht Probleme zu schaffen, wo in Wirklichkeit gar keine sind.[163] Bei jeder Aufgabe, vor die der Spieler gestellt wird, besteht die Gefahr, dass dieser auf eine Weise reagiert, die der Designer nicht einkalkuliert hat. So kann durch eine einzige Handlung die Logik des gesamten Spiels gestört werden.

Wie komplex dieses Problem ist, mit dem der Autor eines Romans in dieser Form niemals konfrontiert wird, soll an einem neutralen Beispiel verdeutlicht werden: Angenommen, der Protagonist betritt einen Raum mit einer weiteren Tür, die das Interesse des Spielers weckt. Um zu verhindern, dass der Spieler diese Tür öffnet, die er entweder niemals oder zumindest nicht zu diesem Zeitpunkt öffnen soll, hat der Designer mehrere Optionen. Zum einen kann er es so einrichten, dass der Mauszeiger das erforderliche Symbol nicht anzeigt. Dies kann für den Spieler sowohl bedeuten, dass er die Tür niemals öffnen kann, als auch, dass er sie nur zu diesem Zeitpunkt nicht öffnen kann. In dem Fall, dass der Spieler die Tür nur zu diesem speziellen Zeitpunkt nicht öffnen soll, ist eine andere Variante geläufiger:

---

162. Als Beispiel sei eine Szene aus 'Jack Orlando' genannt, bei der dieser versucht eine Bar zu betreten, der Türsteher ihn jedoch abweist. Während ein Buchautor seinem Protagonisten vorschreiben kann, den Türsteher (erfolgreich) mit Geld zu bestechen, kann der Designer nicht sagen, wie der Spieler reagiert. Die Geldbestechung kann auch der Designer als Lösung wählen, und wenn man es im Spiel probiert, dann funktioniert es auch. Aber der Designer muss auch damit rechnen, dass der Spieler dem Türsteher Zigaretten oder einen der anderen 30 Gegenstände aus dem Inventar anbietet, dem Mann einen Kinnhaken gibt oder ihn mit der Waffe bedroht. Ebenso muss der Designer berücksichtigen, dass der Spieler den Hintereingang der Bar, den der Autor zu diesem Zeitpunkt vielleicht noch gar nicht erwähnt hat, bereits entdeckt hat und versucht, über diesen in die Bar zu gelangen.

163. Vgl., Bates: Game Design..., S. 22ff.

Einer der Nichtspielercharaktere verhindert das Öffnen der Tür durch aktives oder verbales Einschreiten. Hierauf regiert ein Spieler entweder damit, dass er den gleichen Ort ein weiteres Mal aufsucht, in der Hoffnung, diesmal durch niemanden in seinem Handeln behindert zu werden, oder indem er ein Ablenkungsmanöver probiert.[164] Als dritte Alternative wählen Designer auch kurze Textaussagen wie ʽDie Tür ist verschlossenʼ. Damit lösen sie beim Spieler unter Umständen jedoch wiederum die Suche nach einem entsprechenden Schlüssel aus und riskieren das Vertrauen des Spielers, wenn sich die Tür später als vollkommen irrelevant herausstellt bzw. ein entsprechender Schlüssel nicht existiert, weil sich beispielsweise hinter dieser Tür gar kein Raum mehr befindet.[165]

Letztlich muss der Designer nicht nur darauf achten, dass der Spieler keine Schauplätze betritt, bevor er dies soll, er muss zudem auch verhindern, dass der Spieler versucht, mit dem Protagonisten Schauplätze dort zu verlassen, wo dies nicht möglich sein soll, indem er entsprechende Begrenzungen setzt. Dies gilt sowohl für die einzelnen Schauplätze wie auch für die Grenzen der virtuellen Welt an sich. Auch hier hat der Designer mehrere Möglichkeiten.[166]

Für den Autor, der auf die weit gehend durch ihn kontrollierbare Ebene der Kommunikation mit seinem Leser beschränkt ist, stellen sich diese Probleme der interaktiven Ebene nicht. Im Vergleich zum Spieler bleibt der Leser, auf den Handlungsverlauf der Geschichte bezogen, außen vor. Informationen, die der Leser zunächst nicht erhalten soll, kann der Autor einfach eine Zeit lang verschweigen und dem Leser erst dann zugänglich machen, wenn er dies selbst wünscht. Bezogen auf den Begrenzungsaspekt kann sich der Autor auf die Beschreibung der konkreten Schauplätze beschränken, ohne diese in eine in sich völlig abgeschlossene Welt einordnen zu müssen.

Ebenso unberührt bleibt der Autor von den Problemen mit der Linearität. In der Regel gibt es in einem Detektivroman genau einen Handlungsverlauf, den der Autor vorgibt und den der Leser nicht beeinflussen oder umstellen kann.[167]

---

164. So lassen sich bei ʽSherlock Holmesʼ gleich zwei Rätsel lösen; vgl., ʽSherlock Holmesʼ Episode I.
165. Häufig findet man auch mehrere Varianten in Kombination miteinander.
166. Weitere Details zu diesem Aspekt finden sich bei Bates: Game Design..., S. 89ff.
167. Es gibt auch hier mehrere Handlungsstränge, doch bestimmt der Autor fest den Handlungsverlauf. Der Leser hat nicht die Möglichkeit einzugreifen.

Von einem Detective Adventure wird jedoch das genaue Gegenteil erwartet. Es sollte möglichst nicht linear aufgebaut sein und es so weit wie möglich dem Spieler überlassen, die Reihenfolge bestimmter Ereignisse zu bestimmten.[168]
Um diesem Anspruch gerecht zu werden, zugleich jedoch den Fortgang der Handlung zumindest in ihren Grundzügen zu kontrollieren und somit Einfluss und Macht zu bewahren, teilen Designer ihre Spiele häufig in einzelne Abschnitte ein, an deren Enden die verschiedenen Handlungsverläufe immer wieder zusammengeführt werden und dem Spieler mit Hilfe einer Zwischensequenz der Übergang in das nächste Kapitel signalisiert wird.[169] Innerhalb der Episoden kann sich der Spieler in einem vom Designer festgelegten Rahmen frei bewegen.
Doch gerade diese Bewegung bringt zwei weitere Schwierigkeiten mit sich: Zum einen muss der Spieler im Vergleich zum Leser immer wesentlich präziser darüber informiert sein, wo er sich, geografisch gesehen, gerade befindet und wie er von Punkt A zu Punkt B kommt, und zum anderen dürfen gerade diese Wege zwischen zwei Punkten nicht zu weit sein. Reicht dem Autor theoretisch ein Satz, um den Protagonisten vom einen Ende der Stadt zum anderen zu versetzen, so kann dies in einem Spiel, je nach Aufbau, bis zu einer Minute Zeit in Anspruch nehmen.[170] Ebenso kommen viele Detektivromane mit einer Skizze des Tatorts, eines Hauses oder einigen Straßenzügen aus, während das Spiel meist nach einer detaillierten Übersichtskarte verlangt.[171]
Komplexität und Tiefgang der Handlung sind zwei Aspekte, mit denen Autoren und Designer die Neugier ihrer Rezipienten wecken können. Doch reicht dies selbst in Verbindung mit einem spannenden Haupträtsel meist nicht aus, um Leser wie Spieler daran zu hindern, sich vor dem Morgengrauen einer anderen Tätigkeit zuzuwenden. Setzt der Buchautor hier auf parallel zueinander verlaufende Handlungsstränge, gezielt spannend aufbereitete Kapitelenden oder einfach auf so kurze Kapitel, dass

---

168. Hierzu zählt bis zu einem gewissen Grad auch die Reihenfolge der Rätsellösung.
169. Spätestens die Endsequenz vereint alle individuellen Handlungsabläufe wieder; vgl., Bates: Game Design..., S. 57ff.
170. So nimmt es beispielsweise mehr Zeit in Anspruch, sich bei `The Last Express´ von einem Ende des Zuges zum anderen zu bewegen (ca. 20 Sekunden), als den Satz „Robert Cath ging ans andere Ende des Zuges" zu schreiben bzw. zu lesen; vgl., `The Last Express´; Bates: Game Design..., S. 24ff.
171. Ohne genaue Orientierung ist man als Spieler schnell verloren, da man ausschließlich selbst für die Führung des Protagonisten verantwortlich ist.

man immer 'nur noch eins' liest, so muss der Spieldesigner hier zu anderen Mitteln greifen. Damit der Spieler die virtuelle Traumwelt nicht verlässt, muss der Designer, auf die Neugier des Spielers bauend, ein Ereignis auf das andere folgen lassen, nach jeder Rätsellösung sofort ein neues Geheimnis konstruieren und den Spieler immer wieder mit Hinweisen, dass er sich auf dem richtigen Weg befindet, motivieren.[172]

In den meisten Fällen liegt das Problem jedoch nicht in der Motivation des Spielers, sondern die Gefahr steckt in den kleinen, aber lästigen Unterbrechungen, die ausreichen, um den Spieler in die Realität zurückzuholen und den Entschluss zu fassen, das Spiel vorerst zu beenden: Bildschirmtod, lange Ladezeiten, Diskettenwechsel, Spielabstürze durch Programmfehler usw. sind Situationen, in denen der Fluss der Geschichte unterbrochen, die virtuelle Illusion gestört wird.[173] Auch hier hat der Autor es einfacher.

Festzuhalten bleibt, dass die Kunst des Geschichtenerzählens von einem Spieldesigner und seinem Team schon aufgrund der Komplexität eines Detective Adventures deutlich mehr Arbeit erfordert, als von einem einzelnen Autoren geleistet werden kann und muss. Durch die Kombination der multimedialen Ebenen verfügt der Designer dennoch gleichzeitig in einigen Punkten, wie oben ausgeführt, auch über deutliche Vorteile und mehr Möglichkeiten als ein Autor. Diese gilt es so gut wie möglich auszuschöpfen, damit man ihm nicht das vorwerfen kann, was Bates als „schlimmste Beschwerde"[174] über ein Adventure bezeichnet: „Da hätte ich ja genauso gut ein Buch lesen können"[175].

---

172. Vgl., Bates: Game Design..., S. 27.
173. Will der Designer auf Elemente wie Bildschirmtod oder Sackgassen innerhalb der Geschichte nicht verzichten, so muss er drauf achten, dem Spieler die Möglichkeit zu geben, die Geschichte an einem Punkt neu zu beginnen, von der aus er die Situationen noch verhindern kann, ohne dafür einen zeitlich weit zurückliegenden Speicherstand bemühen zu müssen; vgl., Bates: Game Design..., S. 29f und S. 40.
174. ebd., S. 57.
175. ebd., S. 57.

3.3 Die Aufgaben der Rezipienten

„Die Grundregel für die Interaktion zwischen dem Spieler und dem Spiel ist einfach: Der Spieler tut etwas und das Spiel reagiert darauf. Genau dieses Feedback unterscheidet ein Computerspiel von jeder anderen Form der Unterhaltung. Es ist die Interaktivität, die Computerspiele so einzigartig macht - ohne diese Form des Feedbacks würde der Spieler nichts anderes tun, als sich einen Film anzuschauen."[176]

Was eben als die größte Herausforderung für den Designer beschrieben wurde, die Kontrolle über die Interaktivität, ist zugleich der Hauptreiz, der Computerspiele im Gegensatz zu Filmen und ebenso im Gegensatz zu Büchern für den Rezipienten ausmacht: Der aktive Eingriff in die Handlung und die damit verbundenen Herausforderungen.[177]

Während das Zusammenspiel zwischen Autor und Leser ausschließlich auf der kommunikativen Ebene beruht und sich die Aktivität des Lesers weit gehend darauf beschränkt, alle paar Minuten eine Seite umzublättern, wobei ihm die geistige Mitarbeit an der Lösung des Falls derweil freigestellt ist, gilt es für den Spieler eines Detective Adventures nicht nur auf der interaktiven Ebene deutlich mehr zu leisten.

Er kann sich nicht wie der Leser des Detektivromans darauf verlassen, dass, unabhängig von seinem Grad der Mitdeduktion, alle Rätsel gelöst, der Fall aufgeklärt und der Täter gefasst wird.[178] Er ist selbst der alleinige Empfänger der Rätselsignale, derjenige, der die Handlung vorantreiben und das Schicksal des Protagonisten, das zu seinem eigenen virtuellen Schicksal wird, bestimmen muss. Ohne seine Befehlseingabe, die ein ständiges Analysieren der Fakten und Vorgänge voraussetzt, geschieht in der virtuellen Welt eines Detective Adventures praktisch nichts. Fluss und Dynamik können in den Handlungsablauf nur dann hineingelangen, wenn der Spieler kontinuierlich Entscheidungen trifft und diese in der Interaktion mit der Handlung umsetzt. Dabei gilt es nicht nur, eine grobe Richtung für

---

176. ebd., S. 23.
177. Der Begriff der Interaktion ist hier also nicht im Sinne Hühns aufzufassen; vgl., Hühn: Der Detektiv als Leser, S. 247ff.
178. Der Leser kann als reiner Konsument auftreten, und selbst wenn er versucht, sich an der Falllösung aktiv zu beteiligen, wird ihm der Autor hierfür nur eine begrenztere Chance geben als der Designer dem Spieler. Selbst in den Romanen von Ellery Queen hat der Leser kaum vergleichbare Möglichkeiten.

die Handlung vorzugeben, sondern viele ins Detail gehende Fragen zu entscheiden.[179] Wer als Spieler mit der vergleichsweise passiven Haltung eines Lesers an ein Detective Adventure herangeht, wird die vom Designer vorbereitete Geschichte nicht entfalten können. Wie oben angedeutet, liegt jedoch gerade in diesen vielen erzwungenen Aktivitäten die Herausforderung, die ein Spieler sucht.

„Das Spiel bietet eine sehr große Freiheit der Rezeption und Interpretation. Es verlangt zugleich eben wegen dieser Eigenschaften dem Rezipienten sehr viel Aktivität ab. Erst durch sein Handeln wird das Spiel als Werk existent. Und Handeln bedeutet bei Computerspielen schon mal, 200 Stunden vor dem Bildschirm zu sitzen."[180]

In dieser Zeit wird der Spieler durch sein aktives, gestalterisches Eingreifen in die Handlung zum Ich-Erzähler seiner eigenen individuellen Detektivgeschichte. Dabei genießt er Freiheiten, die kein Leser besitzt.[181] Doch die Freiheiten, die in erster Linie erst dadurch zustande kommen, dass es mehrere mögliche Handlungsverläufe gibt, das Spiel nichtlinear aufgebaut ist, bergen auch enorme Risiken: In fast jedem Adventure gibt es beispielsweise Sackgassen, aus denen man oft nicht mehr herausfindet oder die unweigerlich zum Bildschirmtod des Protagonisten führen. Vergleichbare Situationen, die zu Aussagen wie `Sie haben sich verlesen, beginnen Sie das Kapitel von vorne´ oder `Sie haben den Falschen verdächtigt, Sie sind tot´ führen würden, kommen in Detektivromanen in der Regel nicht vor.[182] Doch misst diese Gefahr, die ein erfahrener Spieler von Beginn an mit in sein Vorgehen einkalkulieren wird, nur wenig im Vergleich zu den Möglichkeiten, die ihm die Ebene der Interaktivität vor allem im Bezug auf seine Beziehung zum Protagonisten bietet.

---

179. Er muss nicht nur entscheiden, wohin sich der Detektiv wenden, welche Handlungen er an den Schauplätzen ausführen und mit welchen Personen er sprechen soll. Er muss praktisch jeden Satz, den der Detektiv äußert, festlegen, darauf achten, dass der Detektiv nicht in eine Falle gerät, alle notwendigen Gegenstände bei sich hat und die entsprechende (Ver)kleidung trägt, um nur einige Aspekte zu nennen.
180. Lischka: Spielplatz..., S. 139f.
181. Vgl., ebd., S. 36.
182. Linear bedeutet hier nicht, dass es nicht mehrere parallel verlaufende Handlungsstränge geben kann, sondern dass die Gesamthandlung nur einen, vom Autor vorgegebenen, Verlauf nimmt.

Wie in jedem anderen Adventure und Rollenspiel wird auch im Detective Adventure die Grenze zwischen Rezipient und Protagonist aufgehoben. Der Spieler wird Teil der Handlung, je mehr er sich von der fiktiven Welt erschließt und je mehr er sich mit dem Hauptcharakter identifiziert.[183] Häufig schon vor Spielbeginn auf seine Rolle vorbereitet[184], geschieht dies meist binnen weniger Spielsequenzen.[185]

Der Detektiv, dessen Rolle der Spieler einnimmt, ermöglicht letzterem jedoch nicht nur den Einblick in die virtuelle Welt, in der der Spieler ohne den virtuellen Protagonisten keinen Schritt voran käme, er dient ihm zugleich auch als Wissensvermittler und Sachverwalter aller Objekte.[186] So sehr wie der Spieler auf den Detektiv als Werkzeug angewiesen ist, so sehr benötigt der virtuelle Protagonist auch den Spieler. Ohne dessen Befehl kann er weder irgendeine Handlung ausführen noch eine Frage stellen oder auf andere Weise mit den Nichtspielercharakteren Kontakt aufnehmen. Mit den in Gesprächen oder durch Handlungen und Ereignisse gewonnenen Erkenntnissen kann er zudem alleine nichts anfangen. Clues auswerten, Schlüsse ziehen und Theorien aufstellen ist alleinige Aufgabe des Spielers.[187] Der Protagonist ist vollkommen von dessen subjektiven Entscheidungen abhängig.[188]

Diese in jedem Detective Adventure bestehende Abhängigkeit zwischen Protagonist und Spieler beruht, wie oben bereits angedeutet, auf Gegenseitigkeit und verbindet die beiden Positionen wesentlich enger miteinander, als dies zwischen dem Lesers und dem Protagonisten eines Detektivromans der Fall ist.[189]

---

183. Dies gilt auch für alle anderen Adventures sowie für weitere Genres wie Rollenspiele oder Ego-Shooter.
184. So heißt es beispielsweise auf dem Cover von `The Last Express´: „Sie sind Robert Cath ..." und im Handbuch zu `Jack Orlando´: „Sie sind Jack Orlando. Sie bestimmen sein Schicksal."
185. Je mehr Informationen der Spieler vor Spielbeginn über sein virtuelles `Ich´ besitzt, umso schneller vollzieht sich die Identifikation.
186. Vgl., Lischka: Spielplatz..., S. 84 und S. 145.
187. Nur in einzelnen Fällen äußern die Protagonisten Theorien oder ziehen selbst Schlüsse aus Ereignissen. Diese dienen jedoch in erster Linie dem Spieler als weitere Clues, und ob bzw. wann er den, auch nicht immer eindeutigen, Folgerungen des Protagonisten nachgeht, kann nur der Spieler selbst bestimmen.
188. So wie verschiedene Detektive in einem Roman einen Fall unterschiedlich deuten, so verschieden gehen auch die Spieler an einen solchen heran; vgl., Neuhaus: Typen multiperspektivischen..., S. 114f.
189. Der Leser kann im Gegensatz zum Spieler selbst entscheiden, wie weit er sich der Position des Protagonisten nähert.

Im Spiel teilen beide Positionen ihre Emotionen und Gefühle, Neugier, Spannung oder Angst, während sie gemeinsam die virtuelle Welt erfahren. Der Computer dient dabei nur noch als, bald nicht mehr wahrgenommenes, Medium.[190]
Sobald er die virtuelle Welt betreten hat, denkt der Spieler 'ich' und nicht mehr 'er', wenn er seine Entscheidungen trifft und in Handlungen umsetzt. Betrachterfigur und Spieler verschmelzen zu einer Person.[191] Die unter 3.2 bereits angesprochene Wahl der visuellen Perspektive durch den Designer beeinflusst diesen Effekt in der Praxis nicht. Der Spieler sieht, was der Protagonist sieht, im Idealfall in der Ich-Perspektive sogar aus dem gleichen Blickwinkel; er hört, was der Protagonist wahrnimmt, und wenn er ein entsprechendes Eingabegerät benutzt[192], bekommt er beispielsweise Gefahrensituationen sogar zu spüren.[193]
Auf diese Weise wird die Einbindung des Spielers in die von ihm steuerbare virtuelle Traumwelt beinahe vollkommen.
Der Spieler bekommt auf diese Weise jedoch nicht nur das Gefühl, Teil des Geschehens zu sein, sondern zugleich auch den Eindruck, eine aktive, die Handlung gestaltende Rolle zu besitzen oder gar die Instanz mit der größten Entscheidungsgewalt und der größten Handlungsfreiheit zu sein.[194]
Bis zu einem gewissen Grad hat er damit sogar recht, wie sich unten zeigen soll. Je nach Art und Ausführlichkeit der Darstellung des Protagonisten erweitert sich dieses Allmachtsgefühl sogar noch um die Vorstellung, durch die Identifikation mit der Spielfigur während der Spielzeit das Schicksal eines Helden in die Hand nehmen zu können, der nicht nur ihm persönlich ein Begriff ist:

---

190. Vgl., Mertens: Wir waren Space Invaders..., S. 14; Poole: Triger Happy..., S. 136ff.
191. Die sich hieraus ergebenden Folgen für die Ausführungen von Alewyn und Weber sollen in 5.1 bzw. 5.2 ausgeführt werden.
192. Diese s.g. 'Joypads' verfügen über einen Vibrationsmodus, der beispielsweise ausgelöst wird, wenn man bei einem Adventure in einer Auseinandersetzung vom Gegner getroffen wird oder bei einem Autorennspiel neben der Piste fährt.
193. Das Gefühl einer noch direkteren Interaktion mit der Spielwelt und zugleich eine noch intensivere Identifikation mit dem Protagonisten ergibt sich nur in wenigen anderen Genres wie z.B. dem der 1st- oder 3rd- Person-Shooter. Hier sind vor allem das Gefühl der ständigen Bedrohung und die Schnelligkeit des Spielablaufs für den Effekt ausschlaggebend.
194. Deutlich mehr Freiheiten als hier hat der Spieler nur noch in Rollenspielen; vgl., Lischka: Spielplatz..., S. 89f und S. 145.

„Die neue Heldengeneration kann von sich behaupten, ihren Fans näher zu sein, als viele der alten Helden es waren. Ihre Berühmtheit resultiert aus einem intensiven und spielerischen Miteinander. Schließlich wird den Bewunderern das Schicksal ihrer Helden über Stunden, Tage, ja sogar Monate oder Jahre anvertraut."[195]

Durch dieses Anvertrauen gelangen einzelne virtuelle Charaktere zu einem Status, den einstmals Winnetou oder Sherlock Holmes inne hatten.[196] Allen voran ist hier sicher die Protagonistin der inzwischen sechsteiligen `Tomb Raider´-Reihe Lara Croft zu nennen. Ihre Popularität wurde vor allem durch lebensgroße Kunstharzfiguren, zwei Kinofilme, Comics, Magazine, und Bücher sowie unzählige weitere Marketing-Artikel gesteigert. Darüber hinaus verfügt sie jedoch auch über eine bis ins Detail ausgearbeitete Biografie nebst persönlicher Angaben wie Gewicht, Körpergröße und Blutgruppe.[197] Bei öffentlichen Veranstaltungen der Lizenzinhaber wird Lara Croft sogar durch ein offizielles `Tomb Raider´-Model vertreten.

Durch seine Entscheidungsmacht erhält der Spieler nicht nur weit gehend die Kontrolle über die Art und Weise der Handlungsentwicklung, sondern er kann auch ihre Geschwindigkeit bestimmen. Da der Fortgang der Handlung, wie oben beschrieben, von ihm allein abhängig ist, kann er sich meist so viel Zeit lassen, wie er möchte, um alle bisher gesammelten Clues auszuwerten, Theorien aufzustellen und seine nächsten Schritte zu überlegen. Er steht hierbei ebenso wenig unter Zeitdruck wie der Leser, der auf seine Weise versucht, dem Täter auf die Spur zu kommen.[198]

Hingegen keine Kontrolle hat der Spieler über die weiteren in der Geschichte integrierten Personen. Er kann zwar ebenso wie der Detektiv in einem Roman mit den anderen Charakteren interagieren, er hat jedoch keine direkte Gewalt über sie und kann ihr Verhalten nur indirekt und in bedingtem Maße beeinflussen.[199]

---

195. Choquet: 1000 game heroes, S. 12.
196. Vgl., Neuhaus: Old Shatterhand und Sherlock Holmes, S. 146ff; Poole: Trigger Happy..., S. 159ff.
197. Vgl., Coupland: Lara's Book..., S. 29ff; Glaser: Lara Art..., S. 84; www.tombraider.com .
198. Meist gibt der Designer nur in wenigen Einzelsequenzen, wie beispielsweise bei Auseinandersetzungen, die Spielgeschwindigkeit vor. Bei in Echtzeit ablaufenden Titeln wie `The Last Express´ bestimmt der Designer hingegen dauerhaft die Spielgeschwindigkeit.
199. Nichtspielercharaktere können nur durch Gespräche oder die Weitergabe von Objekten und Informationen beeinflusst, oder besser gesagt bestochen und zu vorbestimmten Handlungen bewegt werden.

Aber wie geht ein Spieler, der im Gegensatz zum Leser eines Detektivromans ganz offensichtlich eine Vielzahl von Aufgaben bewältigen muss, um an sein Ziel zu kommen, an ein Detective Adventure heran?

Nach der Einführungssequenz verfügt der Spieler ungefähr über den Wissensstand wie der Leser eines Detektivromans nach dem Prolog oder dem ersten Kapitel.[200] Während für den Leser nun durch einfaches Weiterlesen die Aufklärung der mysteriösen Ereignisse beginnt, gilt es für den Spieler zunächst, die Grenzen und Regeln der virtuellen Welt zu erfassen und sich mit seiner Rolle innerhalb dieser Welt vertraut zu machen.[201] Erst wenn er die Basisregeln sowie die Position des Protagonisten innerhalb der Handlung erfasst und sich mit der Hauptfigur weit gehend identifiziert hat, kann der Spieler sich der Handlung zuwenden und zum Autor seiner eigenen analytischen Detektivgeschichte werden.[202]

Bei seinen ersten Schritten helfen dem Spieler die schon unter 2.2.1 genannten Grundregeln zur Lösung eines jeden Adventures. Allerdings werden, vergleichbar mit den Ereignissen in einem guten Detektivroman, durch die Befragung der ersten Personen ebenso wie die Auffindung der ersten Clues auch hier zunächst einmal deutlich mehr neue Fragen aufgeworfen als Antworten gefunden.[203] Die Verwirrung wird zunächst einmal immer größer.

Augen und Ohren nach wichtigen Clues und weiteren Informationen über sich selbst offen haltend, muss der Spieler von Anfang an darauf achten, nicht in Sackgassen oder eine tödliche Falle zu geraten. Dies ist oft schneller geschehen, als man erwarten würde.[204]

---

200. Das erste Verbrechen ist häufig schon geschehen und eine kurze Einführung in die fiktive Welt sowie die Vorstellung des Protagonisten ist erfolgt.
201. Dies schließt auch die Lektüre des Handbuchs mit ein; vgl., Mertens: Wir waren Space Invaders..., S. 56.
202. Im Fall des analysierten `Sherlock Holmes´-Titels hat der Spieler am Ende die Möglichkeit, den von ihm gewählten Verlauf der Geschichte in gedruckter Form nachzulesen.
203. Beim Titel `Jack Orlando´ kommt erschwerend hinzu, dass man von Anfang an unzählige von Objekten einsammeln kann, jedoch nur rund 10% davon wirklich benötigt, ohne zu wissen, welche diese sind; vgl., `Jack Orlando´ Episode I.
204. So findet man bei `Sherlock Holmes´ ein zentrales Objekt (eine Eisenstange) gleich in der ersten Szene, und bei `The Last Express´ muss man durch ein zügiges Verschwindenlassen der Leiche das drohende Spielende schon nach zwei Minuten erstmalig verhindern; vgl., `Sherlock Holmes´ Episode I, `The Last Express´ Episode I.

Parallel zu den ersten Bewegungen innerhalb der virtuellen Umgebung entwickelt sich im Kopf des Spielers, unterstützt durch die visuelle Darstellung, sehr schnell eine kognitive Karte der Welt, in der er sich bewegt, und er gewinnt sehr bald die schon angesprochene Raumvorstellung. Unterstützt wird dieser Prozess von der ebenfalls schon erwähnten Übersichtskarte, die in vielen Spielen integriert ist.[205] Die Notizbuchfunktion, mit der relevante Zeugenaussagen und Beobachtungen automatisch festgehalten werden, und das Inventar, in dem der Protagonist zu jeder Zeit die eingesammelten Gegenstände mit sich führt, sind neben der Karte die wichtigsten Hilfsmittel für den Spieler. Im Spiel integrierte Lösungshilfen oder dem Spiel in gedruckter Form beigefügte Tipps sind bei der Lösung zentraler Aufgaben hilfreich, können aber bereits nicht mehr als reguläres Spielelement im engeren Sinne gesehen werden.

Für den Leser irrelevant, für den Spieler nicht nur dann von unschätzbarem Wert, wenn er in eine Sackgasse geraten oder einen Bildschirmtod erlitten hat: Die Speicheroption und die damit verbundene Möglichkeit, Teile der Geschichte in veränderter Form zu wiederholen. Oft reicht schon eine kleine Fehlentscheidung des Spielers, um in eine ausweglose Situation zu geraten. Dann hilft nur die letzte Speicherstelle, um in einem weiteren Versuch den zuvor gemachten Fehler zu vermeiden.[206]

Die hier beschriebenen Optionen nutzend und die in 2.2.1 ausgeführten Handlungsoptionen miteinander kombinierend, führt der Spieler nach einer meist kurzen Eingewöhnungszeit den analytischen Deduktionsprozess durch, wie es der Protagonist in einem Detektivroman tun würde. Wie er hierbei im Einzelnen der Lösung des Falls näher kommt und welche Clues jeweils die entscheidenden sind, soll am Beispiel der vier im Rahmen der Arbeit genauer untersuchten Detective Adventures in Kapitel vier aufgezeigt werden.

Fasst man die bis hierhin genannten Aspekte zusammen, so lässt sich festhalten, dass der Leser zwar deutlich weniger Verantwortung trägt und es offenbar wesentlich leichter und bequemer hat als der Spieler eines Detective Adventures, er im Gegenzug jedoch bei weitem nicht die

---

205. Wie der Leser tilgt er im Spielverlauf immer mehr weiße Stellen auf dieser Karte und erhält weitere Schauplätze hinzu; vgl., Maushagen: Death on the Nile..., S. 190f und S. 201.
206. In erster Linie dient ein Speicherstand jedoch als eine Art Lesezeichen, mit dessen Hilfe man das Spiel nach einer Unterbrechung an eben dieser Stelle wieder fortsetzen kann.

Möglichkeiten besitzt, die der Spieler innehat. Selbst wenn er es nicht dem Autor und dem Protagonisten überlassen will, die Geschichte zu erzählen und das Geheimnis ohne seine Beteiligung aufzuklären, so muss er sich doch den vergleichsweise strengen Vorgaben beugen und sich dem Vorgehen des Protagonisten anschließen. Er kann weder die berühmte Tür öffnen, hinter der er die Lösung vermutet, noch die Frage stellen, die er persönlich für die entscheidende hält. Der Spieler kann diese Handlungen nicht nur selbst ausführen, sondern er muss es sogar. Die Ebene der Interaktivität im analytisch aufgebauten Detective Adventure zwingt ihn hierzu.

So unterschiedlich die Anforderungen von Detektivroman und Detective Adventure an den Rezipienten sind - die Motive zu einer Detektivgeschichte gleich welchen Mediums zu greifen, sind ganz offensichtlich vergleichbar: In beiden Fällen wird dem Rezipienten eine überaus spannende Erzählung geboten, in der es eine große Zahl von logischen Rätseln zu lösen und Geheimnisse zu lüften gilt und in der eine Beteiligung an der Handlung, konkret der Deduktionsarbeit, wenn auch in unterschiedlicher Weise, möglich ist. Roman wie Spiel bieten ihm die Chance, in eine Rolle, die ihm im Alltag versagt bleibt, in eine Gegenrealität einzutauchen, in der es gilt, das Unbekannte zu erforschen und in der die rationalen Gesetze und Regeln des Alltags nur bedingt Geltung haben.[207]

Die besagte Spannung der Erzählung setzt sich im Detective Adventure wie im Detektivroman aus der allgemeinen atmosphärischen Spannung der Handlung und der Rätselspannung zusammen. Letztere kann wiederum in zwei Kategorien unterteilt werden, wie unter 3.4 ausführlicher besprochen werden soll. In vollem Umfang zur Geltung kommen können die spannende Atmosphäre der Handlung und die Rätselspannung jedoch nur gemeinsam. Erst wenn die geheimnisvolle visuelle Darstellung einzelner Szenen mit nicht weniger mysteriösen Aussagen oder Ereignissen und einer entsprechend angepassten Musikuntermalung kombiniert wird, werden Erzählung und Rätsel auf der Spannungsebene im Detective Adventure zu einer geschlossenen Einheit.[208]

---

207. Dabei fällt die Verfremdung der Welt im Detective Adventure ebenso wie die im Roman im Vergleich zu Geschichten mit vorwiegendem Abenteuercharakter vergleichsweise gering aus; vgl., Mertens: Wir waren Space Invaders..., S. 16 und S. 56f; Neuhaus: Richard Alewyns Forschungen..., S. 3.
208. Ein Buchautor kann mit Worten vergleichbare Spannungszustände hervorrufen.

Ein in den letzten Jahren immer häufiger verwandtes Element zur kurzzeitigen Steigerung des Spannungszustandes, das nicht im direkten Bezug zur Rätselspannung zu sehen ist, besteht darin, Zeitbegrenzungen für einzelne Spielabschnitte festzulegen und den Spieler eine Reihe von Aufgaben unter Zeitdruck bewältigen zu lassen. Hierbei läuft die fiktive Zeit dann schneller oder in anderen Fällen sogar langsamer ab, als es in den anderen Spielszenen der Fall ist.[209] Auf diese Weise steigert der Designer nicht nur gezielt die Spannung, sondern er schürt zugleich die Angst vor dem bevorstehenden Bildschirmtod und dem damit verbundenen Ende des Spiels.[210]

Wie oben bereits angesprochen, sind die Rätsel, von denen es in Adventures mehr gibt als in jedem anderen Genre, ein weiterer Grund für die Rezeption eines Adventures. Im speziellen Fall der Detective Adventures ist es vor allem die hohe Zahl vergleichsweise realer, d.h. mit den Gesetzen der realen Welt erfassbaren Rätsel, die den besonderen Reiz ausmachen.[211] Ebenso wie jeder Detektivroman erfordern auch Detective Adventures vor allem logisches Denken, und wie bei der regelmäßigen Lektüre in Buchform verbessert auch ein erfahrener Spieler des Genres seine analytischen und detektorischen Fähigkeiten.[212] So findet man mit der Zeit immer schneller die zentralen Clues, wertet Aussagen und Beweise präziser aus und zieht frühzeitiger die richtigen Schlüsse.[213] Bei Serientiteln lassen sich hier, wie bei manchem Autoren, bald Muster im Bezug auf Handlungsaufbau und Rätselkonstruktionen erkennen.[214]

---

209. `Die Entdeckung der Langsamkeit´, wird dieses aus dem Subgenre des Horror-Adventures stammende Phänomen genannt. Ganz nach dem Motto: Spannend ist nicht, wenn ein Detektiv bei der Durchsuchung eines Zimmers entdeckt und durch den Bewohner erschossen wird, sondern den Spieler wissen zu lassen, dass sich der Bewohner mit einer Waffe in der Hand dem Zimmer nähert und zugleich die fiktive Zeit so zu verlangsamen, dass sich der Protagonist nur noch wie in Zeitlupe bewegen kann, während er versucht, möglichst schnell für die Fortführung der Handlung obligatorische Aufgaben zu erfüllen, bevor er den Gefahrenbereich verlässt.
210. Wer beispielsweise bei `Jack Orlando´ zu langsam das Zimmer eines Tatverdächtigen durchsucht, wird vom diesem erschossen. Dies bedeutet ebenso das Spielende wie für einen Fehlgriff bei der Entschärfung einer Bombe, die man bei `The Last Express´ unter Zeitdruck durchführen muss; vgl., `Jack Orlando´ Episode II und `The Last Express´ Episode III.
211. Vgl., Neuhaus: Mysterion..., S. 44f.
212. Vgl., Brecht: Über die Popularität..., S. 33; Mertens: Wir waren Space Invaders..., S. 169.
213. Einige Spieler entwickeln dabei einen regelrechten Perfektionsdrang um dort, wo es einen Highscore zu erreichen gilt, möglichst viele Punkte zu sammeln.
214. Vgl., Neuhaus: Vorüberlegungen..., S. 269ff.

Eng verbunden mit dem Wunsch, für eine Zeit lang ein anderer zu sein, in die Rolle eines wahren Helden zu schlüpfen, ist auch das Machtstreben, dem sich kein Spieler völlig entziehen kann.[215] Je mehr der Spieler in die virtuelle Welt eintaucht und je mehr er über diese Welt und ihre Gesetze und Regeln weiß, umso stärker emanzipiert er sich und glaubt, aufgrund seiner interaktiven Eingriffsmöglichkeiten in die Handlung nicht nur die Kontrolle über die aktuelle Situation, sondern auch über die virtuelle Welt als Ganzes zu haben.[216]

Fördern die Designer ebenso wie manche Autoren dieses Gefühl gezielt, so sind doch sie es zugleich, die letztlich zu jedem Zeitpunkt des Geschehens die Fäden in der Hand halten.[217] Dem ist sich der Spieler jedoch noch weniger bewusst als der emanzipierte Leser, der ebenfalls versucht, ein Verbrechen früher aufzuklären, als der Autor dies eigentlich zulassen will.[218]

Getrieben von dem Willen, alle Geheimnisse aufzuklären, und zugleich mit dem Angstgefühl im Hinterkopf, am nächsten Rätsel zu scheitern, dem Designer unterlegen zu sein, versucht der Spieler ständig, einen möglichst umfassenden Teil der Handlungsmacht an sich zu ziehen. Dies gelingt ihm auch insofern, als dass der Designer ihm eine gewisse Entscheidungsfreiheit bezüglich des Handlungsverlaufs einräumen muss, solange das Adventure nicht vollkommen linear aufgebaut ist. Dennoch würde kein Detective Adventure funktionieren, wenn nicht der Designer die Rahmenbedingungen festlegen und eine gewisse Basiskontrolle des Systems garantieren würde.[219] Dies gilt ebenso für alle anderen Genres. Selbst im Fall von s.g. Gott-Spielen oder der Integration eines Leveleditors kann man aus meiner Sicht nicht von einem weitreichenden Machtverlust des Designers sprechen, wie dies manche Autoren tun.[220]

---

215. Vgl., Mertens: Wir waren Space Invaders..., S. 17.
216. Dieser Effekt ist vergleichbar mit Alewyns Emanzipation des Lesers, fällt jedoch hier wesentlich stärker aus; vgl., Alewyn: Anatomie..., S. 368.
217. Selbst bei einem noch so unlinearen Adventure kann nichts passieren, was der Designer nicht in irgendeiner Form vorher berücksichtigt und festgelegt hat .
218. Hier wie dort entbrennt ein sportlicher Wettkampf, ein geistiges Spiel, wie van Dine es ausdrückt; vgl., van Dine: Twenty Rules..., S. 189; Suits: Die Detektivgeschichte: Eine Fallstudie..., S. 256f.
219. Vgl., Lischka: Spielplatz..., S. 36; Mertens: Wir waren Space Invaders..., S. 17.
220. Vgl., Bates: Game Design..., S. 70; Buschbaum: Sims City 4..., S. 27ff; Lischka: Spielplatz..., S. 95.

Spätestens im dem Moment, in dem der Spieler ein Geheimnis nicht aufklären, ein Rätsel beim besten Willen nicht zu lösen oder eine wie auch immer geartete Aufgabe nicht zu bewältigen vermag, wird ihm die Nichtigkeit seiner Macht vor Augen geführt und er erkennt, dass er dem Designer nur so lange einen Teil seiner Macht abnehmen kann, wie dieser es zulässt.[221] Leser von Detektivromanen kommen spätestens in dem Moment, in dem sich ihr Hauptverdächtiger als der einzige Unschuldige herausstellt, zu einem ähnlichen Ergebnis.

Bleibt zum Ende dieses Punktes festzuhalten, dass Entstehungsprozess und Rezeption analytischer Detektivgeschichten hinsichtlich der beiden Medien Detektivroman und Detective Adventure in vielen Punkten in unterschiedlicher Weise verlaufen. Bezogen auf den Inhalt der Geschichten sowie deren analytischen Aufbau und die Art und Weise, wie der Protagonist zur Fortschreibung der Geschichte vorgeht, sind kaum Abweichungen auszumachen. Doch haben die vorangegangenen Seiten auch gezeigt, wie sehr sich die Aufgaben des Autors bei der Niederschrift einer Detektivgeschichte von dem unterscheiden, was ein Designer bei der Entwicklung eines Detective Adventures beachten muss. Dabei sind vor allem auch die Konsequenzen und zugleich Möglichkeiten für die Kommunikationsebene und die Interaktionsebene deutlich geworden.

Nicht weniger unterschiedlich sind auch die Rollen der Leser und Spieler bei der Rezeption. So ist der Spieler im Vergleich zum Leser wesentlich aktiver und hat eine deutlich höhere Verantwortung zu tragen. Er ist in jeder Phase des analytischen Prozesses auf sich allein gestellt und muss jeden Clue selbst finden, in der richtigen Art und Weise interpretieren und in das Gesamtbild einordnen. Dabei stehen ihm lediglich die genannten Hilfsmittel, jedoch kein selbstständig agierender Protagonist zur Seite. Seine scheinbare Macht, die er zeitweise über die Handlung zu besitzen scheint, hilft ihm zwar, die Geschichte zu entfalten, stellt sich am Ende allerdings als weit gehend trügerisch heraus.

Auf der anderen Seite fällt ganz offensichtlich das Erleben der virtuellen Welt des Spiels und die Identifikation mit dem Protagonisten intensiver aus, als dies im Kommunikationsprozess mit der fiktiven Welt eines Detektivromans möglich ist. Auch hier ist die Interaktivität das ausschlaggebende Element.

---

221. So trifft der in der Literatur benutzte Begriff der Leserlenkung im übertragenen Sinne auch auf das Verhältnis von Spieler und Designer zu.

Alles in allem scheint also die Lektüre eines Detektivromans eindeutig die entspannendere Herausforderung zu sein, selbst wenn man es sich zur Aufgabe macht, den Täter vor dem letzten Kapitel zu kennen. Welche Geheimnisse und Rätsel man hierfür während des analytischen Prozesses bewältigen muss, ist hinreichend bekannt; inwieweit dies in Detective Adventures anders aussieht, sollen die nachfolgenden Seiten zeigen.

3.4 Die Rätselstruktur im Detective Adventure

Mysteriöse Geheimnisse und spannende Rätsel bilden den Kern eines jeden Detektivromans und jeden Detective Adventures. Beide könnten ohne ein spannendes Haupträtsel, die Aufdeckung der Tat und die damit verbundene Überführung des Täters sowie die vielen kleinen Rätsel, die es im Vorfeld zu entschlüsseln gilt, nicht existieren. Den Geheimnissen und Rätseln kommt vor allem auf der Kommunikationsebene zwischen Urheber und Rezipient die entscheidende Rolle zu. Streng genommen ist die Bedeutung der Rätsel im Detective Adventure sogar noch höher zu bewerten, da sie hier zugleich Kern der Interaktionsebene sind.

Unterschieden werden muss bei Buch und Adventure zwischen zwei Rätselgruppen: Da sind zum einen diejenigen Rätsel, die sich direkt auf das zu Beginn konstituierte Hauptgeheimnis beziehen und ein bedeutender Teil der Deduktion sind, und zum anderen diejenigen Rätsel, deren Lösung zwar dem Fortgang der Geschichte dienlich, hierfür vielleicht sogar obligatorisch sind, deren effektiver Beitrag für die Lösung des Falls jedoch kaum oder gar nicht zu erkennen ist. Letztere Gruppe nimmt im Detective Adventure vergleichsweise viel Handlungsraum und Handlungszeit ein.[222]

Aufbau und Form vieler Rätsel in Detective Adventures weichen nicht von denen ab, die auch in Detektivromanen immer wieder verwendet werden. Es gibt jedoch ein paar Rätseltypen, die erst im Detective Adventure durch die multimedialen Möglichkeiten des Mediums an sich oder den Umstand, dass der Spieler sie eigenständig lösen muss, Sinn machen. Hierzu gehören beispielsweise Rätsel, die unter Zeitdruck gelöst werden müssen oder bei denen es auf ein bestimmtes Timing ankommt.[223]

---

222. So kann der Spieler auch in einer an sich kompakt gehaltenen Geschichte vor viele Aufgaben gestellt werden. Dies nutzen die Designer auch bei anderen Formen des Adventuregenres aus.
223. Kommen diese Rätsel im Roman vor, so lässt sich damit auch kurzfristig Spannung erzeugen. Wirklich Sinn machen diese Rätsel jedoch nur im Adventure.

Darüber hinaus findet man häufig die s.g. Maschinenrätsel, bei denen der Spieler eine mehr oder minder komplexe Anlage oder Maschine bedienen muss.[224] Letztlich gibt es auch Labyrinthe oder Rätsel, bei denen schlichtweg nur das Versuchsverfahren angewandt werden kann. In komplexeren Detective Adventures trifft man auch auf s.g. Sequenzrätsel. Diese scheinen oft zunächst eine recht einfache Lösung zu haben, doch um sie tatsächlich zu lösen, muss der Spieler unterschiedlichste Vorkehrungen treffen, weil immer wieder andere, unerwartete Ereignisse die Lösung verhindern.[225]

Damit die Kommunikation zwischen Designer und Spieler ebenso einwandfrei abläuft wie die Interaktion des Letztgenannten mit dem Spiel, muss sich der Designer nicht nur an die Fairnessregel halten. Er muss zugleich darauf achten, dass die Rätsel logisch aufgebaut sind, er ausreichend Clues für die Lösung der Rätsel in das Spiel integriert und keine Widersprüche durch die Rätsel hervorgerufen werden. Zugleich muss er nicht nur sicherstellen, dass das Rätsel in die Spielatmosphäre hinein passt, sondern er muss die Rätsel ebenso dazu nutzen, um die Geschichte weiterzuentwickeln und dem Spieler ein Aha-Erlebnis zu verschaffen.[226]

Zu einer erheblichen Störung des Kommunikationsverhältnisses und zugleich zum Vertrauensverlust des Spielers gegenüber dem Designer kommt es, sobald dem Spieler die Rätsel willkürlich und ohne Bezug zur Logik des Spiels erscheinen oder viele Rätsel einfach darin bestehen, visuell auf dem Bildschirm kaum erkennbare Objekte einzusammeln oder zu benutzen. Als äußerst destruktiv sehen Spieler auch diejenigen Rätsel an, zu deren Lösung man erst einen Bildschirmtod erleiden muss, um an die für die Lösung notwendige Information zu kommen.[227]

Was die Häufigkeit der einzelnen Rätseltypen betrifft, so lassen sich nur schwer konkrete Zahlen ausmachen, da je nach Titel hier recht große Unterschiede bestehen. Als Tendenz deutlich zu erkennen ist jedoch die

---

224. Meist bekommt der Spieler zur Lösung dieser Rätsel sogar ein eigenes Eingabefeld eingeblendet.
225. Detaillierte Ausführungen zu allen im Adventuregenre angewandten Rätseltypen mit entsprechenden Beispielen finden sich bei Bates; vgl., Bates: Game Design..., S. 104-113.
226. Der Spieler sollte grundsätzlich erkennen können, warum seine Lösung des Rätsels erfolgreich war und wie ihn diese Lösung innerhalb der Handlung weiterbringt.; vgl., ebd., S. 116ff.
227. Vgl., ebd., 114ff.

hohe Zahl der einfachen Objekträtsel, mit denen der Spieler im Detective Adventure beinahe kontinuierlich konfrontiert wird. Sie bedürfen für die Lösung meist nur die Anwendung eines zuvor in relativer Reichweite eingesammelten Objekts.[228] Dabei kommt es häufig zur Zweckentfremdung der Gegenstände.[229] Nicht viel geringer ist die Zahl derjenigen Rätsel, bei der man zunächst mehrere Objekte miteinander kombinieren oder diese genauer untersuchen muss.[230] Einen zweiten großen Block bilden die Dialogrätsel, bei denen die Rhetorik dabei behilflich ist, Hinweise und Tipps zu erhalten[231] oder beispielsweise jemanden abzulenken. Diese Rätsel besitzen ebenfalls einen recht großen Anteil an der Gesamtzahl der Geheimnisse. Vergleichsweise selten kommt im Detective Adventure ein Rätseltyp vor, der im Detektivroman von hoher Bedeutung ist: Rätsel im wenn-dann-Schema, mit deren Hilfe man beispielsweise Alibis und Indizien überprüfen und in Folge dessen Verdächtige als Täter ausschließen kann.

Als weitere Tendenz lässt sich festhalten, dass die Rätsel zu Beginn eines Adventures häufig recht einfach gestaltet sind und erst im weiteren Verlauf der Handlung die Komplexität nach und nach ansteigt. Dieser Effekt wird oft schon dadurch erreicht, dass die Aussagen oder die Objekte, die zur Aufdeckung eines Geheimnisses erforderlich sind, sich in immer größerer zeitlicher und geografischer Entfernung zum zugehörigen Rätsel befinden. Die durchschnittliche Komplexität der Rätsel und der damit verbundene Schwierigkeitsgrad ist von Spiel zu Spiel unterschiedlich. Einige Titel sind einsteigerfreundlich, andere erfordern recht hohe Kombinations-, Analyse- und Deduktionsleistungen und eignen sich nur für erfahrene Spieler.[232]

---

228. Dies schließt Aufgaben wie die Benutzung eines Schlüssels an einer Tür ebenso mit ein wie den Einsatz eines Objekts zur Bestechung eines Nichtspielercharakters.
229. Wenn der Protagonist beispielsweise mit Hilfe einer Kerze den Abdruck eines Schlüssels anfertigt oder mit einem Feuerzeug absichtlich eine Sprinkleranlage auslöst.
230. Auch dieser Rätseltyp ist durchgängig in allen Detective Adventures anzutreffen, wobei hier meist weniger die Objektkombination als vielmehr eine genaue Analyse der einzelnen Objekte verlangt wird.
231. Neben Infos zu Personen und Orten sind hierin auch Zahlencodes, Passwörter und Codes mit inbegriffen, wobei diese oft auch in schriftlicher Form vorliegen (und damit wiederum ein Objekt sind).
232. Ist es für einen Leser nicht weiter dramatisch, wenn die Geschichte so komplex wird, dass er sich kurzzeitig nicht an der Falllösung beteiligen kann, so bildet ein ungelöstes Rätsel für den Spieler schon bald ein unüberwindbares Hindernis, welches zum vorzeitigen Spielende führen kann, solange keine Komplettlösung hinzugezogen wird. Doch auch diese helfen nicht immer weiter, und dementsprechend eignen sich nicht alle Adventures für jeden Spielertypen.

Manche Adventures bieten mehrere Schwierigkeitsgrade, zwischen denen man sich zu Beginn entscheiden muss, an, um möglichst jeden Spielertypus anzusprechen und niemanden zu unter- bzw. überfordern.[233] Solange jedoch die Rätsel und die Geschichte an sich logisch aufgebaut sind und sich keine Widersprüche ergeben, sind die meisten Rätselkonstruktionen für jeden Spieler nach entsprechender Bedenkzeit lösbar. Kommt ein Spieler nicht auf die Lösung eines Rätsels, dann kann er häufig davon ausgehen, dass er selbst eine der drei bereits genannten Grundregeln gebrochen hat.[234]

Für eine erfolgreiche Fortschreibung der Geschichte, den Erhalt der Spannung und nicht zuletzt für die Motivation des Spielers ist es notwendig, dass die Lösung der einzelnen Rätsel für den Spieler einen Sinn ergeben. Im Gegenzug für die Lösung eines Rätsels erwartet der Spieler daher eine Belohnung in Form eines Beweisstücks, einer wichtigen Aussage oder die Bestätigung einer zuvor gefassten Theorie.[235] Der Ertrag sollte abhängig von der Schwierigkeit und der Komplexität des Rätsels ausfallen.[236]

Einen nicht zu unterschätzenden Anteil haben die zu lüftenden Geheimnisse an der Erhaltung der bereits im vorangegangenen Kapitel angesprochenen Spannung. Dabei geht es nicht nur um die Gesamtspannung der Handlung und der Spannung, die das Haupträtsel verursacht. Mit jedem noch so kleinen Rätsel ist ein entsprechender Spannungsbogen verbunden, der sich von der Entdeckung des Rätsels bis zu dessen Lösung zieht.[237]

---

233. Die Schwierigkeitsgrade unterscheiden sich meist in der Gesamtzahl der Rätsel oder der Zahl der vorweg gegebenen Clues.
234. Der Blick in eine Komplettlösung bestätigt dies meist. In durchweg logisch aufgebauten Detective Adventures ist dieser Griff zu einem externen Hilfsmittel für einen aufmerksamen Spieler meist ebenso unnötig wie die Zuhilfenahme einer entsprechenden im Spiel integrierten Funktion.
235. Häufig hat die Rätsellösung auch eine Erweiterung der virtuellen Welt zur Folge.
236. Am Ende einer Episode besteht dieser Ertrag beispielsweise aus der Zwischensequenz und den darin enthaltenen Informationen. Für die Lösung kleinerer Aufgaben erhält der Spieler oft einen weiteren Clue.
237. So schließt sich ein kleiner Spannungsbogen an den anderen an und der Spieler ist zu keinem Zeitpunkt des Geschehens nur auf die Spannung des Haupträtsels beschränkt. Dabei kann es durchaus auch zu Überschneidungen der einzelnen kleineren Spannungsbögen kommen.

Bezogen auf die Ausführungen Alewyns zur Rätselspannung ist man geneigt, dieser im Detective Adventure einen noch höheren Stellenwert zuzuweisen, schon aufgrund des interaktiven Charakters der einzelnen Rätsel.[238]

Im Detektivroman ist die Rätselspannung vor allem auf die Lösung des Haupträtsels fokussiert, während die sich aus der Sicht des Lesers weitgehend selbstlösenden, kleineren Geheimnisse einen deutlich geringeren Beitrag zur Gesamtspannung leisten. Dieses Verhältnis verschiebt sich bei der Betrachtung der Detective Adventures.

Zwar will auch der Spieler das Verbrechen an sich aufklären, den Täter überführen und die Endsequenz erreichen, doch durch die vielen kleinen Hindernisse, die er zuvor eigenständig bewältigen muss, tritt die durch das Haupträtsel hervorgerufene Spannung hier zunächst deutlich in den Hintergrund.[239] Begründet liegt auch dieser Unterschied letztendlich in der aktiveren Kommunikation und vor allem Interaktion zwischen dem Spiel und dem Spieler. Dieser Grad an Aktivität im Bezug auf die Rätsel hat seine Ursache wiederum in der Tatsache, dass der Spieler im Gegensatz zum Leser alle Geheimnisse selbst aufdecken muss, während letzterem, wie bereits erwähnt, die Wahl bleibt, sich an der Auflösung des Falls zu beteiligen oder nicht.

---

238. Vgl., Alewyn: Anatomie..., S. 365f.
239. Siehe hierzu Webers Ausführungen zur Spannungssteigerung durch die analytische Erzählstruktur und die Rätsel-Lösungs-Kontruktionen; vgl., Weber: Theorie..., S. 96ff.

4.0 Die Untersuchungsobjekte - Vorstellung und Analyse

Auf den nachfolgenden Seiten sollen die vier für die Untersuchung im Rahmen dieser Arbeit ausgewählten Detective Adventures zunächst inhaltlich vorgestellt werden. Hierfür wird jeweils eine kurze Zusammenfassung der den Adventures zugrunde liegenden Geschichte aus der Sicht des Protagonisten gegeben. Dabei sind vor allem die inhaltlichen Merkmale von Interesse, durch die sich der jeweilige Titel einer der Ausprägungen des Detektivromans zuordnen lässt.

Anschließend werden die Kommunikationsebenen und die Interaktionsebenen näher beleuchtet. Während bei der Kommunikationsebene die Clues, die Rätselkonstruktionen und die sich daraus ergebenden Theorien und Verdachtsmomente im Mittelpunkt stehen, dient die Betrachtung stereotyper Elemente wie dem Inventar, der Spielsteuerung sowie den in den Adventures integrierten Orientierungs- und Hilfsoptionen zur Bewertung der Interaktionsebene. Die Untersuchung der multimedialen Ebene schließt den jeweiligen Komplex ab.

Unter dem letzten Punkt dieses Kapitels erfolgt eine Analyse der Darstellung der Detektive, Täter und Opfer innerhalb der vier Detective Adventures. Dabei soll vor allem überprüft werden, inwieweit diese hier mehr als nur schematische Figuren sind und wie viel man über die einzelnen Personen erfährt.[240]

4.1 The Lost Files of Sherlock Holmes - The Case of the Serrated Scalpell

4.1.1 Der Handlungsverlauf

Wir schreiben das Jahr 1888. Es ist ein verregneter Novemberabend, und in den Straßen liegt der berühmte 'Londoner Nebel'. Ein mit Mantel und Hut bekleideter Mann betritt eine dunkle Gasse, in der sich der Hintereingang eines Gebäudes befindet.

---

240. In einigen Detektivromanen dienen die Figuren nur als Mittel zum Zweck. Sie sind häufig äußerst schematisch und im wahrsten Sinne des Wortes charakterlos dargestellt. Sie haben nur ihre Aufgabe innerhalb der Handlung zu erfüllen und sind als Person nicht von Interesse. Vor allem die Mordopfer werden häufig nur als das Objekt angesehen, welches das Geheimnis auslöst.

Er versteckt sich hinter einem Stapel aus Holzkisten und zündet sich eine Zigarette an. Als wenig später eine junge Frau aus besagtem Eingang tritt, stürzt sich die vermummte Gestalt auf das überraschte Opfer. Eine Art Messer blitzt in der Dunkelheit vor dem entsetzten Gesicht der Frau auf, bevor sie Augenblicke später bereits leblos auf dem Boden liegt. Beinahe im gleichen Moment tritt eine zweite Frau aus dem Hintereingang. Der Täter flüchtet, die Zeugin verschwindet wieder in der Tür.

Am nächsten Morgen erhält Holmes über seine Haushälterin ein Schreiben von Inspektor Lestrade. Dieser bittet ihn, gemeinsam mit Watson zum Tatort zu kommen, obwohl er schon der festen Überzeugung scheint, die Tat sei von Jack the Ripper begangen worden. Holmes kommentiert den Brief mit den Worten:„Kommen Sie, Watson, das Spiel kann beginnen."[241]

Am Tatort angekommen, steckt Holmes eine auffällige Metallstange, die unweit des Opfers liegt, ein.[242] Anschließend analysiert er den vom Täter zurückgelassenen Zigarettenstummel, der sich als nichts aussagende Allerweltsmarke herausstellt. Die Untersuchung der Leiche offenbart mehrere Stichwunden im Rumpf und eine tödliche Durchtrennung der Halsschlagader.[243] Die gezackten Wundränder sprechen gegen das vom Ripper ansonsten benutzte Skalpell.[244] Bei genauerem Hinsehen entdeckt Holmes ein weißes Pulver in den Wunden und nimmt eine Probe. Die Kratzspuren am Hals des Opfers deuten auf geraubten Schmuck hin.[245] Von Inspektor Lestrade erfährt Holmes, dass es sich bei dem Opfer um Sarah Carroway, wohnhaft im Stadtteil Basewater, handelt. Sie war Schauspielerin im Theater, an dessen Rückfront man sich befindet. Holmes äußert dem Inspektor gegenüber Zweifel daran, dass es Jack the Ripper war, doch der ist trotz aller gegen seine Theorie sprechenden Indizien nicht von seiner Überzeugung abzubringen.[246]

In der Umkleide des Theaters befragt Holmes die Tatzeugin. Diese, eine Kollegin des Opfers, kann jedoch keine verwertbaren Angaben machen. Sie weiß jedoch von einer Halskette, die Sarah vor kurzem von ihrer Schwester

---

241. Vgl., `Sherlock Holmes' Einführungssequenz.
242. Mit der Ankunft am Tatort übernimmt der Spieler die Rolle von Holmes.
243. Vgl., `Sherlock Holmes' Episode I.
244. Auch Watson kann die Verletzungen mit keinem medizinischen Instrument in Verbindung bringen; vgl., ebd., Episode I.
245. Gegen Raubmord hingegen spricht die neben dem Opfer liegende Handtasche; vgl., ebd., Episode I.
246. Neben der Tatwaffe sprechen u.a. auch Tatort und der Schmuckraub gegen Jack the Ripper.

Anna erhalten hat. Vom Theatermanager erfährt Holmes, dass vor wenigen Tagen ein junger Bursche nach Sarah gefragt und ihn gebeten habe, Sarah mitzuteilen, er sei in einer Bar namens `Moongate´ zu finden. Dem ist der Manager nicht nachgekommen. Bei der Untersuchung des Raumes entdeckt Holmes, dass offenbar jemand mit Gewalt versucht hat, die Hintertür zu öffnen. Von einer Kommode steckt er das Parfüm der Toten sowie eine Blüte von einem Blumenstrauß ein. Nun begibt er sich zur Wohnung des Opfers. Hier stolpert er über ein Rugbyhemd in der Schmutzwäsche, auf dem sich Spuren von Pomade und ein schwarzes Haar finden. Zudem entdeckt er einen Schlüssel, versteckt in einem Regenschirm. Bei genauerer Betrachtung des Parfüms aus der Garderobe erblickt Holmes ein Etikett, welches den Kaufort verrät. Dort erinnert sich die Verkäuferin, nach einer möglichst genauen Beschreibung des vermuteten Käufers,[247] an einen Spieler aus dem Rugby Club am College.

Von der Reinigungskraft erfährt Holmes, dass der Käufer Zigaretten der Marke `Senior-Service´ geraucht hat.[248] Zurück in der Bakerstreet analysiert Holmes das Pulver vom Tatort. Ergebnis: Es sind Reste einer Arsenseife, wie sie Tierpräparatoren verwenden.[249]

Die Untersuchung der mitgenommenen Blüte ergibt, dass diese mit Jod eingefärbt wurde. Holmes erteilt Wiggins den Auftrag herauszufinden, woher die Blumen stammen, bevor er selbst noch einmal zum Tatort zurückkehrt.

Da dort inzwischen alle Spuren entfernt worden sind, versucht er es im Leichenschauhaus, wo er Einblick in die Handtasche des Opfers erhält. Erst mit einer polizeilichen Genehmigung darf er jedoch einen kleinen Schlüssel aus dieser mitnehmen.[250] Der Schlüssel öffnet die Hintertür des Theaters. Der in der Wohnung des Opfers gefundene Schlüssel öffnet die dort befindliche Kommode. Diese wiederum gibt zwei Dauerkarten für die Oper preis. Dem Manager fällt daraufhin ein, dass die Schwester des Opfers dort auftritt.

---

247. Ein stämmiger junger Mann mit Rugbyhemd, schwarzen Haaren und viel Pomade in letzteren.
248. Dies ist nicht die Marke vom Tatort; vgl., `Sherlock Holmes´ Episode I.
249. Vgl., ebd., Episode I.
250. Holmes muss mehrere kleine Rätsel bewältigen, bevor er die entsprechende Genehmigung erhält; vgl., ebd., Episode I.

Im Opernhaus angekommen, gelangt Holmes gemeinsam mit Watson bis in die Loge der Besitzerin.[251] Diese erlaubt Holmes, die Umkleide der, wie man vom Manager erfährt, seit zwei Tagen als krank gemeldeten Anna Carroway zu betreten. Als es Watson gelingt, den Manager abzulenken, kann Holmes einen Schlüsselbund einstecken. Von der Besitzerin erfährt Holmes noch, dass die beiden Schwestern ein sehr inniges Verhältnis hatten und der gesuchte Rugbyspieler, Sarahs Freund, den Namen James trägt. Schließlich bekommt man noch eine genauere Beschreibung des verschwundenen Schmuckstücks.

Erneut zurück in der Bakerstreet, erfährt Holmes von Wiggins, dass die Blumen aus dem Covent Garden stammen. Holmes begibt sich dorthin, jedoch kann die Blumenverkäuferin ihm nicht weiterhelfen. Dafür entdeckt er gleich nebenan den Moongate Pub, in dem der Unbekannte Sarah Carroway treffen wollte. In Türnähe stößt Holmes auf ein paar Manschettenknöpfe, die der Barkeeper als die des Tierpräparators Blackwood identifiziert.[252] Statt einer Adresse erfährt Holmes, dass in einem Tabakladen ein Präparat von Blackwood zu finden ist.

Auf dem Rugbyfeld macht Holmes nun James ausfindig. Dieser streitet zunächst jedoch ab, Sarah überhaupt zu kennen. Erst als Holmes ihn im Wohnheim aufsucht, gibt er zu, Sarahs Freund zu sein. Dass sie tot ist, muss man ihm mit Hilfe einer Zeitung vom Vortag beweisen.[253]

Da ihm als Rugbyspieler Frauenbekanntschaften während der Saison verboten sind, haben er und Sarah sich schon mehrere Tage nicht gesehen. James berichtet, man habe sich zuvor oft mit Sarahs Schwester und deren Freund zum Picknick im Park nahe einer Klosterschule getroffen. Dort habe sich Anna immer ganz besonders für einen bestimmten Jungen interessiert. Der Name von Annas Freund lautet Antonio Caruso. Laut James spielt er meist im St. Bernhards Pub Billard. Dort trifft Holmes ihn zwar nicht an, erfährt aber nach einigen Gesprächen mit den Gästen die Adresse seiner Wohnung.[254]

---

251. Vgl., ebd., Episode I.
252. Um an diese Information zu gelangen, muss Holmes den Wirt und drei Gäste im Dart besiegen. Dies ist die einzige ʻActioneinlageʼ im Spiel; vgl., ebd., Episode I.
253. Um eine Zeitung zu bekommen, gilt es erneut mehrere Aufgaben zu lösen; vgl., ebd., Episode I.
254. Um an die Information zu gelangen, muss Holmes einen der Billardspieler unter Druck setzen, nachdem er zuvor vom Barkeeper erfahren hat, dass dieser ein Verhältnis mit einer Schauspielerin hat. Beweisen kann Holmes seine Anschuldigungen dank Spuren von Schminke und einem roten Haar auf dem Jackett des Mannes; vgl., ebd., Episode I.

Caruso verrät Annas Adresse, kann aber weder zu dem Jungen noch zu Annas aktuellem Aufenthaltsort etwas sagen. Holmes begibt sich zu Annas Wohnung, wo er die Visitenkarte eines Anwalts an sich nimmt und die letzten Eintragungen in Annas Tagebuch liest.[255]

Dabei entdeckt Holmes einige zusammenhanglose Sätze, in denen es um ein Schmuckstück, einen Brief, einen Jungen, einen Anwalt und zwei Detektive geht. Holmes sucht anschließend den Anwalt auf, der weitere Erkenntnisse besitzt: Anna hat einen 10-jährigen Sohn, dessen Vater Lord Brumwell ist. Das Kind lebt als Sohn des Ehepaares Brumwell im Haus seiner Lordschaft, in dem Anna früher als Hausangestellte gearbeitet hat. Der Anwalt berichtet weiter, vor wenigen Tagen habe Anna ihm einen Beweis angekündigt, der ausreichen sollte, um die Mutterschaftsfrage zu klären und ihr das Kind bei Gericht zuzusprechen. Holmes begibt sich zum Park der Klosterschule. Mehr als den Vornamen Paul und der Aussage, Anna sei sein Kindermädchen gewesen, kann Holmes dem dort angetroffenen Jungen jedoch nicht entlocken. Die von dem Jungen verlorene Mütze führt zu einem Reitsportgeschäft, dessen Besitzer sich an den Käufer erinnert: Lord Brumwell.[256] Holmes sucht nun den Tabakladen auf, wo er einen präparierten Elchkopf an der Wand entdeckt. Eine nähere Betrachtung bringt die Adresse des Präparators ans Licht. Dort angekommen, trifft man aber nur den Assistenten. Bei genauerer Untersuchung des Raums findet Holmes jedoch die Tatwaffe.[257] Mit Hilfe von Spürhund Toby, den Holmes an einer Schürze des Präparators schnüffeln lässt, verfolgt er Blackwood bis in die Hafengegend. Dort beobachtet Holmes, wie dieser ein Schmuckstück an einen Hehler versetzt. In der nun folgenden Zwischensequenz gelingt den beiden Männern zwar die Flucht, Blackwood wird jedoch bald darauf verhaftet.[258]

Am nächsten Tag im Gefängnis von Holmes unter Druck gesetzt, gesteht Blackwood den Mord an Sarah, stellt diesen aber als Unfall da. Er sollte im Auftrag eines feineren älteren Herrn, dessen wahren Namen er nicht kennt, Miss Carroway einen Brief abnehmen. Nachdem die Durchsuchung der Garderobe nichts ergeben hatte, wollte er das Opfer eigentlich nur

---

255. Bevor er dies kann, muss er auf dem Flur einen Blumentopf umstoßen, um die Haushälterin abzulenken; vgl., ebd., Episode I.
256. Auch diesem Verkäufer muss man erst drohen, die Kunden auf die Fälschungen im Laden aufmerksam zu machen, bevor man die Information erhält; Vgl., ebd., Episode I.
257. Vgl., ebd., Episode I.
258. Damit endet die erste Episode der Geschichte.

bedrohen, ist dann jedoch in Panik geraten. Am Folgetag musste er dann auch noch erfahren, dass er nicht Sarah, sondern Anna hätte überfallen sollen. Wo letztere sich aufhält, weiß er nicht. Holmes kann ihm nur die Adresse des Hehlers entlocken.[259] Dieser, Besitzer eines Pfandhauses, hat den Schmuck jedoch bereits an die Detektei Gardner & Moorehead verkauft und einen weiteren Interessenten, den Berufsverbrecher Robert Hunt, ebenfalls dorthin verwiesen. In der besagten Detektei erfährt Holmes von der Sekretärin, dass Mr. Gardner, der sich in der Nacht zuvor mit einer Frau im Regency Park in der Nähe des Zoos treffen wollte, noch nicht im Büro ist.

Im Zoo trifft Holmes auf Inspektor Gregson, der neben der Leiche von Gardner steht. Diese hat einen eingeschlagenen Schädel sowie tiefe Wunden im Rumpf, die offenbar von Tierkrallen stammen. Aufgrund der geringen Blutmenge ist sich Gregson mit Holmes einig, dass das Opfer nicht am Fundort getötet worden sein kann. Vom Zoodirektor, dem Finder der Leiche, erfährt Holmes Namen und Adresse des Tierpflegers, der am Vortag als Letzter den Zoo verlassen hat. Dieser gibt zu, die Leiche gegen 22 Uhr im Löwenkäfig gefunden und sie von dort weggeschleift zu haben, um den Verdacht von seinem Lieblingslöwen abzulenken.[260]

Holmes bestätigt ihm, dass Gardner schon tot war, als er in den Käfig geworfen wurde, und erhält daraufhin die Möglichkeit, die Taschenuhr des Toten aus dem Käfig zu holen. Die Uhr enthält einen Zettel mit einer Zahlenkombination. Zurück in der Detektei hat Holmes Moorehead um wenige Augenblicke verpasst. Man erfährt, dieser habe gerade eine Nachricht erhalten und sei aufgebracht aus dem Büro geeilt. Mangels Schlüssel dringt Holmes mit Gewalt in das Büro ein und findet eine Botschaft, in der Moorehead aufgefordert wird, sofort zum nächstgelegenen Bahnhof zu kommen, wenn er seinen Geschäftspartner und seine Klientin lebend wiedersehen wolle. In der sich anschließenden Zwischensequenz hastet Holmes zum Bahnhof, kann dort aber nicht verhindern, dass Hunt den Detektiv Moorehead vor einen einfahrenden Zug wirft. Der

---
259. Holmes beweist sich als überzeugender Rhetoriker: „Wenn die englische Justiz sie erst einmal in ihren gewaltigen Kiefern hat, dann kaut sie auf Ihnen herum wie auf einem zähen Stück Lammfleisch. Sobald sie dann mit Ihnen fertig ist, spuckt sie Ihre Überreste einfach wieder aus wie ein widerspenstiges Stück Knorpel!", ʼSherlock Holmesʼ Episode II.
260. Die Matschspuren an den Stiefeln des Mannes überführen ihn; vgl., ebd., Episode II.

anschließend überwältigte und festgenommene Mörder hüllt sich jedoch in Schweigen.[261]

Holmes kehrt in die Detektei zurück und öffnet dort mit Hilfe der Zahlenkombination aus der Taschenuhr den Safe. In diesem findet sich das gesuchte Schmuckstück, in dem sich wiederum ein zusammengerollter Brief befindet. Dieser stammt vom inzwischen verstorbenen Hausarzt der Familie Brumwell und beweist tatsächlich die Mutterschaft von Anna.

Mit diesem Beweis und weiteren Details seiner Vergangenheit konfrontiert, gibt der nun aufgesuchte Lord Brumwell alles zu, entzieht sich einer Festnahme jedoch durch einen tödlichen Sprung von einer Themsebrücke.[262] Der letzten Aussage Brumwells folgend, begibt sich Holmes zur Wohnung von Hunt. Dort findet sich ein Abholschein für das Pfandhaus. Im Tausch erhält Holmes hier einen Schlüssel. Dieser passt auf eine Schublade in den verlassenen Räumlichkeiten einer mit Hunt bekannten Wahrsagerin in Covent Garden. Darin findet Holmes eine Notiz, laut der Anna in einem Schuppen in den Docks gefangen gehalten wird. Dort angekommen, bricht er als letzte Spielhandlung die Tür des Schuppens auf.[263] In der folgenden Endsequenz befreit Holmes Anna, Sekunden bevor der durch das Aufbrechen der Tür ausgelöste Sprengmechanismus den Schuppen zerstört. Ein anschließend von Holmes in der Baker Street gezogenes Resümee beendet den Fall und das Spiel.

4.1.2 Die Einordnung

Das Sherlock Holmes-Adventure ist von der ersten bis zur letzten Szene ein klassischer Vertreter der englischen Schule. Der Schauplatz des Geschehens, das viktorianische London des ausgehenden 19. Jahrhunderts, der weltweit bekannte Detektiv Sherlock Holmes in Begleitung seines Chronisten Dr. Watson, ein gleich zu Anfang stehender Mord, der trotz vieler Fragen für Inspektor Lestrade von Scotland Yard gelöst scheint, bevor er begonnen hat, und ein mysteriöses Pulver bilden den Rahmen des Szenarios. Der Tatort: eine dunkle Seitengasse; die Tatwaffe: ein Skalpell, und das Opfer: eine junge Schauspielerin. Idealer könnte auch die Basis für einen Detektivroman kaum sein.

---

261. Diese Zwischensequenz trennt die Episoden II und III.
262. Vgl., `Sherlock Holmes´ Episode III.
263. Hierzu benutzt Holmes die Brechstange, die er als erste Spielhandlung zu Beginn aufgehoben hat; vgl., ebd., Episode III.

Zur Lösung des Falls geht Holmes äußerst präzise vor, ihm entgeht nicht das kleinste Detail. Dies beginnt bereits am Tatort, wo er alle Theorien Lestrades widerlegt.[264] In den nachfolgenden Szenen fügt sich dann ein Hinweis zum anderen und eine Aussage ergänzt die nächste. Der Freund des Opfers wird schon bald über Pomadespuren und ein Haar auf einem Rugbyhemd, der von ihm bevorzugten Zigarettenmarke und einem von ihm gekauften Parfüm identifiziert. Auf die Spur des Mörders kommt Holmes durch Rückstände einer chemischen Substanz in den Wunden des Opfers sowie einen verlorenen Manschettenknopf.[265] Bei seinen Analysen wirkt Holmes hier weniger abgehoben und menschennaher als in Doyles Vorlagen.

Auch der für die englische Schule typische Humor kommt nicht zu kurz, wenn Wiggins scherzt, Holmes würde ihm Blumen schenken, und auch die Dialoge zwischen Watson und Holmes geben Anlass zum Schmunzeln.[266]

Die Programmiertechnik trägt hier ebenfalls ihren Teil bei, wenn Holmes sich einen soeben mit Themsewasser durchtränkten Putzlappen wieder in den Mantel steckt und auf die nächste Eingabe des Spielers wartet.[267] Ebenso in die Geschichte mit eingebunden ist die s.g. Viktorianische Doppelmoral.[268]

Der Täter, Lord Brumwell, schwängert eine Hausangestellte, die er anschließend als Kindermädchen des eigenen Kindes beschäftigt. Als sich

---

264. Holmes widerlegt die Theorie von Lestrade, nach der das Opfer nach draußen gezerrt wurde, indem er feststellt, dass die Frau bereits den Hut aufgesetzt hatte. Die Tätertheorie zweifelt Holmes an, da es sich zum einen um eine untypische Tatwaffe und zum anderen um eine noch untypischere Gegend für den von Lestrade belasteten Serienmörder handelt; vgl., ebd., Episode I.
265. Vgl., ebd., Episode I.
266. Ein Dialogbeispiel: „Holmes: Mein lieber Watson! Wenn ich mir nur die Zeit genommen hätte, die Situation genauer abzuschätzen, dann hätten wir dies vermeiden können! Es tut mir zutiefst Leid! Watson: Unfug, Holmes! Es war meine Entscheidung, den Versuch zu wagen, die Bombe zu entschärfen! Sie können sich nicht selbst für meine Dummheit verantwortlich machen! Holmes: Sehr großzügig von Ihnen, alter Freund! Was ist passiert? Watson: Wie dem größten Detektiv der Welt eigentlich klar sein müsste, habe ich es nicht geschafft, die Lunte rechtzeitig zu löschen! Gerade, als mir klar wurde, wie ernst die Situation ist, sah ich eine Falltür im Boden, sprang hinein und rettete so mein Leben! Holmes: Sehr erfreulich! Es hätte mich doch höchst unangenehm berührt, wenn Sie verletzt worden wären! Watson: Mich ebenso! Das kann ich Ihnen versichern!", ebd., Endsequenz.
267. Vgl., ebd., Episode I.
268. Anne Perry verwendet dieses Element häufig in ihren Romanen; vgl., Perry: (u.a.) Viktorianische Morde.

das Kind zu sehr zu seiner wahren Mutter hingezogen fühlt, wird diese, nachdem man sie zuvor unter massiven Druck gesetzt hat, aus dem Haus geworfen. Aufgedeckt wird das inzwischen 10 Jahre alte Verbrechen durch den Brief eines ehemaligen Vertrauten des Lords, der sein Geheimnis nicht mit ins Grab nehmen wollte. Der Täter beauftragt unter falschem Namen (Mr. Fitzroy) einen Gangster, um das Beweisstück zu sichern. Doch seine Pläne schlagen fehl. Mit den eigenen Verfehlungen der Vergangenheit und der Gegenwart konfrontiert, entzieht der Lord sich der Justiz durch Selbstmord.

Zählt man die beiden zu erwartenden Todesurteile für die Mörder hinzu, so sind durch diesen Fall insgesamt sechs Menschen ums Leben gekommen. Holmes selbst ist kaum einmal wirklich in Gefahr und natürlich kann es in einem Detective Adventure mit dem englischen Meisterdetektiv keine Todesfalen geben, die zum Bildschirmtod führen würden.

4.1.3 Die Kommunikation mit der virtuellen Welt

Auf der Suche nach dem Täter fehlt es der Geschichte lange Zeit an greifbaren Verdächtigen. James kommt als Täter kaum in Frage, und der vom Theatermanager beobachtete Mann bleibt bis zum Ende ein Unbekannter.[269] Der einzige frühe Hinweis auf den Täter: Die Seifenspuren an der Tatwaffe. Erst nach über der Hälfte der Geschichte stößt man, kurz hintereinander, auf zwei entscheidende Namen: Blackwood und Brumwell. Kann man ersteren bald festnehmen und zu einem Geständnis bewegen, bleibt letzterer lange Zeit ein gesichtsloser Name. Beweisen kann man dem Täter die Tat erst kurz vor der entscheidenden Begegnung. Motiv und Ursache des Verbrechens sind ebenfalls lange unbekannt und kommen erst durch das Tagebuch des Opfers und die Ausführungen eines Anwalts ans Licht. Im letzten Drittel der Handlung dominiert die Suche nach dem Beweisstück und dem Entführungsopfer.

Trotz der vielen und komplexen Textpassagen im Spiel halten sich die Objekt-Clues und die rhetorischen Clues in etwa die Waage. Es gibt viele Sekundärrätsel, die logisch in die Geschichte eingebettet sind. Dabei sind die Widerstände, die man zu überwinden hat, um an das eine oder andere Objekt heranzukommen, recht hoch. Viele der Rätsel lassen sich lösen,

---

269. Die Beschreibung passt höchstens auf Blackwoods Assistenten; vgl., `Sherlock Holmes´ Episode I.

indem man Aussagen genau auswertet oder Objekte näher analysiert. Dabei darf der obligatorische Zigarettenstummel ebenso wenig fehlen wie Morastspuren an den Schuhen eines Verdächtigen. Besonders gut in die Geschichte eingebunden sind die chemischen Analysen, die Holmes letztlich auf die Spur des Täters bringen.[270]

Vor allem in der ersten Spielhälfte geht es oft einfach darum, Adressen herauszufinden. Hierdurch wächst die virtuelle Welt kontinuierlich. Gesetze brechen muss Holmes zur Auflösung des Falls nicht, doch setzt er mehrfach Leute unter Druck, um an Informationen zu gelangen. Die einzige Actioneinlage ist das Dartspiel im Moongate Pub. Es dient direkt der Aufklärung des Falls.

4.1.4 Die Interaktion mit der virtuellen Welt

Das Inventar in Holmes' Mantel ist übersichtlich und kann als realistisch tragbar angesehen werden. Mehr als 20 kleinere Objekte finden sich hier nie.[271] Die genannte Brechstange ist noch der unhandlichste Gegenstand. Abgesehen von wenigen Einzelfällen und den Experimenten am Labortisch muss man die Objekte nicht miteinander kombinieren, sondern kann sie einzeln einsetzen. Bis zum Handlungsende werden alle eingesammelten Objekte eingesetzt.[272] Zu Zweckentfremdungen kommt es dabei nicht. Als Notizbuchfunktion dient Watsons Tagebuch, in dem alle Gespräche Wort für Wort festgehalten werden.

Direkte Unterstützung bei der Aufklärung des Falls erfährt man vor allem durch Watson.[273] Lestrade und einige Sergeants von Scotland Yard sind dort behilflich, wo polizeiliche Genehmigungen oder Informationen benötigt werden.[274] Informationen verschafft sich Holmes auch mit Hilfe von Wiggins. Der Spürhund Toby bringt Holmes letztlich im wahrsten

---

270. Diese Option nutzt er allerdings nur zu Beginn für die Analyse der eingefärbten Blume aus der Garderobe und des Pulvers aus den Wunden des Opfers; vgl., ebd., Episode I.
271. In diesem Punkt unterscheidet sich das Spiel von vielen anderen Genrevertretern.
272. Bei den meisten Titeln sammelt man hingegen deutlich mehr Objekte ein, als man tatsächlich benötigt.
273. Dieser gibt Tipps für den nächsten Schritt oder hilft, Personen abzulenken; vgl., 'Sherlock Holmes' Episode I.
274. Vgl., ebd..

Sinne des Wortes auf die Spur des Mörders, indem er ihn in den Londoner Hafen führt.[275]

Die Gespräche mit anderen Personen kann man jederzeit wiederholen und die meisten Fragen lassen sich endlos oft stellen. Häufig muss man Personen mehrfach ansprechen, um alle Details zu erfahren und alle Gesprächsoptionen zu aktivieren.[276] Die Länge der Texte und die Zahl der Auswahloptionen variiert; mit dem Fortschreiten der Geschichte werden die Gespräche jedoch zunehmend komplexer. Die Reihenfolge, in denen man die Fragen stellt, ist durchaus relevant, wenn man alle Informationen erhalten möchte. Einige Gesprächsoptionen können auch in eine Sackgasse oder zum vorzeitigen Abbruch des Gesprächs führen, und manchmal kann auch eine Antwort wie `Ich weiß es nicht´ die richtige sein.[277] Nicht selten kommt es auch zu Gegenfragen und man muss sich zwischen mehreren Antworten entscheiden.[278] Einige Situationen lassen sich sogar nur dann bewältigen, wenn Holmes sich zuvor mit Watson bespricht.[279]

Man bewegt sich in der Rolle von Holmes mit Hilfe des Mauszeigers durch das Spiel. Fährt man über eine Person, wird automatisch die Rede-Funktion angewählt, bei bestimmten Objekten hingegen die Analyse-Funktion. Um mehr über einzelne Gegenstände zu erfahren, muss man diese genauer anschauen. Zum manuellen Wechsel der Funktionen kann man auf die dauerhaft präsente Menüleiste im unteren Bildschirmteil klicken.[280]

Um die einzelnen Schauplätze zu verlassen, muss man nur an den Rand des Bildschirms klicken. Zur weiteren Orientierung dient dann ein Stadtplan, auf dem die verfügbaren Schauplätze verzeichnet sind.[281] Die Wege zwischen den Schauplätzen bewältigt Holmes mit einer Droschke.

Abgesehen von den Bewegungen der Protagonisten und den jeweils an den Szenen direkt Beteiligten wirkt das Spiel an sich relativ statisch. Die Spielatmosphäre ist dennoch von Anfang bis Ende ebenso gut gelungen

---

275. Vgl., ebd., Episode I.
276. Bereits gestellte Fragen werden farblich anders dargestellt als noch nicht gewählte Optionen.
277. Diese Option gilt es beispielsweise im Fall einer Rückfrage bei der Beschreibung von James zu wählen; vgl. `Sherlock Holmes´ Episode I.
278. So muss Holmes sich beispielsweise zwischen mehreren Parfüms entscheiden, um die Verkäuferin durch die Tatsache abzulenken, dass sie das gewählte Produkt aus dem Lager holen muss; vgl., ebd., Episode I.
279. So muss Watson der Tatzeugin des ersten Mordes zunächst ein Beruhigungsmittel geben, bevor Holmes diese befragen kann; vgl., ebd., Episode I.
280. Vgl., `Sherlock Holmes´ Episode I-III.
281. Vgl., ebd..

wie die historische Einbettung der Geschichte. Man fühlt sich direkt in die Zeit des Meisterdetektivs zurückversetzt. Dabei werden die gesellschaftlichen Verhältnisse ebenso wie die Stimmungen der einzelnen Personen deutlich erkennbar. Letztlich fehlt es an allem anderen als an Spannung, und so kann man diejenigen verstehen, die versuchen, aus diesem Adventure das zu machen, was Suerbaum für den Detektivroman als Charakteristika festhält: ein `one sitting´-Erlebnis.[282]

4.1.5 Die multimediale Ebene

Die Grafik- und Musikelemente unterstreichen im gesamten Spiel die Atmosphäre, und so werden dramatische Szenen ebenso gelungen dargestellt wie ironische. Die Grafiken sind dabei mit vielen Details ausgestattet und den Spielsituationen angepasst. Entsprechend wirken das Opernhaus oder die Villa der Brumwells recht pompös, während Hinterhöfe und Hafengegend weniger einladend sind. Auch alle anderen Schauplätze sind entsprechend ihrer Bestimmung gestaltet.[283] Wichtige, allein durch die Grafik nicht immer direkt erkennbare Ereignisse werden durch entsprechende Geräuscheffekte unterstützt.[284] In der Eingangssequenz und den Zwischensequenzen verdeutlicht die Hintergrundmusik und die Sprachausgabe die jeweilige Dramatik der Situation. An den einzelnen Schauplätzen wechseln sich unterschiedliche Musikstücke ab. Alles in allem herrscht aufgrund der Kombination der Elemente und Ebenen im gesamten Spiel eine gelungene Atmosphäre, die den Spieler in das viktorianische London zurückversetzt.

4.2 Jack Orlando - A Cinematic Adventure - Director's Cut

4.2.1 Der Handlungsverlauf

1933 in einer kleinen, etwas heruntergekommenen amerikanischen Hafenstadt. Als ehemals sehr erfolgreicher Jäger von Alkoholschmugglern sieht es nach dem Ende der Prohibition für den stadtbekannten und von der

---

282. Hierfür ist das Detective Adventure eindeutig zu lang; vgl. Suerbaum: Der gefesselte..., S. 92.
283. Vgl.,`Sherlock Homes´ Episode I-III.
284. Wie beispielsweise ein herunterfallender Schlüssel; vgl., `Sherlock Holmes´ Episode I.

Polizei einst geschätzten Berufsdetektiv Jack Orlando sehr schlecht aus. Seinen Frust über ausbleibende Erfolge und den verlorenen Ruhm ertränkt Orlando allabendlich in einem Nachtclub. Auf dem Heimweg kommt er eines Abends, in alten Erinnerungen schwelgend, an einer dunklen Gasse vorbei. Genau in diesem Moment erschießt dort ein Zigarre rauchender Mann mit hochgestelltem Mantelkragen sein Gegenüber mit einem Revolver. Orlando versucht einzugreifen, doch der konsumierte Whisky verhindert ein koordiniertes Vorgehen. Orlando wird von dem Mörder, der sich in der Dunkelheit versteckt hat, niedergeschlagen. Bevor ihm endgültig die Sinne schwinden, kann Orlando noch beobachten, wie der Täter seine Zigarre vor seinen Augen mit dem Fuß austritt, mit einem Stock eine Dachleiter herunterzieht und über das Nebenhaus verschwindet. Zu Bewusstsein kommt der Detektiv erst am nächsten Morgen, als eine ältere Dame lauthals nach der Polizei ruft. Diese erscheint Augenblicke später und identifiziert den Toten als Mayor Pete Reynolds, Angehöriger der US-Armee. Ohne weitere Untersuchung des Tatorts und ohne ihm die Chance zu einer Erklärung zu geben, werfen die beiden Polizisten Orlando als Verdächtigen ins Gefängnis.[285]

Hier trifft dieser auf seinen ehemaligen Informanten Bernardo, der die Vermutung äußert, der in der Stadt äußerst mächtige Gangsterboss Don Scaletti könnte, wie bei beinahe jedem Verbrechen, dahinter stecken.[286] Kurz darauf wird Orlando von seinem alten Freund Inspektor Roberts unter der Bedingung freigelassen, binnen 48 Stunden seine Unschuld zu beweisen.

Nachdem er in seiner Wohnung seine Ausrüstung zusammengesucht und die Neugier der Nachbarin befriedigt hat, begibt sich Orlando zum Tatort. Dort entdeckt er den vom Täter zurückgelassenen Zigarettenstummel einer Davidoff-Zigarre, eine Marke, die man nur bei Charles kaufen kann. Auf dem Dach, über welches der Täter geflüchtet ist, findet sich noch eine Streichholzschachtel aus dem Nachtclub O'Granis, der Bar, in der Orlando seine Abende verbringt.[287] Wieder am Tatort, trifft Orlando auf den Inspektor, der ihm seinen ursprünglich als Beweisstück konfiszierten Autoschlüssel zurückbringt.

---
285. Vgl., `Jack Orlando´ Einführungssequenz.
286. Wählt der Spieler den einfacheren Schwierigkeitsgrad, so entfällt diese Szene und er erhält die Informationen später vom Schuhputzer im Wohnviertel; vgl., ebd., Episode I.
287. Vgl., `Jack Orlando´ Episode I.

Mit dem Wagen fährt Orlando in der nun folgenden Zwischensequenz ins Stadtzentrum.[288] Hier sucht Orlando den Tabakladen von Charles auf, wo er auf seine Fragen hin die Beschreibung von einem großen, gut gekleideten Mann Mitte 30 mit einem auffälligen Stock erhält.[289] Der zweiten Spur folgend, begibt sich Orlando anschließend in den Nachtclub. Dort macht er eine Prostituierte ausfindig, die sich an einen Mann erinnert, der Davidoff-Zigarren raucht: August Bellinger, abgestiegen im nahe gelegenen Hotel. Dort gelangt Orlando mit einem im Servicebereich entwendeten Schlüssel in das Zimmer des Verdächtigen. Hier findet er in einem Koffer ein Scharfschützengewehr und schließt auf einen Auftragskiller. Neben der Waffe findet sich auch noch eine Notiz, wonach sich Bellinger um 20 Uhr mit einem gewissen Smith im Nachtclub treffen will. Erkennungszeichen: eine Tageszeitung. Als er den Schlüssel von Bellinger im Schloss hört, flüchtet Orlando unbemerkt durch das Fenster.[290] Mit der passenden Zeitung aus dem Tabakladen begibt sich Orlando erneut in die Bar, wo er einen Herrn entdeckt, der offenbar auf jemanden wartet. Orlando gibt sich erfolgreich als Bellinger aus und erfährt, dass sein Gegenüber (Mr. Smith) von Don Scaletti beauftragt wurde, um ihn für seine Dienste im Fall Reynolds zu bezahlen. Gemeinsam verlässt man das Lokal, um das Geschäft im Hinterhof abzuwickeln. Hier sieht Orlando statt Geld plötzlich einen Revolver vor sich. Orlando kann seinen Gegner jedoch überwältigen und fesseln. Zurück in der Bar trifft Orlando auf Bellinger, bei dem er sich nun erfolgreich als Smith ausgibt. Er schlägt Bellinger vor, die Geldübergabe im Cotton Club abzuwickeln.[291]

In der folgenden Sequenz machen sich die beiden Männer auf den Weg. Kurz vor dem Ziel wird Bellinger jedoch aus einem vorbeifahrenden Auto heraus mit einer Maschinengewehrsalve erschossen. Orlando erwidert das Feuer, während er hinter seinem eigenen Wagen in Deckung geht. Die Polizei und der Besitzer des Cotton Clubs sind sofort zur Stelle. Letzterer belastet Orlando als den Täter.

---

288. Diese Fahrt trennt als Zwischensequenz die Episoden I und II.
289. Diese Beschreibung trifft ganz auf den Täter zu; vgl., `Jack Orlando´ Episode II.
290. Die Szene im Hotelzimmer läuft in Echtzeit ab. Wer hier zu langsam ist, wird von Bellinger überrascht und erschossen. Einziger Vorteil: Nur so bekommt man die eigentliche Tatwaffe zu sehen; vgl., ebd., Episode II.
291. Als Vorwand behauptet Orlando, Polizeibeamte in Zivil seien anwesend; Vgl., ebd., Episode II.

Nur durch Flucht in einem unbeobachteten Moment kann Orlando der Polizei entkommen.[292] Nachdem die Polizei den Tatort verlassen hat, bringt Orlando seinen beschädigten Wagen in die Werkstatt. Dort entdeckt er das Fahrzeug, aus dem auf ihn und Bellinger geschossen wurde. Auf dem Sitz findet Orlando bei genauerer Untersuchung eine Eintrittskarte für ein Casino.

Zurück in der Stadt kann Orlando aus einem Informanten herausprügeln, wo sich das illegale Casino befindet. Dank der Eintrittskarte gelangt Orlando in die als Bar getarnte Spielhölle. Bei dem Versuch, von den Gästen Informationen über Scaletti zu bekommen, fällt er dem Türsteher auf. Dieser führt Orlando, mit einer Waffe im Rücken, in das Büro seines Chefs. Scaletti ist überrascht, dass ihm Orlando so einfach in die Hände gefallen ist. Während des folgenden Gesprächs erwähnt Orlando das Attentat und den Tod Bellingers, woraufhin eine ebenfalls anwesende junge Frau entsetzt den Raum verlässt. Bevor der Detektiv im Keller eingesperrt wird, erfährt er zufällig von einem Treffen zwischen Scaletti und einem Mayor im Hafen sowie von einer wichtigen Unterlagenmappe.[293]

Kaum ist Orlando im Keller eingesperrt, betritt die junge Frau den Keller und will von Orlando Details über das Attentat hören. Orlando erfährt während des Gesprächs, dass sie nicht nur die Verlobte des Ermordeten war, sondern auch, dass Scaletti ihr Onkel ist. Sie schreibt das Attentat ihrem Onkel zu und verhilft Orlando zur Flucht.[294] Der Detektiv holt sich im Büro von Scaletti seine Waffe zurück und steckt die dort zurückgelassene Unterlagenmappe ein. Er entkommt durch die Hintertür, holt seinen Wagen ab und fährt zum Hafengelände.[295]

Nachdem er hier nur knapp dem Überfall einer Hafenbande entgangen ist, gelingt es ihm, in eine bewachte Lagerhalle einzudringen. Dort belauscht er ungesehen das Treffen zwischen Scaletti und besagtem Mayor. Er erfährt

---

292. Wenn Orlando nicht flieht, wird er unter Mordverdacht festgenommen und das Spiel ist beendet. Einziger Vorteil: Wer hier festgenommen wird, kann anhand der Sequenz die Mittäterschaft des Inspektors bereits hier erahnen; vgl., ebd., Episode II.
293. Der Türsteher spricht das Treffen an, ohne Orlando zu beachten; vgl., ebd., Episode II.
294. Die Dame verdächtigt ihren Onkel, weil dieser gegen ihre Verbindung zu Bellinger war. Sie begibt sich anschließend in Orlandos Wohnung in Sicherheit; vgl., ebd., Episode II.
295. Die hiermit verbundene Zwischensequenz trennt die Episoden II und III.

auf diese Weise, dass die beiden einen Waffenhandel im großen Stil planen. Das erste Opfer, Mayor Reynolds, wollte offenbar aussteigen, nachdem er bereits zu viel wusste. Des Weiteren findet Orlando heraus, dass auch Inspektor Rogers mit in die Affäre verwickelt ist. Nach dem Treffen gelingt es Orlando, eine Wache auf dem Dach der Halle zu überwältigen und von dort aus auf einen der Militärlastwagen zu klettern. Unbemerkt gelangt er auf diesem Weg in die Kaserne.[296]

Hier bricht Orlando in die Kleiderkammer ein und besorgt sich eine Uniform. Auf dem Weg zum Hauptgebäude erfährt er von einem Rekruten, dass auf Befehl eines Mayor Steward in der vergangenen Nacht mehrere beladene Militärlastwagen das Gelände verlassen hätten. Dank eines in der Uniform gefundenen Ausweises gelangt Orlando bis in das Vorzimmer des Colonels. Hier sitzt besagter Mayor Steward.[297] Dieser verweigert Orlando ein Gespräch mit dem Colonel. Mit Hilfe einer Einbruchsmeldung und einer angeblich gestörten Telefonleitung gelingt es Orlando, den Mayor aus seinem Büro und den Inspektor zur Kaserne zu locken.[298]

Im Büro des Diensthabenden übergibt Orlando jetzt dem ungläubigen Colonel die belastenden Unterlagen aus Scalettis Büro. Dieser gibt Befehl, den Mayor zu verhaften, doch im nächsten Moment betreten der Gesuchte und der Inspektor mit vorgehaltener Waffe das Büro.[299]

Bevor die beiden jedoch ihren Plan, den Colonel zu erschießen und dann alle Taten Orlando anzuhängen, umsetzen können, betreten die vom Colonel gerufenen Soldaten den Raum, erkennen die Situation und nehmen den Inspektor und Mayor Steward fest. Der gerufene Oberinspektor, der in Begleitung von Scalettis Nichte Elisabeth vor der Kaserne vorfährt, teilt Orlando mit, dass Scaletti ebenfalls verhaftet worden ist. Der Fall ist geklärt, und die Frage diskutierend, wer denn nun auf dem Sofa schlafen muss, verlassen Orlando und Elisabeth in der Endsequenz Arm in Arm den Ort des Geschehens.[300]

---

296. Diese Zwischensequenz trennt die fast ausschließlich mit Sekundärrätseln versehene Episode III von der abschließenden Episode IV.
297. Es handelt sich um den gleichen Mann, den Orlando im Hafen beim Treffen mit Scaletti beobachtet hat; vgl., ´Jack Orlando´ Episode III und IV.
298. Er spielt dem Inspektor vor, ihm seinen Anteil geben zu wollen; vgl., ebd., Episode IV.
299. Ein Anruf des echten Mayors hat den Inspektor aufhorchen und Orlandos Trick auffliegen lassen. Nun soll der Colonel erschossen und die Gesamtschuld Orlando angehängt werden; vgl., ebd., Episode IV.
300. Vgl., ebd., Endsequenz.

4.2.2 Die Einordnung

Nach der Anfangssequenz steht fest: Der Titel ist ein typischer Vertreter der amerikanischen hard-boiled-school. Der Protagonist: ein heruntergewirtschafteter, dem Alkohol im Übermaße zugetaner Berufsdetektiv; sein Umfeld: eine kleine amerikanische Hafenstadt mit dunklen Seitengassen und vielen zwielichtigen Gestalten, denen man alleine nicht begegnen möchte. Überall finden sich Obdachlose, Schläger und Prostituierte. Orlandos Ermittlungen führen ihn immer wieder in düstere Hinterhöfe, verlassenen Häuser, fragwürdige Bars und sogar auf ein finsteres Hafengelände.[301]
Orlando passt sein Aussehen weitest gehend der Umgebung an. Er trägt immer den gleichen Trenchcoat, passend zur Haarfarbe einen grauen Hut, ein halbwegs weißes Hemd und eine rote Krawatte. Sein Benehmen lässt ebenso zu wünschen übrig wie das seiner Mitmenschen. Immer wieder wendet er Gewalt an, um an Informationen zu bekommen, besticht Personen oder entwendet Gegenstände.[302] Er selbst wird von einer Hafenbande überfallen, von einem Nachbarn zusammengeschlagen und mehrfach beinahe erschossen.[303] Seine Ausdrucksweise ist ebenfalls dem Milieu angepasst, und so behandelt er die meisten Menschen recht rüpelhaft und unfreundlich; Diplomatie scheint ihm ein Fremdwort zu sein.
Vor der Polizei muss er flüchten, statt auf ihre Hilfe setzen zu können. Er selbst ist der Hauptverdächtige. Entscheidende Hilfe bekommt er lediglich von einer Überläuferin der Gegenseite. Die für den Roman der amerikanischen Schule stereotype Notsituation des Protagonisten trifft letztlich in fast jedem Punkt ebenso auf ihn zu wie der häufige Motivationsgrund der Selbstrettung vor der Justiz.[304]
Nach und nach gewinnt der zunächst einfache Mordfall, in den Orlando durch Zufall hineinrutscht, größere Dimensionen: Es geht plötzlich um Waffenhandel großen Stils. Darin verwickelt sind neben dem mächtigsten Gangsterboss der Stadt auch die Polizei und ranghohe Armeeangehörige. Überraschend: Trotz der stets präsenten Gewalt gibt es im Endeffekt nur zwei Leichen.

---

301. Vgl., ebd., Episode I-IV.
302. Orlando ist zwar mehrfach in Auseinandersetzungen verwickelt und setzt auch seine Waffe als Drohgebärde ein, wird jedoch selbst nicht zum Mörder.
303. Vgl., `Jack Orlando´ Episode I-IV.
304. Vgl., Schiel: Der andere Detektivroman, S. 204ff.

Während Orlando in der ersten Hälfte des Spiels Personen noch mit Hilfe des klassischen Zigarrenstummels identifiziert, sich mit einer Zeitung erfolgreich für jemand anderen ausgibt und sich Clue für Clue an den direkten Täter heranarbeitet, gilt es im späteren Verlauf der Geschichte vor allem, die Hintermänner aufzuspüren und die aufgefundenen Beweise einer unabhängigen Person mit ausreichenden Machtbefugnissen zukommen zu lassen. Die Deduktion tritt dabei ein wenig in den Hintergrund. Am Ende kann der Detektiv den Fall lösen, ohne dass dies an seinem eigenen Status etwas ändern würde.

4.2.3 Die Kommunikation mit der virtuellen Welt

Mit dem Gangsterboss Don Scaletti kennt man schon in der ersten Spielszene einen potenziellen Hintermann. Doch erst in der zweiten Episode lernt man den Mörder, danach Scalettis ʻrechte Handʻ Smith und letztlich den Gangsterboss selbst kennen. Im dritten Teil werden zwei weitere in die Verbrechen verwickelte Personen bekannt: Mayor Steward und Inspektor Rogers.

Gleich zu Beginn des Spiels muss man sich um eine Vielzahl möglicher Clues kümmern. Zum einen finden sich an jeder Ecke unzählige Objekte, und zum anderen trifft Orlando in jeder Szene auf Personen, die eventuell einen wichtigen Beitrag für die Aufklärung des Falls leisten könnten. Leider stellt sich bald heraus, dass die meisten Gegenstände nichts mit dem Fall zu tun haben und auch nur wenige Personen etwas zur Aufklärung beitragen können. Die vielen Sackgassen und Todesfallen stellen ein weiteres Hindernis für die Deduktion dar.[305]

Die meisten Informationen, die man zur Rätsellösung benötigt, erhält man aus den Dialogen mit den anderen Charakteren der virtuellen Welt. Obwohl es oft mehr als einen Hinweis für die Lösung eines Rätsels gibt, sind diese häufig nicht einfach zu lösen.[306] Ein Großteil der Rätsel sind Sekundärrätsel, die diesmal nur selten etwas mit der Aufklärung des eigentlichen Falls zu tun haben.[307] Um die einzelnen Aufgaben zu bewältigen, muss man nicht nur Objekte einsammeln und Personen

---

305. Diese alle zu umgehen ist praktisch nicht möglich.
306. Wer den einfacheren Schwierigkeitsgrad wählt, hat in allen Episoden weniger Sekundärrätsel zu lösen und kommt schneller ans Ziel.
307. Durch sie wirkt die Geschichte deutlich länger, als sie eigentlich ist.

befragen[308], sondern auch Gespräche belauschen, Objekte kombinieren oder sie zweckentfremden.[309] In der letzten Episode muss man sich zudem noch erfolgreich tarnen.[310] Verglichen mit anderen Titeln gilt es hier, innerhalb der Episoden weniger linear zu agieren und den Clues in einer weit gehend selbst festgelegten Reihenfolge nachzugehen.[311]
Wie schon bei Sherlock Holmes muss man auch hier, zumindest theoretisch, die meisten Schauplätze nicht mehr als zweimal aufsuchen.[312] Die eigene Wohnung, die zugleich als Büro dient und vergleichsweise seriös wirkt, sucht man hingegen nur ein einziges Mal auf.[313]

4.2.4 Die Interaktion mit der virtuellen Welt

Durch die bereits erwähnte, hohe Zahl an Objekten, die der Protagonist (theoretisch) immer bei sich trägt, nimmt das Inventar hier irreale Dimensionen an. Rund 50 Objekte befinden sich zeitweise zugleich darin. Zusammen wären sie für Orlando nicht nur untragbar, sie würden wahrscheinlich erst gar nicht in den Mantel passen, in dem er sie angeblich aufbewahrt.[314]

Bei den Gesprächen stehen meist drei bis fünf verschiedene Gesprächsoptionen zur Auswahl, wobei die Reihenfolge, in der man diese nutzt, meist irrelevant ist.[315] Verglichen mit `Sherlock Holmes´ laufen die Gespräche wesentlich weniger komplex ab und sehr viele Gesprächsoptionen führen nur zu belanglosen Antworten. Die meisten

---

308. Häufig verrät Person A Orlando, wie er von Person B etwas erfährt.
309. So belauscht Orlando Don Scaletti und den Mayor bei der Geldübergabe und verwendet einen Anker in Kombination mit einem Seil, um sich von einer Lagerhalle abzuseilen; vgl., `Jack Orlando´ Episode III.
310. Orlando zieht eine Uniform an, um auf dem Kasernengelände nicht aufzufallen; vgl., ebd., Episode IV.
311. Manchmal müssen jedoch zunächst bestimmte Rätsel gelöst werden, bevor andere relevante Objekte verfügbar werden.
312. Lediglich im Nachtclub hält er sich des Öfteren auf; vgl., `Jack Orlando´ Episode II.
313. Holmes ist hingegen mindestens fünf bis sechsmal in seiner Wohnung; vgl., `Sherlock Holmes´ Episode I-III.
314. Auch hier sorgt die Inventar-Technik für unfreiwilligen Humor: In einer Szene steckt sich Orlando beispielsweise ein frisch gezapftes Bier in den Mantel und holt es wenig später mit unversehrter Schaumkrone wieder hervor; vgl., `Jack Orlando´ Episode III.
315. Man erhält unabhängig von der Reihenfolge alle neuen Optionen und alle relevanten Informationen.

Unterhaltungen lassen sich jedoch auch hier jederzeit wiederholen.[316] Die Bewegungsfreiheit ist in jeder Szene vergleichsweise hoch und man kann beinahe überall eine Vielzahl von Objekten untersuchen oder gar mitnehmen, jeden Winkel der einzelnen Räume begutachten und mit allen anwesenden Personen sprechen.[317] Im Vergleich zu anderen Detective Adventures wird die virtuelle Welt von Jack Orlando von vielen Personen belebt, die gemeinsam mit auf den Straßen fahrenden Autos und dem Wechsel von Tages- und Nachtzeiten für eine hohe Dynamik der Geschichte sorgen und Bewegung in einer eigentlich zeitlosen Welt vortäuschen. Dieser Effekt wird durch die Tatsache verstärkt, dass alle Schauplätze innerhalb einer Episode direkt miteinander verbunden sind. Verlässt man ein Gebäude, um einen anderen Ort aufzusuchen, so bewegt man sich an den Rand des Bildschirms und die virtuelle Welt scrollt automatisch mit.[318] Nur wenige Schauplätze wie der Cotton Club bleiben dem Spieler dabei versperrt. In den Sequenzen zwischen den einzelnen Episoden wechselt Orlando die Schauplätze in seinem Wagen.

Die Steuerung mit Hilfe des flexiblen Mauszeigers ist mit der des Sherlock Holmes-Adventures vergleichbar.[319] Versucht man ein Objekt aufzuheben, das nicht dazu gedacht ist, oder eines dort anzuwenden, wo es nicht angewandt werden soll, erhält man von Orlando Antworten wie beispielsweise „Hochinteressant. Nur nicht für meinen Fall!" oder „Damit kann man sicher etwas gescheiteres anstellen."[320]

4.2.5 Die multimediale Ebene

Wirken die grellen und zugleich farbsatten Grafiken für die Gesamtatmosphäre auf den ersten Blick etwas störend, so sind sie dieser dank des Detailreichtums und der schon genannten Dynamik einzelner Elemente letztlich doch sehr dienlich und dem Inhalt der Geschichte entsprechend.[321]

---

316. Die beteiligten Personen verhalten sich dann, als ob das Gespräch noch nicht stattgefunden hätte.
317. Dies können bis zu einem Dutzend Personen sein.
318. Nur zwischen den einzelnen Episoden wird ein Stadtplan eingeblendet.
319. Allerdings ist das Menü nicht ständig im Bild, sondern muss per Tastendruck aufgerufen werden.
320. Vgl., `Jack Orlando' Episode I-IV.
321. Vgl., ebd..

Die Hintergrundmusik ist ebenso wie die vielen Geräuscheffekte gut auf die einzelnen Situationen abgestimmt. Während des abendlichen Aufenthalts in der Stadt[322] gibt es Jazzklänge zu hören, beim Aufenthalt in der Kaserne am Ende der Geschichte dominiert Militärmusik. In dramatischen Situationen wirkt die Musik spannungssteigernd und macht auf die akute Gefahr aufmerksam. Die Sprachausgabe ist gut an die einzelnen Charaktere angepasst und lässt sie in ihrer Rolle glaubwürdiger erscheinen. Alles in allem stimmt die Atmosphäre.

Im Vergleich zu `Sherlock Holmes´ gibt es hier nicht nur zwischen den Episoden immer wieder Zwischensequenzen zu sehen. Noch häufiger findet man Vorgeschriebene Ereignisse, nach der Lösung einzelner Rätsel.[323] Die Designer haben hier die multimedialen Möglichkeiten weit gehend ausgeschöpft. Leider weist das Spiel jedoch einige kleine Unzulänglichkeiten auf, die den Spielfluss an einzelnen Stellen ebenso behindern wie die häufig zuvor nicht abzusehenden Bildschirmtode.[324]

Alles in allem erweist sich der Titel als ein modernes Adventure in der klassischen Aufmachung der frühen 90er Jahre. Das Spiel ist spannend, die Rätsel herausfordernd und die Geschichte multimedial überzeugend umgesetzt. Wie oben deutlich geworden ist, entsprechen die einzelnen Handlungselemente in weiten Zügen denen eines Detektivromans amerikanischer Schule, eine für Gerechtigkeit kämpfende, zunächst beinahe bedauernswerte Heldenfigur mit inbegriffen.

4.3 The Last Express

4.3.1 Der Handlungsverlauf

Der Pariser Hauptbahnhof am 24. Juli 1914. Der Orient Express steht zur Abfahrt nach Konstantinopel bereit. In einer der Türen steht wartend ein Mann, der immer wieder auf die Bahnhofsuhr und die überall postierten Polizeibeamten schaut. Letztlich fährt der Zug an, ohne dass noch jemand kommt.

---

322. Dieser umfasst die gesamte Episode II des Spiels.
323. Vgl., `Jack Orlando´ Episode II+III.
324. So kann man beispielsweise von Episode II in Episode III gelangen, ohne zuvor in Episode II eine Zange eingesammelt zu haben, die für die Lösung eines Rätsels in Episode III obligatorisch ist. Zurück kann man jedoch nicht mehr, sondern muss das Spiel ab dem letzten Speicherstand neu beginnen.

Als der Zug die Stadt verlassen hat, taucht ein Motorrad mit zwei Personen neben den Gleisen auf. Während die Fahrerin die Maschine steuert, klettert ihr Mitfahrer, der Protagonist Robert Cath, auf einen Trittsteig des Zuges und betritt den Wagon.[325]

Cath nimmt sich die Passagierliste des Schaffners und sucht nach dem Abteil von Tyler Widney. Als er dieses wenig später betritt, findet er seinen Freund blutüberströmt und mit tiefen Schnittwunden im Gesicht tot auf dem Boden liegen.[326] Um nicht gleich unter Mordverdacht zu geraten, wirft Cath die Leiche des Freundes nach ergebnisloser Untersuchung aus dem Fenster.[327]

Anschließend zieht er das Jackett des Freundes an, um, in dessen Rolle geschlüpft, herauszufinden, was passiert ist. Im Abteil findet sich noch ein Damenschal und eine Schriftrolle mit unlesbaren kyrillischen Schriftzeichen. Dem Schaffner in den Speisesaal folgend, trifft Cath auf einen Herrn Smidt, der ihn sofort für Widney hält und ihn an das gemeinsame `Geschäft´ erinnert.[328] Nach einem kurzen Gespräch mit dem Russen Alexej nimmt Cath aus einem, von Alexej vergessenen, Buch einen Zettel.[329]

Auf dem Rückweg zur eigenen Kabine belauscht Cath den Bericht eines Jungen, der offenbar die Leiche aus dem Zug hat fallen sehen. Bevor Cath sich über Folgen Gedanken machen kann, wird er in den Privatwagen am Ende des Zuges gebeten. Dort wartet ein Mann Namens Kronos, der sofort erkennt, dass er nicht Widney, sondern Cath ist und der weiß, dass Cath wegen Polizistenmordes gesucht wird. Er will ebenfalls ein Geschäft mit ihm machen und bittet ihn, die `Ware´ zu besorgen, ohne sich allerdings weiter zu erklären.[330]

---

325. An dieser Stelle übernimmt der Spieler die Rolle von Robert Cath; vgl., `The Last Express´ Einführungssequenz.
326. Eine genaue Klärung der Todesursache bleibt dabei aus, für die wenigen Schnittwunden ist die Blutlache eigentlich zu groß; vgl., ebd., Episode I.
327. Cath ruft nicht die Polizei, da er selbst bereits wegen Polizistenmordes europaweit gesucht wird, wie man einem Zeitungsausschnitt im Inventar entnehmen kann; vgl., ebd., Episode I.
328. Mehr als dass die `Ware´ in München verladen wird und Schmidt spätestens dann das verabredete Geld haben will, erfährt man hier nicht; vgl., ebd., Episode I.
329. Dabei handelt es sich um einen Fahrplan, auf dem ein Bahnhof markiert ist, an dem der Zug in zwei Tagen abends um 22 Uhr sein wird; vgl., ebd., Episode I.
330. Bis zu diesem Zeitpunkt wirft die Geschichte ausschließlich neue Fragen auf, die auch die beiden Telegramme des Toten, die man im Inventar findet, nicht beantworten; vgl., ebd., Episode I.

Nachdem er die Zeit der nun folgenden polizeilichen Durchsuchung des Zuges nach seiner Person auf dem Dach überstanden hat[331], wird Cath beim Wiederbetreten seiner Kabine von einem fremden Mann angegriffen, kann diesen jedoch überwältigen. Der Angreifer entpuppt sich als ein serbischer Widerstandskämpfer Namens Milos. Er kennt Cath aus Widneys Erzählungen, erwähnt eine Widerstandsgruppe und verlässt entsetzt darüber, das Cath weder Geld noch die `Ware´ habe, das Abteil. Im Gang trifft Cath kurz darauf auf die junge Russin Tatiana Obolensky, die für ihn die Schriftrolle mit der, wie sie gleich erkennt, `Legende vom Feuervogel´ übersetzen will. Cath legt sich schlafen.[332]

Nachts um 4 Uhr wird er von einem Albtraum aus dem Schlaf gerissen. Einem Geräusch aus der Nebenkabine folgend, betritt er diese und wird von einer Dame, die sich kurz als Anna Wolff vorstellt, mit dem Revolver empfangen. Sie hat ihn gerade enttarnt, als sie plötzlich von lauten Rufen gestört werden. Tatianas Großvater hat einen Herzanfall erlitten, aber Cath kann helfen.[333] Bevor er in seine Kabine zurückkehrt, beobachtet er heimlich, wie Anna Tatiana einen Gegenstand übergibt, angeblich aus Angst, ihre Kabine könnte durchsucht werden.

Am nächsten Morgen sucht Cath Milos auf und wird in dessen Kabine von einer Serbin mit geladenem Gewehr empfangen. Milos erklärt Cath, dass Widney aus idealistischen Gründen die schon genannte Widerstandsgruppe unterstützt hat und er vom Anführer der Gruppe einen wertvollen Kunstgegenstand, den s.g. Feuervogel, erhalten habe, um diesen für einen Waffenkauf zu Geld zu machen. Cath lehnt es ab, die Rolle des Freundes zu übernehmen, und erklärt, er wolle sich darauf beschränken, den Mörder Widneys zu finden.

Im Speisewagen erhält Cath von Tatiana die Übersetzung der Schriftrolle.[334] In seinem Beisein beschimpft Tatiana anschließend den Russen Alexej als einen `Liberalen´ und wirft ihm vor, Schuld am Zustand ihres Großvaters zu sein. Beim sich anschließenden zweiten Besuch bei Kronos fordert dieser nun offen den Feuervogel von Cath. Nach dem

---

331. Die Polizei hat die Leiche neben den Gleisen gefunden und durchsucht den gesamten Zug. Dies ist neben der Einführungssequenz der einzige Auftritt der Polizei; vgl., ebd., Episode I.
332. Der Zeitsprung trennt die Episoden I und II voneinander.
333. Cath hat eine medizinische Ausbildung; vgl., `The Last Express´ Episode II.
334. Es handelt sich tatsächlich um den Märchentext zum Feuervogel; vgl., ebd., Episode II.

Gespräch kann Cath Kronos und dessen Begleiterin belauschen und erfährt, dass diese den Feuervogel im Abteil von Anna vermuten, deren Husky jedoch eine Durchsuchung verhindert.

In der nachfolgenden Sequenz am Münchener Bahnhof lässt Schmidt einige Kisten verladen.[335] Wenig später trifft Cath Schmidt, der den Waffenhandel sofort abschließen will, auf dem Flur. Mangels Geld vertröstet Cath ihn. Schmidt gibt nach, stellt aber zur Bedingung, das Geld bis Wien zumindest zu sehen zu bekommen. Im Speisesaal trifft Cath anschließend auf Herrn Abbot, von dem er erfährt, dass Obolensky inoffizieller Botschafter des russischen Zaren ist. Während Cath Schmidt und Anna im angeregten Gespräch miteinander beobachtet, macht Abbot Bemerkungen, die Cath darauf schließen lassen, dass auch er seine wahre Identität kennt.

Auf dem Rückweg zu seinem Abteil begegnet Cath einem Jungen, der mit einer Art goldenen Flöte spielt. Er kann den Jungen dazu überreden, den angeblich im Gang gefundenen Gegenstand gegen einen lebenden Käfer in einer Streichholzschachtel zu tauschen.[336] Schnell erkennt Cath das Objekt als einen kleinen Kunstgegenstand, der in eine der beiden Mulden in Widneys Koffer passt. Einige Zeit später kündigt Kronos für 15 Uhr ein gemeinsames Konzert mit Anna an, die sein Klavierspiel auf der Violine begleiten soll. Fast alle, auch Cath, werden eingeladen. Minuten später beobachtet Cath, wie Annas Hund in den Gepäckwagen gesperrt wird, nachdem sich angeblich Mitreisende über dessen Gebell beschwert haben.

Während des Konzerts schleicht sich Cath unbemerkt aus dem Privatwagen. Er dringt durch das Fenster in Annas leere Kabine ein und findet dort einen Generalschlüssel für alle Abteile. Zudem findet er ein Schreiben, welches Anna als Agentin des österreichischen Geheimdienstes enttarnt. Mit dem Generalschlüssel gelangt Cath in Tatianas Kabine, wo er im Unterschrank den gesuchten Kunstgegenstand findet.[337] Er versteckt den Fund im Hundekäfig im Gepäckwagen.

Über das Dach des Zuges läuft Cath zurück zum Privatwagen, tritt ein Glasdach ein und dringt in die Privaträume von Kronos vor. In einem Safe entdeckt er einen Koffer voller Goldmünzen. Einem Schreiben auf dem

---

335. Vgl., ebd., Episode II.
336. Diesen Käfer an einem Tisch im Rauchersalon zu fangen, ist eine Aufgabe, die vom Spieler viel Geduld und Geschick erfordert; vgl., ebd., Episode II.
337. Es handelt sich um ein mit Diamanten besetztes goldenes Ei, auf dem die Weltkarte eingraviert ist; vgl., ebd., Episode II.

Tisch entnimmt Cath, dass er und Widney durch einen von Kronos beauftragten Privatdetektiv schon Wochen zuvor beobachtet worden sind. Mit dem Koffer in der Hand verlässt er den Privatbereich und marschiert am verdutzten Kronos vorbei mitten durch die noch andauernde Konzertveranstaltung davon.[338]

Cath trifft Schmidt in seiner Kabine an, zeigt ihm das Geld und nimmt den Koffer wieder mit. Auf dem Flur wird Cath schon von Kronos' Begleiterin mit der Waffe in der Hand erwartet. Sie bringt Cath zu Kronos und dieser erhält den Koffer mit dem Geld zurück. Zudem nimmt er Cath auch den zu Beginn gefundenen Schal ab, der offensichtlich Anna gehört.

In weiteren Gesprächen findet Cath heraus, dass Milos seine Männer als Mörder von Widney ausschließt, Schmidt eigentlich nur ein äußerst patriotischer deutscher Munitionsfabrikant ist und dass die Serben froh über die nun an Bord befindlichen Waffen sind. Als Cath sich diese Waffen näher ansehen will, wird er von Anna überrascht und von seiner Hauptverdächtigen selbst des Mordes an Widney bezichtigt.[339] Wie sie angibt, lautet ihr Befehl, um jeden Preis zu verhindern, dass die Waffen nach Serbien gelangen.

In Wien angekommen, verlässt Kronos mit seiner Begleitung den Zug. Wenig später belauscht Cath Tatiana und Alexej und erfährt, dass Alexej einen Anschlag auf den Zug geplant hat.[340] Bei der umgehend folgenden Durchsuchung von Alexejs Kabine findet Cath einen Zünder und wird dabei von Abbot überrascht. Minuten später wird Cath von Tatiana ganz offiziell gebeten, Alexej an dem geplanten Attentat und an der Umsetzung der Morddrohung gegen ihren Großvater zu hindern. Letzteres kann Cath zwar nicht verhindern, doch das Opfer kann den Angreifer selbst überwältigen, und so stirbt Alexej in der Kabine des Botschafters. Einem lauten Tickgeräusch folgend, entdeckt Cath kurz darauf die gesuchte Zeitbombe und kann diese entschärfen.[341]

---

338. Da das Konzert zeitlich begrenzt ist, muss man die Aufgaben sehr zügig durchführen; vgl., ebd., Episode II.
339. Als Cath seinen Verdacht offen ausspricht, behauptet sie, Widney aus New York zu kennen und ihn am Bahnsteig erkannt zu haben. Als sie ihn aufsuchen wollte, lag er angeblich bereits tot in seiner Kabine. Sie gibt zu, den Feuervogel an sich genommen und dabei den Schal verloren zu haben. Ihre Zugehörigkeit zum österreichischen Geheimdienst dementiert sie nicht; vgl., ebd., Episode II.
340. Dieser hält alle Mitreisenden für mitschuldig am Elend des russischen Volkes und er fordert eine Revolution in Russland; vgl., ebd., Episode II.
341. Neben den Kampfsequenzen ist dies eine der wenigen Situationen, in denen ein direkter Bildschirmtod droht; vgl., ebd., Episode II.

Anschließend wird er von Abbot, der zuvor den Schaffner gebeten hat, Mordversuch und Bombe nicht publik zu machen, in den Rauchersalon gebeten. Dort entpuppt dieser sich als englischer Agent. Er versucht vergeblich, Cath für den Geheimdienst zu gewinnen. Wenig später kapern die serbischen Widerstandskämpfer mit Waffengewalt kurz vor Belgrad den Zug.[342] Cath wird bewusstlos geschlagen. Wieder erwacht, kann Cath sich und Anna befreien und die Wache überwältigen. Während Anna versucht, den Zug anzuhalten, um die Waffen zu beschlagnahmen und die Serben verhaften zu lassen, will Cath nun genau dies verhindern.[343] Über das Zugdach versucht er unbemerkt zur Lokomotive vorzudringen. Er gelangt jedoch nur bis in den Speisewagen.[344]

Dieser wird von allen Reisenden, außer von Abbot, Tatiana und Obolensky, verlassen. Cath koppelt die Passagierabteile ab. Um den letzten noch an Bord verbliebenen Serben zu überwältigen und zugleich den Zug über die Grenze zu bringen, klettert Cath nun weiter bis zur Lokomotive. Dort kann er zwar nicht mehr verhindern, dass Milos von Anna erschossen wird, doch durchbricht der Zug im gleichen Moment die österreichischserbische Grenze.

Resigniert und von Annas Schuld nicht völlig überzeugt, vermutet Cath, dass einer der umgekommenen Serben Widneys Mörder war.[345] Er verbringt die Nacht mit Anna im Gepäckwagen.

Am nächsten Morgen läuft der Zug in Konstantinopel ein. Als Cath den Speisewagen betritt, trifft er dort auf Kronos, der Anna mit einer Waffe bedroht und den Feuervogel von Cath fordert. Dieser holt den Kunstgegenstand aus dem Versteck und öffnet ihn nach Anleitung. Aus dem Ei entfaltet sich mechanisch ein goldener Greifvogel. Als Kronos Cath auffordert, das Ei wieder zu schließen, greift dieser stattdessen zu der kleinen Flöte. Daraufhin erwacht der Phönix plötzlich zum Leben und stürzt sich auf Kronos und seine Begleiterin, während Cath und Anna aus

---

342. Dabei werden einige der bisher nicht beteiligten Mitreisenden erschossen. Die Sequenz beendet die zweite Episode der Geschichte; vgl., ebd., Episode II.
343. Cath erklärt Anna seinen Verdacht, dass sie ebenso wie Schmidt nur ein Spielball der Deutschen gewesen sei, die nur darauf warten würden, nach dem Attentat in Sarajevo eine Wagenladung voller Waffen in den Händen von serbischen Terroristen zu finden, um einen weiteren Kriegsgrund zu haben. Anna glaubt ihm nicht; vgl., ebd., Episode III.
344. Unterwegs muss man zwei Serben in Notwehr vom Zug stoßen; vgl., ebd., Episode III.
345. Diese Äußerungen macht Cath, ohne dass man dies beeinflussen könnte.

einem Zugfenster springen. Noch während Cath sich darüber klar zu werden versucht, dass der Tod des Freundes, der ähnliche Verletzungen aufwies wie nun Kronos, möglicherweise ein Unfall und seine Suche nach einem Mörder in diesem Fall von vornherein sinnlos gewesen wäre[346], sprengt Tatiana die verbliebenen Wagons des Zuges in die Luft.[347] Auf dem Bahnsteig erfahren Anna und Cath, dass Stunden zuvor der Krieg ausgebrochen ist. Cath, der seine Reise nach Jerusalem fortsetzen will, wird von Anna mit dem Versprechen, ihm nach dem Krieg zu folgen, am Bahnsteig zurückgelassen. Mit dem Überblick über eine Europakarte des Jahres 1914, auf die der Schatten des über sie hinwegfliegenden Feuervogels fällt, und einigen Angaben zu den historischen Ereignissen endet die Geschichte.[348]

4.3.2 Die Einordnung

Wirkt die ausschließlich an Bord des Orient Express spielende Geschichte für den Spieler auf den ersten Blick wie eine klassische Detektivgeschichte, in der ein gewöhnlicher Mord in einem begrenzten Raum mit einer ebenso begrenzten Personenzahl verübt worden ist, ein ambitionierter Freund in die Rolle des Ermordeten schlüpft um mit Hilfe deduktiver Methoden, wie die Identifizierung eines am Tatort zurückgelassenen Gegenstandes oder die Befragung der Mitreisenden, versucht, den Fall aufzuklären, so wird schon nach kurzer Zeit deutlich, dass dieser Ersteindruck nicht ganz richtig ist.[349] Sehr schnell bekommt das Geschehen eine größere, internationale Dimension und der Protagonist Robert Cath gerät unfreiwillig zwischen die Fronten von skrupellosen Kunst- und Waffenhändlern, Widerstandskämpfern und Geheimdiensten. Die Suche nach dem Mörder des Freundes und die klassische Deduktionsarbeit tritt dabei zeitweise in den Hintergrund.[350]

---

346. Auf die Täterfrage soll weiter unten genauer eingegangen werden.
347. Sie will weiteren Schaden durch die im Zug geladenen Waffen verhindern, kommt dabei jedoch selbst ums Leben; vgl., `The Last Express´ Episode IV.
348. Vgl., ebd., Endsequenz.
349. Gewinnt der Leser der obrigen Zusammenfassung diesen Eindruck sofort, ist der Spieler zunächst zu sehr darauf fixiert, einen Mörder zu finden, um diesen Eindruck zu erhalten.
350. Cath wird für eine koordinierte Deduktion von zu vielen Ereignissen abgelenkt, die mit dem Mord nicht direkt in Verbindung stehen. Durch den Zeitdruck kann er in einigen Teilen der Geschichte häufig nur reagieren, anstatt überlegt zu agieren.

Cath droht zum Spielball von Regierungen zu werden und gerät dabei mehr als einmal selbst in Lebensgefahr. Er wird mit Waffen bedroht, niedergeschlagen und entgeht nur knapp mehreren Versuchen, ihn vom Zugdach zu stoßen oder ihn zu erschießen.[351] Die Handlung erhält zwischenzeitlich durchaus den Charakter einer Spionagegeschichte.[352]
Dass Cath von allen umworben und zugleich belogen wird, weil jeder im Zug ein Geheimnis wahrt, erschwert seine Aufklärungsversuche ebenso wie die Tatsache, dass es immer wieder gesellschaftliche Konflikte zwischen den Passagieren gibt und er keine Polizei holen kann.

So pendelt die, vorbildlich in die realen historischen Ereignisse und gesellschaftlichen Umstände eingebettete, Geschichte zwischen den Aspekten, die sie zu einer Detektivgeschichte englischer Schule machen würde, und Elementen, die man vielmehr in einer Spionagegeschichte erwarten dürfte. Das offensichtliche 'supernatural'-Element am Ende erschwert ebenso wie die nicht ganz eindeutig geklärte Täterfrage eine Einordnung des Titels zusätzlich. Eines hat die Geschichte allen anderen untersuchten Detective Adventures jedoch voraus: Sie ist mit Abstand die spannendste.[353]

4.3.3 Die Kommunikation mit der virtuellen Welt

Dank der Passagierliste hat man von Beginn an einen guten Überblick über die beteiligten Personen.[354] Leider sorgen diese mit ihren Aussagen häufig für mehr Verwirrung als für Aufklärung und machen sich so selbst oder andere verdächtig.[355] Man wird sogar selbst von Mitreisenden der Tat beschuldigt.[356] Die Handlung intendiert am Ende auf den ersten Blick den Feuervogel als den Täter.[357]

---

351. In Notwehr wird Cath zwei bis dreimal selbst zum Mörder; vgl., 'The Last Express' Episode III.
352. Dennoch gehen die Elemente der Detektivgeschichte hier nicht verloren.
353. Hierfür sorgen der ständige Zeitdruck, die Komplexität der Handlung und Rätsel sowie die Einbettung in die reale Geschichte und die, im Vergleich zu den anderen Titeln, größte Spanne zwischen Mord und Aufklärung.
354. Allerdings sind hier nicht alle Mitreisenden vermerkt; vgl. 'The Last Express' Episode I.
355. Selbst das zunächst vermutete Motiv des Raubmordes lässt niemanden zum Verdächtigen werden.
356. Von Anna und Milos; vgl. 'The Last Express' Episode I.
357. Die Kratzspuren im Gesicht von Kronos gleichen denen von Widney, und so entfährt Cath eine entsprechende Bemerkung. Doch bleiben hierbei so viele Fragen offen, dass man den Eindruck gewinnt, die Geschichte schließe bei genauerem Hinsehen noch einen anderen Täter zumindest nicht ganz aus.

Damit wird jedoch die im späteren Spielverlauf aus meiner Sicht Hauptverdächtige Anna Wolff keineswegs entlastet: sie hatte ein Motiv[358], eine Waffe, einen Generalschlüssel und war zur Tatzeit am Tatort. Warum aber meldet sie den entdeckten Mord nicht, kehrt nicht zurück, um ihren Schal zu holen, fürchtet die Durchsuchung ausgerechnet ihrer Kabine und rät Cath dazu, die Deduktion abzubrechen?[359] Dass sie als Agentin eine gute Schauspielerin ist, ihr Verhalten eine überzogene Befehlshörigkeit und ein enormes Pflichtbewusstsein vermuten lassen und sie schließlich nach der Ankunft in Konstantinopel spurlos verschwindet, während die genaue Todesursache von Widney ungeklärt[360] bleibt, macht sie nicht eben weniger verdächtig. Dass sie in Cath lange keinen ernsthaften Gegner sieht, belegt ihre Äußerung, dass die ganze Angelegenheit für Cath doch nur ein Spiel sei.[361]

Aus meiner Sicht ist Anna Wolff am Tode von Tyler Widney zumindest nicht unbeteiligt, mit großer Wahrscheinlichkeit ist sie sogar die allein Verantwortliche. Die Unfalltheorie ist ebenso vage wie die Annahme, einer der serbischen Widerstandskämpfer wäre der Täter gewesen.[362]

Bei Clues und Rätseln überwiegt in diesem Spiel eindeutig die Rhetorik. Die Zahl der Objekte ist äußerst begrenzt und die Auswertung und Kombination von Aussagen und schriftlich vorliegenden Quellen steht im Vordergrund. Man führt sehr viele Gespräche, von denen keines belanglos ist, übersetzt Texte, belauscht die Unterhaltungen anderer und beobachtet unbemerkt Ereignisse. Selbst die eigene Vorgeschichte wird aus schriftlichen Quellen erschlossen.[363]

Die meisten Clues sind hier weniger offensichtlich als bei den anderen Titeln, was gemeinsam mit dem ständig bestehenden Zeitdruck deutlich

---

358. Ihr Befehl lautete, den Waffenhandel möglichst unauffällig und frühzeitig zu unterbinden.
359. Vgl., ʻThe Last Expressʼ Episode II.
360. Ob die Verletzungen im Gesicht tödlich waren, bleibt offen, und es wird nicht geklärt, ob die Schnitte wirklich durch die Vogelkrallen verursacht wurden. Eine Ermordung Widneys durch Anna mit einer Stichwaffe, eventuell sogar in Verbindung mit einer Schusswaffe, ist daher nicht auszuschließen. Ob Anna - zumindest von den mit den Gesetzen der Physik und der Mechanik erklärbaren - Funktionen des Feuervogels und deren Verwendbarkeit wusste, bleibt unbekannt.
361. Zumindest erkennt Cath nicht, dass sie in weiten Teilen der Geschichte mit ihm ʻspieltʼ.
362. Den Serben fehlt jedes Motiv, und die Unfalltheorie wirkt, wie erwähnt, kaum glaubhaft.
363. Vgl., ʻThe Last Expressʼ Episode I.

den Schwierigkeitsgrad der Deduktion erhöht. Da besonders in der Anfangsphase viele Clues für mehr Verwirrung als Aufklärung sorgen, bleiben viele Hinweise bis über die Mitte der Handlung hinaus nebulös und unbestimmt.
Dementsprechend schwer sind die einzelnen Aufgaben zu lösen, von denen sich eine Vielzahl auf die sekundären Verbrechen beziehen. Erleichternd ist lediglich die begrenzte Orts- und Personenzahl und die jeweils gute Übersicht über diese. Dennoch muss jeder, der sich hier wie in einem Detektivroman erfolgreich von Clue zu Clue vorarbeiten will, ein gutes Kombinationsvermögen und ein wenig historische Kenntnisse mitbringen. Dieses Spiel ist nicht nur wegen der häufig schweren Rätsel alles andere als Anfängergeeignet.

4.3.4 Die Interaktion mit der virtuellen Welt

Erleichtert das übersichtliche und durchweg nur mit wenigen Gegenständen[364] bestückte Inventar die Deduktionsarbeit, so wird diese durch den schon genannten Zeitfaktor ebenso erschwert wie durch das Fehlen einer Notizbuchfunktion und einer Widerholungsmöglichkeit für Gespräche. Direkte Hilfe durch andere Personen erhält der Protagonist kaum, nur wenige Zusammenhänge werden ihm von den Mitreisenden erklärt.[365]

Abgenommen wird dem Spieler hier je nach Sichtweise die Freiheit oder eben Pflicht, alle Gespräche im Detail selbst zu führen. Man wählt hier nur den Gesprächspartner aus, das Gespräch läuft dann von alleine ab.[366] Die Gespräche an sich sind recht komplex und man muss konzentriert mitlesen, wenn man alle Hinweise erfassen will.

Auf eine Übersichtskarte kann der begrenzte Schauplatz verzichten, die Orientierung in den fünf Wagons des Zuges funktioniert hervorragend ohne eine solche. Die meisten Schauplätze können zu jeder Zeit betreten werden,

---

364. Beinahe alle Objekte werden ohne vorherige Kombination eingesetzt und nicht zweckentfremdet. Auffällig ist hier die hohe Zahl an Schriftstücken an der Gesamtzahl der Objekte.
365. Abbot erklärt Cath einige Aspekte, und Anna hilft ihm, solange es ihren eigenen Zwecken dient.
366. Hier beschränkt der Designer die Freiheiten des Spielers. Spricht man eine Person an, die man, aus Sicht des Designers, zu diesem Zeitpunkt nicht ansprechen soll, dann erhält man eine abweisende Antwort.

bei einigen muss man jedoch einen unbeobachteten Moment abwarten.[367] Man bewegt sich mit Hilfe eines multifunktionalen Cursors durch den Zug, der je nach Aktionsmöglichkeit ein entsprechendes Symbol annimmt. Eine manuelle Auswahl ist nicht möglich. Wirkliche Todesfallen sind nur die Kämpfe, die ein Action-Element darstellen. Sie können jedoch mit ein wenig Übung überwunden werden. Fehler bei der Deduktion führen meist nur in Sackgassen hinein. In diese gerät man schon aufgrund der kontinuierlich fortschreitenden Zeit relativ leicht.[368] Im Gegenzug sorgt das Zeitelement jedoch für eine beeindruckende Dynamik der Handlung und eine enorm hohe (An)spannung und Konzentration des Spielers.

4.3.5 Die multimediale Ebene

Vor allem die detaillierten Grafiken schaffen in diesem Spiel eine passende Atmosphäre. Man fühlt sich als Spieler real in der Zeit zurückversetzt, so überzeugend echt wirkt die Umgebung.[369] Die Mimiken der zudem gut charakterisierten Personen sind ebenso wie der jeweilige Tonfall bei der Sprachausgabe nicht nur bei der Deduktion hilfreich, sondern unterstreichen die Gesamtatmosphäre.[370] Einige Zuggäste führen Gespräche in ihrer jeweiligen Landessprache und die Schaffner sprechen mit französischem Akzent.[371] In den Gesprächen geht es auch um die politische Lage in Europa und es werden einige historisch reale Details genannt.[372] Man selbst kann mit beinahe allen Personen im Zug reden, einige haben jedoch mit dem eigentlichen Handlungsstrang nichts zu tun. Durch das Echtzeit-Element gewinnt das Spiel, wie erwähnt, deutlich an Dynamik. Auf den Gängen ist ständig Betrieb, alle Personen scheinen in Bewegung, es wird zu den Mahlzeiten in den Speisesaal oder zur Nachtruhe gerufen, und wenn man sich auf dem Zugdach befindet, `fliegt´ die Landschaft förmlich an

---

367. Will man beispielsweise in fremde Kabinen oder den Gepäckwagen, dann muss man abwarten, bis der Schaffner oder der Zugführer seinen Posten verlässt.
368. Beispielsweise wenn man ein wichtiges Ereignis verpasst, weil man sich am anderen Zugende befindet.
369. Die schmalen Gänge vermitteln das Gefühl, in einem Zug zu sein.
370. Reaktionen der Mimik oder der Tonfall dienen hier durchaus auch als Clues.
371. Alle längeren und relevanten Gespräche werden zusätzlich in Übersetzung eingeblendet.
372. So wird das Ultimatum an Serbien und die bedrohliche Haltung des deutschen Kaiserreichs diskutiert.

einem vorbei.[373] Unterstrichen wird dieser Effekt durch den ständigen Perspektivenwechsel.[374] Die stimmungsvolle Musik, die immer wieder gut eingebundenen Vorgeschriebenen Ereignisse und die Nutzung der natürlichen Zuggrenzen als Begrenzung der virtuellen Welt runden das technisch gelungene Gesamtbild der Atmosphäre ab.

Alles in allem präsentiert sich `The Last Express´ als ein für eine genauere Analysen sehr interessanter Titel, der vor allem durch das Echtzeit-Element, die Charaktere und die gelungene, spannungsgeladene Atmosphäre gewinnt. Im Mittelpunkt steht hier neben der Tataufklärung auch immer wieder der Protagonist und seine Vergangenheit.[375] Eine eindeutige Einordnung des Titels unter strenge Genrereglements ist vergleichsweise schwierig. Hierfür spielen zu viele Elemente unterschiedlicher Genres in der Handlung des Spiels eine Rolle.

4.4 Der Schatz der Maya - Das Detektivspiel - Ein Fall für TKKG

4.4.1 Der Handlungsverlauf

Aus dem Völkerkundemuseum sind während der vergangenen Nacht zwei Mayamasken entwendet worden, von denen eine durch Karl und seinen Vater bei einer archäologischen Expedition entdeckt worden war. Karl hatte die Masken mit der Expeditionsleiterin Dr. Svenja Ackerstrøm am Vorabend in die Vitrine gelegt, am darauffolgenden Tag war der Diebstahl entdeckt worden. Nur der Direktor, der Wärter und Ackerstrøms Assistent Pablo hatten neben der Archäologin in der Zwischenzeit offiziell noch Zugang zum Museum.[376]

Beim ersten Tatortbesuch findet Tim heraus, dass der Wärter schwerhörig ist, entdeckt einen Zigarettenstummel am Tatort und bemerkt, dass die Vitrine nicht mit Gewalt geöffnet wurde. Dr. Ackerstrøm weist ihn darauf hin, dass die gestohlenen Masken zwar wissenschaftlich von Bedeutung,

---

373. Vgl., `The Last Express´ Episode II + III.
374. Bei Gesprächen und Kämpfen wechselt die Ansicht von der Ich-Perspektive in die Er-Perspektive.
375. Auch hier treffen Schiels Ausführungen zu; vgl., Schiel: Der andere Detektivroman..., S. 8ff
376. Diese Informationen teilt Karl den anderen während der Einführungssequenz mit; vgl., `TKKG´ Einführungssequenz.

ihr Marktwert für Kunstdiebe jedoch gering sei.[377] Der Wärter erzählt Tim beim Hinausgehen, dass er zum Transport von Kunstgegenständen häufiger seinen Posten verlässt.

Vom Kioskbesitzer erfährt Gabi, dass es sich bei der Zigarette vom Tatort um eine seltene russische Marke handelt und dass der Museumsdirektor ein zielstrebiger Mann mit einer Vorliebe für italienische Sportwagen ist. Auf den Diebstahl angesprochen, teilt dieser Gabi anschließend mit, dass die Polizei keine Fingerabdrücke am Tatort gefunden hat. Nach dem Gespräch kann Gabi ein Telefonat des Direktors belauschen, in dem es um eine nicht näher definierte Lieferung geht.[378] Wenig später erfährt Karl von seinem Vater vom verdächtigen Verhalten Pablos während der Expedition[379], kurz bevor Gabi entdeckt, dass der Wärter trotz Verbots raucht. Die Überprüfung ergibt eine italienische Zigarettenmarke. Tim hat inzwischen einen Aushilfsjob in der Apotheke angenommen, um den seit zwei Tagen offenbar erkrankten Johann zu vertreten. Gabi sucht unterdessen ein weiteres Mal den Tatort auf und findet dort den angeblich von zwei Männern niedergeschlagen Pablo mit einer Platzwunde am Kopf.[380] Der Wärter will seinen Platz nicht verlassen haben, während Dr. Ackerstrøm, seiner Aussage nach, im Büro des Direktors war. Überraschend: Das Diebesgut liegt wieder in der Vitrine.[381]

Das von Gabi an den wieder aufgetauchten Masken entdeckte Pulver stellt sich bei genauerer Untersuchung als Gips heraus.[382] Karl, der sich währenddessen intensiver mit den Masken beschäftigt, erfährt von der Bibliothekarin, dass er nicht der einzige Interessent ist.[383]

Dank des Auftrags, Pablo Kopfschmerztabletten aus der Apotheke zu bringen, gelangt Tim in dessen Zimmer. Dort entdeckt er einen Revolver, ein Buch `Maya für Anfänger´ und einen Koffer, dessen Zahlenschloss er erfolgreich knackt. Hier findet Tim nicht nur Fotos von allen Expedi-

---

377. Vgl., `TKKG´ Episode I.
378. Vgl., ebd..
379. Er hat ihn gesehen, wie er in einem Buch `Maya für Anfänger´ gelesen hat. Für einen ausgebildeten Archäologen etwas ungewöhnlich.
380. Verwertbare Angaben kann er nicht machen. Er gibt nur eine vage Kleidungsbeschreibung und hat einige zusammenhanglose Wortfetzen mitbekommen; vgl., `TKKG´ Episode I.
381. Mit dieser Feststellung endet die erste Episode der Geschichte.
382. Der Apotheker, der die Analyse durchführt, widerlegt den Verdacht auf Rauschgift; vgl., `TKKG´ Episode II.
383. Leider bleiben auch hier erneut verwertbare Personenbeschreibungen aus; vgl., ebd., Episode II.

tionsteilnehmern und dem Museumsdirektor, sondern auch Pablos alias Juan Lopez' Interpolausweis. Der in diesem Moment aufwachende Kofferbesitzer erklärt Tim, dass er hinter einer Bande von Kunstdieben her ist, deren Spuren eindeutig ins Museum führen.[384]

Dr. Ackerstrøm und Karls Vater bestätigen unterdessen, dass man mit Gips Kopien anfertigt. Spätestens als Karl in der Folgeszene ein Foto der Originalmasken mit den Masken in der Vitrine vergleicht, wird klar, dass es sich um Duplikate handelt.[385]

Als Tim in der Bibliothek versucht, die Zeichen auf den Originalmasken zu entziffern, erfährt er, dass vor ihm ein Raucher russischer Zigaretten das Buch entliehen hatte. Während Tim die Zeichen erfolgreich entschlüsselt, erfährt Karl von seinem Vater, dass diesem ein Mayabuch aus dem Büro entwendet worden ist.

Bei einem erneuten Tatortbesuch sind die vom Wärter gepflegten Igel ausgebrochen. Gabi kann im verlassenen Büro des Direktors den Schlüssel für die Abstellkammer holen, in die die Igel durch einen Luftschacht hineingelangt sind. Der Raum entpuppt sich als überfülltes Lager für geraubte Kunstgegenstände. Der Direktor ist, wie sich wenig später herausstellt, verschwunden.[386]

Gemeinsam mit Pablo fliegen die vier Detektive nach Südamerika. Am Ausgrabungsort angekommen, entdecken sie den Hubschrauber der Kunstdiebe und nehmen den Schlüssel an sich. Den Direktor und einen Gehilfen treffen sie in einer Pyramide an, wo diese mit Hilfe der beiden Masken einen Geheimraum geöffnet haben. Dort lagerte ein riesiger Mayaschatz. Während die Diebe mitsamt der Beute entkommen, werden die Verfolger in der Kammer eingesperrt. Doch der Türmechanismus ist bald geöffnet, und so können die Detektive die Täter wenig später am Hubschrauber stellen. Nach wenigen Widerworten gestehen sie die Taten, der Fall ist abgeschlossen.[387] In der Abschlusssequenz erfährt man, dass die Originalmasken wieder im Museum sind und die neue Direktorin Dr. Ackerstrøm heißt.

---

384. Vgl., ebd., Episode II.
385. Dr. Ackerstrøm entgeht diese Tatsache, sie hält den Fall für abgeschlossen; vgl., ebd., Episode II.
386. Hier endet die zweite Episode mit einer Zwischensequenz.
387. Vgl., `TKKG´ Episode III.

4.4.2 Die Einordnung

Als in erster Linie für jüngere Spieler konzipierte Geschichte, verzichtet der Titel weit gehend auf Gewaltdarstellungen, und das aufzuklärende Verbrechen ist `nur´ ein Kunstdiebstahl. Wie für die Sparte stereotyp, ermittelt hier eine kleine Gruppe von Jugendlichen gemeinsam und jeder der vier trägt auf seine Weise zur Lösung des Falls bei.[388] Als Zentrale dient den Seriendetektiven, die selbst indirekt von dem Fall betroffen sind[389], ein Eiscafé.

Das gesamte Szenario ist an die Sichtweise einer jungen Zielgruppe angepasst, die Umgebung ist so real wie neutral gewählt und die Geschichte wartet mit den Elementen auf, die auch derjenige erwarten würde, der noch nie eine Detektivgeschichte gelesen hat, denn die Handlung selbst setzt auf viele Klischees.[390] Am Ende werden die Täter mit Hilfe Erwachsener gefasst und der Fall gilt als geklärt, auch wenn einige Fragen offen bleiben.[391] Vergleicht man den Titel mit weiteren unter 2.1 oder bei Hasubek angeführten Aspekten des Jugenddetektivromans, so finden sich noch zahlreiche weitere Übereinstimmungen, die das Gesamtbild abrunden.[392]

4.4.3 Die Kommunikation mit der virtuellen Welt

Die Zahl der Schauplätze bleibt in den ersten beiden Episoden auf weniger als ein Dutzend Örtlichkeiten in einer Kleinstadt begrenzt.[393] Die Aufteilung der Deduktionsarbeit erfordert dabei ein vergleichsweise häufiges Aufsuchen der einzelnen Plätze. Die Zahl der (neben den Detek-

---

388. Eine Gleichberechtigung gibt es jedoch nicht. Klößchen trägt kaum etwas zur Lösung des Falls bei, und auch Karl ist weniger aktiv als Tim oder Gabi.
389. Dabei handelt es sich um ein weiteres stereotypes Merkmal. Karl ist als Finder einer der beiden Masken und einer der Letzten am Tatort vor der Tat indirekt betroffen; vgl. `TKKG´ Einführungssequenz.
390. So werden beispielsweise immer wieder Zigarettenstummel unterschiedlicher Marken zu Clues.
391. So wird weder der Tatverlauf genau aufgeklärt noch der Grund für die Anfertigung der Fälschungen logisch in die Handlung eingebaut. Ebenso bleiben die von Pablo erwähnten Mittäter im Dunkeln, und eine Mittäterschaft von beispielsweise Dr. Ackerstrøm wird zwar nicht intendiert, logisch aber auch nicht ausgeschlossen; vgl. `TKKG´ Episode II und III.
392. Vgl., Hasubek: Die Detektivgeschichte..., S. 50ff und 71ff.
393. In Episode III gibt es nur noch einen Schauplatz; vgl. `TKKG´ Episode III.

tiven) beteiligten Personen bleibt mit rund 15 ebenfalls überschaubar. Verhältnismäßig hoch liegt mit 6-8 Personen zeitweise die Zahl der Verdächtigen. Häufiger als in jedem anderen Detective Adventure wird der Spieler hier ein Opfer der eigenen Fantasie.[394]

Die Dimension des Falls erscheint zunächst begrenzt, vergrößert sich jedoch mit der Enttarnung Pablos.[395] Neben Karls Vater und dem Apotheker ist er die hilfreichste Person bei der Aufklärung des Verbrechens. Die Detektivarbeit selbst läuft nach klassischem Muster: Zeugen müssen befragt und Indizien ausgewertet werden.[396] Dabei erhält man, vor allem in den ersten beiden Episoden, immer wieder das Gefühl, dass einem die Täter einen Schritt voraus sind.[397]

Als zentrale Clues dienen im ganzen Spiel Zigarettenstummel unterschiedlicher Marken. Sie stellen sich jedoch für die Aufklärung des Falls letztlich alle als irrelevant heraus, ebenso wie die ungenauen Personenbeschreibungen.[398] Bedingt durch eine gewisse Statik des Spiels dominiert die Zahl der Gespräche deutlich über den ausgeführten Handlungen. Entsprechend handelt es sich bei den meisten relevanten Clues auch um rhetorische Hinweise.

Die Rätsel sind durchweg anfängergerecht gestaltet und besonders zu Beginn haben einige einen gewissen Lerncharakter.[399] Diese Rätsel tragen leider meist nicht zur Aufklärung des Falls bei. Die Clues sind häufig gut sichtbar platziert, auffällig viele Tipps kommen direkt von den Detektiven.[400] Das letzte zu lösende Rätsel ist vergleichsweise komplex, kann jedoch nach dem Versuchsverfahren auch ohne viele Überlegungen gelöst werden. Diesem Rätsel kann man, wie einigen weiteren Rätseln, einen gewissen Abenteuercharakter nicht abstreiten.[401]

---

394. Vor allem der erfahrene Spieler stößt hier wie der Leser vieler Detektivromane auf deutlich mehr Clues, als eigentlich vom Urheber der Handlung beabsichtigt waren; vgl., Wellerhoff: Vorübergehende Entwirklichung..., S. 505.
395. Die Interpolbeteiligung dient hier jedoch nur der Spannungssteigerung, und Pablo ist nicht als Agent im engeren Sinne zu werten, zumal er kaum etwas zur Aufklärung beiträgt; vgl., ʻTKKGʼ Episode III.
396. Dabei werden auch Schriftzeichen dechiffriert, Substanzen analysiert und Telefonate belauscht; vgl., ebd., Episode I und II.
397. Man erfährt mehrfach, dass sich schon jemand anders kurz zuvor für das gleiche Objekt oder die gleiche Frage interessiert hat; vgl., ebd., Episode II.
398. Alle als klassisch zu bezeichnenden Clues werden hier zu falschen Spuren.
399. Viele Rätsel haben mehr mit der Mayakultur als mit der Lösung des Falls zu tun.
400. Vgl., ʻTKKGʼ Einführungs- und Zwischensequenzen.
401. Letztlich besitzt die gesamte Episode III deutlichen Abenteuercharakter; vgl., ebd., Episode III.

Trotz vieler Erkenntnisse reduziert sich die Zahl der Verdächtigen nur langsam.[402] Dieser Umstand trägt gemeinsam mit der Aufteilung der Aufgaben und der vielen irrelevanten Clues zu einer gewissen Unübersichtlichkeit innerhalb der Geschichte bei. Daran ebenfalls nicht ganz unschuldig ist die Tatsache, dass man den Mittäter erst in den letzten Spielszenen zu Gesicht bekommt.[403]
Dies erschwert unnötig die Aufklärung, auch wenn es die Täterspannung erhält. Ebenso unschön: Der Haupttäter wird durch einen Zufall entlarvt. Obwohl der Titel von allen analysierten Detective Adventures die kürzeste Handlung besitzt und diese recht linear aufgebaut ist, ist das Spiel für die Zielgruppe sicher nicht binnen weniger Stunden zu schaffen.

4.4.4 Die Interaktion mit der virtuellen Welt

Übersichtlicher als bei allen anderen Titeln ist hier das Inventar. Als Aufbewahrungsort für die Objekte dient ein Schuhkarton, der niemals so voll ist, als dass man ihn nicht mehr tragen könnte. Selten sind mehr als fünf oder sechs Gegenstände darin enthalten. Eine Notizblockfunktion gibt es hingegen nicht.

Vor allem zu Anfang der Geschichte ungewohnt ist die Notwendigkeit, die Ereignisse (abwechselnd) aus der Ich-Perspektive von vier Protagonisten zu betrachten.[404] Doch nur wer in die Rolle von allen vier schlüpft, um die einzelnen Schauplätze aufzusuchen, kann alle Clues finden und den Fall lösen. Hinderlich bei der Ermittlungsarbeit ist in erster Linie die eingeschränkte Bewegungs- und Gesprächsfreiheit. So ist weder eine gründliche Tatortuntersuchung noch eine ausführliche Zeugenbefragung möglich. Viele Schauplätze bestehen aus statischen Standbildern, bei denen man nur mit sehr wenigen Objekten und mit nie mehr als einer Person interagieren kann. Bei den Gesprächen stehen letztlich immer nur zwei Frageoptionen zur Auswahl. Nachdem die erste Frage beantwortet ist, muss man sogar den Raum verlassen und neu betreten, um die zweite Frage stellen zu können.[405]

---

402. Viele Personen machen sich durch ihre eigenen Aussagen verdächtig; vgl., ebd., Episode I und II.
403. Vgl., ebd., Episode III.
404. In Episode III verschmelzen die vier Detektive zu einer Person, aus deren Sicht man dann das Geschehen erlebt; vgl., ebd., Episode III.
405. Da es völlig gleich ist, welche Frage ich zuerst stelle, wird die Option, eine für den Handlungsverlauf relevante Entscheidung vom Spieler zu erfordern, nicht genutzt.

Zur Orientierung außerhalb der einzelnen Gebäude dient eine Übersichtskarte der Stadt. Hier sind von Beginn an alle Schauplätze verzeichnet und man kann sogleich zwischen allen Orten auswählen.[406] Abgesehen von der fehlenden Beschriftung der Schauplätze ist die Orientierung daher optimal. Neben dem nächsten Schauplatz legt man von dieser Warte aus auch fest, mit welchem Charakter man den Ort betreten und welches Objekt aus dem Inventar man einsetzen möchte. Ist die Wahl getroffen, wechselt das Spiel wieder in die Ich-Perspektive.

4.4.5 Die multimediale Ebene

Der Aufbau einer guten Gesamtatmosphäre ist hier weit gehend fehlgeschlagen. Zwar verbindet ein auktorialer Erzähler in den Sequenzen die Handlungsabschnitte miteinander und der Wärter liest passender Weise einen Kriminalroman[407], doch bleiben dies Einzelelemente in einer ansonsten recht lieblos gestalteten Welt, die weder die grafischen Möglichkeiten der Zeit nutzt noch die Audioebene für die Geschichte Gewinn bringend einsetzt. Die Schauplätze sind karg, die Personen schematisch dargestellt. Die Geschichte selbst verliert die meiste Dynamik durch die stets präsente Statik und die sehr begrenzten interaktiven Freiheiten des Spielers.

Selbst die Rätsellösung leidet unter dem starren Programmkonzept.[408] Die Spannung wird letztlich nur dadurch aufrecht erhalten, dass es eine Vielzahl von Verdächtigen gibt. Die Rätselspannung bleibt vergleichsweise gering, und wenn man am Ende erfährt, dass schlichtweg alle zunächst wichtig erscheinenden Clues falsche Fährten waren, stärkt dies nicht das Vertrauen in den Designer.

Seinem Genre gerecht wird der Titel aufgrund seiner inhaltlichen Elemente und den Strukturen der ihm zugrunde liegenden Geschichte. Die stereotypen Merkmale eines Jugenddetektivromans lassen sich hier überraschend gut nachweisen, jedoch wirkt die multimediale Umsetzung der Handlung lieblos und wenig durchdacht. Zwar wirkt die Geschichte durch die

---

406. Leider kann diese Möglichkeit aufgrund des sehr linearen Spielverlaufs nicht ausgenutzt werden.
407. Vgl., 'TKKG' Episode I.
408. So muss man beispielsweise Pablos Hotelzimmer dreimal neu betreten und jedes Mal zuvor neue Tabletten in der Apotheke holen, bevor man hier alle Aufgaben erfüllt hat; vgl., ebd., Episode II.

Verkörperung der vier Detektive durch den Spieler im Spiel wesentlich weniger zerrissen, als es in der obigen Zusammenfassung erscheinen mag, doch wirkt sie mit den vielen Clues, falschen Fährten und Verdächtigungen völlig überladen. Dass das Konzept an sich dennoch beliebt ist, beweist allein die Tatsache, dass diese Reihe Vorbild für viele weitere Jugendbuchreihen war und heute jedes zweite neuveröffentlichte Detective Adventure auf eine solche zurückgeht.[409]

Wie zu Beginn des Kapitels angeführt, folgt nun eine genauere Betrachtung der jeweiligen Hauptbeteiligten und den Informationen, die man über diese und ihren Charakter erhält.

4.5 Detektive, Täter, Opfer und Motive

4.5.1 Die Detektive

Über das Privatleben von Sherlock Holmes erfährt man im Spiel noch weniger als in so mancher Kurzgeschichte von Doyle. Zwar ist das Zimmer, in dem sich die Protagonisten zeitweise aufhalten, dem Original nachempfunden[410], doch über die Person Sherlock Holmes erfährt man so gut wie nichts. Für jemanden, der keine Vorkenntnisse durch die Lektüre von Doyles Romanen besitzt, sind die Informationen sehr lückenhaft.[411]

Wer Holmes jedoch kennt, für den entspricht die Spielfigur bald Doyles Angaben. Holmes stellt die für ihn typischen Fragen und findet die Clues, die Lestrade übersieht. Er erweist sich als konsequent und direkt, als jemand, der Lestrade die Unmöglichkeit seiner Theorien vor Augen führt und durch logische Kombination und gründliche Analyse die Wahrheit herausfindet. Seiner Außenseiterrolle wird Holmes hier ebenso gerecht wie in Doyles Geschichten. Sein Auftritt lässt nicht nur den Meisterdetektiv, sondern auch den perfekten Gentleman und geschulten Rhetoriker erkennen. Emotional ist er zurückhaltend, das Opfer ist für ihn in erster Linie ein Objekt. Er hat moralisch hohe Ansprüche und vermeidet Gewalt, wo es nur geht.

---

409. Ein entsprechender Trend ist bei den anderen Sparten des Genres nicht zu erkennen.
410. Vgl., `Sherlock Holmes´ Episode I.
411. Weder Wiggins noch Spürhund Toby werden vorab in die Handlung eingeführt; vgl., ebd., Episode I.

Abgesehen von der Tatsache, dass er vor dem Spieler keine Geheimnisse hat, entspricht Sherlock Holmes im Spiel in vielen Zügen seinem buchliterarischen Vorbild.[412]

Schon etwas mehr als über Holmes erfahren wir von Jack Orlando. Er ist Privatdetektiv von Beruf und galt einst als Polizeifreund und gefürchteter Jäger von Alkoholschmugglern. Er war ein vom Bürgermeister geehrter `local hero´. Heute bleiben die Aufträge aus und er spricht dem Whiskey selbst gerne zu, während er von vergangenen, besseren Zeiten träumt.[413]

Seine Ausdrucksweise ist zeitweise recht vulgär und seine Kleidung und sein Auftritt lassen die besseren Zeiten erahnen. Er beweist aber nach wie vor Durchsetzungsvermögen und scheut nicht den Einsatz von Fäusten und Schusswaffen. Unter der harten Schale verbirgt sich bei ihm letztlich ein weicher Kern. Orlando versteht sich nach wie vor als ein Kämpfer für die Gerechtigkeit. Dennoch ist er recht emotionslos und vermittelt insgesamt den Eindruck eines typischen `Private Eye´.[414]

Mit der besten Hintergrundgeschichte ausgestattet ist Robert Cath in `The Last Express´. Man erfährt, dass er ein 29 Jahre alter Amerikaner ist, der in Paris lebt. Er ist, wie sein verstorbener Vater, Doktor (Yale Medical School, Summa Cum Laude M.D. Ph.D.) und spricht neben Englisch, Französisch und Deutsch auch ein wenig Russisch[415], liest Altgriechisch sowie Latein. Er interessiert sich für Esoterik, Mystik und die Medizin der Antike. Letzterem Interesse folgend, ist er wenige Wochen vor den aktuellen Ereignissen nach Irland aufgebrochen. Zur falschen Zeit am falschen Ort ist er dort bei der Erstürmung eines von IRA-Sympathisanten besetzten Hauses durch die irische Polizei zwischen die Fronten geraten und wird nun fälschlich wegen Polizistenmordes gesucht.[416] An Bord des Orient Express ist er, weil er in Jerusalem eine weitere antike Schriftrolle einsehen will und sein Freund Tyler Widney ihn in einer ihm unbekannten Angelegenheit um Hilfe gebeten hat.

---

412. Die Designer haben sich ganz offensichtlich im Vorfeld gründlich mit Sherlock Holmes befasst.
413. Vgl., `Jack Orlando´ Einführungssequenz.
414. Details über sein Leben außerhalb seines Berufs erfährt man so gut wie nicht.
415. Seine Mutter ist russischer Abstammung; vgl., www.lastexpress.com/cath.html.
416. Vgl., www.lastexpress.com/cath.html.

Cath ist ein Frauenschwarm, ein Romantiker mit guten Manieren und geschulter Rhetorik. Lediglich mit seinen (hohen) amerikanischen Moralwerten, die mit den Verhältnissen im politisch angespannten Europa des Jahres 1914 kollidieren, fällt er auf. Den Tod des Freundes aufzuklären ist für den cleveren und reaktionsschnellen Mann eine Frage der Ehre.[417]

Im Fall der vier Mitglieder der TKKG setzen die Designer deutlich auf den Bekanntheitsgrad der Seriencharaktere. So bleiben die vier trotz der kurzen Beschreibungen im Handbuch und im Spiel für jemanden ohne Vorwissen vergleichsweise schematische Figuren.[418] Jeder von ihnen hat zwar individuelle Fähigkeiten, die ihn für die eine oder andere Aufgabe prädestinieren; ohne viel Spekulation lassen sich jedoch kaum Charakterzüge daraus interpretieren. Man erfährt, dass alle noch Schüler sind, die das ungewöhnliche Hobby des Detektivspielens verbindet. Das Auftreten der vier ist freundlich, aber bestimmt, sie beweisen eine gewisse Cleverness und jeder der vier kann aufgrund seiner Begabungen etwas herausfinden, was die anderen nicht deduziert haben. In diesem wie in vielen anderen Punkten entsprechen die vier den stereotypen Merkmalen von Jugenddetektiven.[419]

Bleibt festzuhalten, dass sowohl bei Sherlock Holmes als auch bei der TKKG die Informationen und Charakterbeschreibungen zu den Protagonisten sehr lückenhaft sind und ein Gesamtbild nur mit Hilfe von Vorkenntnissen zu Stande kommt. Von Jack Orlandos Vergangenheit erfährt der Spieler nur so viel, wie er für das Verständnis der aktuellen Situation des Protagonisten benötigt. Der einzige Detektiv, der mit einer ausführlichen Hintergrundgeschichte und sogar einer Art Biografie ausgestattet wird, ist Robert Cath in 'The Last Express'.[420]

Seine Vorgeschichte wird sogar sinnvoll mit den aktuellen Ereignissen verflochten und seine Charakterzüge kommen ebenso wie seine Fähigkeiten klar zum Ausdruck. Gemeinsam mit seiner Ausbildung und seiner Herkunft erweisen diese sich bei der Aufklärung des Falls als sehr hilfreich.[421]

---

417. Vgl., 'The Last Express' Episode II.
418. Vgl., 'TKKG' Spielmenü.
419. Vgl., Hasubek: Der Detektivroman..., S. 51ff und S. 70ff.
420. Vgl., www.lastexpress.com/cath.html.
421. Alle anderen Protagonisten bleiben hierfür zu schematisch in ihrer Darstellung.

4.5.2 Täter und Motive

Die Skizzierung der Täter bei Sherlock Holmes fällt unterschiedlich aus. Vom Auftraggeber Lord Brumwell erfährt man bis ins Detail die Vorkommnisse in der Vergangenheit und die damals getroffenen Maßnahmen zur Vertuschung. Kaum weniger ausführlich erfährt man von seinen Bemühungen, den einzigen existenten Beweis durch weitere Vergehen in der Gegenwart in seinen Besitz zu bringen.[422] Erneut ist das Motiv die Vertuschung seines Fehltritts und die Aufrechterhaltung seiner Ehre. Über die Person selbst erfährt man kaum etwas, jedoch lässt sein Vorgehen eine enorme Skrupellosigkeit, Überheblichkeit und Arroganz vermuten.[423]

Über den Tierpräparator Blackwood erfährt man, dass er des Öfteren kleine Gefälligkeiten gegen Geld erledigte. Er wurde auch diesmal gegen Geld angeworben, einen Diebstahl zu begehen, der jedoch unversehens mit einem Mord endete.[424] Dass er die Opfer verwechselt und den Brief im geraubten Schmuck nicht entdeckt, spricht nicht für seine Cleverness. Er wirkt eher naiv und unbeholfen. Ganz im Gegensatz zu Robert Hunt. Er gesteht, Gardner und Moorhead umgebracht und Anna Carroway entführt zu haben. Dabei kehrt er den unbeugsamen Mann heraus. Seine Falle, die die Protagonisten und das Entführungsopfer beinahe das Leben kostet, lässt ihn ebenso skrupellos erscheinen wie Brumwell.[425] Sein Motiv: Geld.

August Bellinger tritt bei Jack Orlando als Auftragskiller auf, der für Geld jeden Job erledigt. Neben einem weit gehend unscheinbaren Auftritt fällt er durch einen Stock und seine Leidenschaft für Davidoff-Zigarren auf. Letztere werden ihm gemeinsam mit einem Besuch bei einer Prostituierten schließlich zum Verhängnis.[426]

---

422. Hierfür dienen unterschiedliche Quellen wie ein Brief, ein Tagebuch und die Aussagen eines Anwalts und eines verhafteten Mittäters; vgl., `Sherlock Holmes´ Episode I und II.
423. Er zeigt keinerlei Reue, unschuldige Opfer sind ihm gleichgültig, seinen ehemaligen Arzt bezeichnet er als Verräter und seine eigenen Helfershelfer als unfähig; vgl., `Sherlock Holmes´ Episode III.
424. Blackwood bedauert im Gegensatz zu Brumwell die Tat und deren Verlauf; vgl., ebd., Episode II.
425. Vgl., ebd., Episode III und die Endsequenz.
426. Der Zigarrenverkäufer kann eine genaue Täterbeschreibung geben und die Prostituierte kennt und verrät seinen Aufenthaltsort; vgl., `Jack Orlando´ Episode II.

Bellinger macht, abgesehen von den genannten Fehlern, den Eindruck eines professionellen und skrupellosen Killers. Bevor man Details über ihn erfährt, wird er leider selbst Opfer eines Anschlags.[427]
Der Drahtzieher und Gangsterboss Don Scaletti tritt wie ein klassischer amerikanischer Mafiaboss auf. Er ist skrupellos, geht über Leichen, betreibt ein illegales Casino und hat jede Menge getreuer Helfer.[428] Für das Schicksal von Bellinger, immerhin der Verlobte seiner Nichte, interessiert er sich ebenso wenig wie für das von Orlando. Beide sind Mitwisser, die er nicht brauchen kann.[429]
Smith, Scalettis Türsteher und die beiden namenlosen Gangster erweisen sich als ebenso skrupellos wie ihr Chef. Mehr als dass sie auf dessen Seite stehen und seine Gesinnung teilen, erfährt man leider nicht. Ebenso uncharakterisiert bleibt Mayor Steward, der den Waffenhandel mit Scaletti geplant hat. Er tritt ebenfalls als gewissen- und skrupellos auf. Sein Motiv: Geld. Dieses treibt auch den früher als unbestechlich bekannten Inspektor in die Kriminalität. Mehr als dass er einst mit Orlando in enger Freundschaft verbunden war und man viele Fälle gemeinsam gelöst hat, erfährt man jedoch auch über ihn nicht. Seine Mittäterschaft erklärt im Nachhinein allerdings eindeutig sein Auftreten gegenüber Orlando und seine vorschnellen Schlüsse auf dessen Schuld.[430]
So uncharakterisiert wie die Täter bei `Jack Orlando´ auftreten, so viel erfährt man über die vermutliche Mörderin in `The Last Express´. Die 26-jährige Anna Wolff ist Agentin des österreichischen Geheimdienstes.[431] Sie spricht fließend Deutsch, Ungarisch, Serbokroatisch und Englisch und spielt hervorragend Violine.[432] Während einiger ihrer Auftritt wirkt sie verletzlich, ein wenig naiv und schutzbedürftig, beinahe wie die Unschuld in Person.[433]

---

427. Vgl., ebd., Episode II.
428. Vgl., ebd., Episode II.
429. Dementsprechend will er neben Bellinger auch Jack Orlando ermorden lassen; vgl., ebd., Episode II.
430. Vgl., ebd., Episode I und II.
431. Wie ihr verstorbener Vater und ihr ebenso verstorbener Bruder; vgl., www.lastexpress.com/anna.html.
432. Offiziell ist sie eine europaweit bekannte Violinistin; vgl. www.lastexpress.com/anna.html.
433. Dennoch umgibt sie von Beginn an etwas Geheimnisvolles, was den aufmerksamen Spieler an ihrer Rolle zweifeln lässt.

Doch sobald sie die Fassade fallen lässt und zur Waffe greift, wird klar, dass Anna Wolff eine gerissene Agentin ist. Sie tritt energisch und überzeugend auf, scheut nicht den Gebrauch ihres Revolvers und ist bereit, ihren Auftrag konsequent durchzuführen; koste es, was es wolle.[434] Sie beweist ihr rhetorisches Geschick ebenso wie ihre Zielsicherheit mit der Waffe. Zudem gelingt es ihr, ihre Tarnung über das Handlungsende hinaus aufrecht zu erhalten, und sie erweist sich letztlich in jeder Hinsicht als eine professionelle Vertreterin ihrer Berufsgruppe.[435]

Fast völlig uncharakterisiert bleiben hingegen die Täter im Fall der TKKG. Wie oben erwähnt, erweisen sich die hinterlassenen Spuren und die Zeugenaussagen als unbrauchbar und letztlich auch unpassend.

Während man über den Mittäter überhaupt nichts erfährt, wird der Direktor lediglich als zielstrebiger Mann mit einer Vorliebe für italienische Sportwagen beschrieben. Sein Auftritt lässt nur spekulative Schlüsse zu, und so bleibt auch er eine schematische Figur.[436]

Deutlicher noch als bei der Beschreibung der Detektive wird hier, dass in den Detective Adventures sehr viel weniger wert auf Hintergrundinformationen, Vorgeschichte und Charakterausprägungen gelegt wird als in den meisten Detektivromanen.

Lediglich bei 'The Last Express' kommt es zu mehr als nur einer schematischen Darstellung. Dort findet im Fall der Täterin eine ebenso ausführliche Charakterisierung wie für den Detektiv statt, was der Atmosphäre des Spiels und der Handlungstiefe zugute kommt.

4.5.3 Die Opfer

Für die Charakterisierung der Opfer notwendige Informationen erhält man in den Detective Adventures beinahe noch weniger als für Detektive und Täter. Viel mehr als Wohnort, Beruf und Familienstand sowie die jeweilige Rolle innerhalb der Handlung wird bei 'Sherlock Holmes' über die Opfer kaum bekannt. Lediglich im Fall des Entführungsopfers Anna Carroway erfährt man die gemeinsame Vorgeschichte mit Lord Brumwell und die für

---

434. Sie geht dabei über Leichen und lehnt jede Handlung und jede Theorie ab, die ihrem Auftrag und ihrem Patriotismus widerspricht; vgl., 'The Last Express' Episode II und III.
435. Dies wird besonders deutlich, wenn man sich den möglichen Tatverlauf und dessen Vertuschung vor Augen führt.
436. Vgl., 'TKKG' Episode I.

sie daraus resultierenden Folgen.[437] Charakterdetails werden in ihrem Fall ebenso verschwiegen wie bei ihrer Schwester Sarah. Sie dient nur als das Geheimnis auslösende Objekt.[438]

Während es beim Kunstraub der TKKG erst gar kein Mordopfer gibt, bleiben die Informationen bei Jack Orlando ebenso nichts sagend: Pete Reynolds - Mayor der US-Armee.[439] Auch seine Rolle ist nur die des Rätselauslösers.

Über das Opfer in `The Last Express´ Tyler Widney erfährt man immerhin Folgendes: Er war Amerikaner und hatte die gleichen Interessen wie sein Freund Robert Cath, mit dem er schon einige Abenteuer überstanden hat.[440] Sein einziger kurzer Auftritt zeigt einen gut gekleideten Mann um die 30 Jahre mit ernstem Gesichtsausdruck.[441] Während der Fahrt sollte er einen Waffenkauf für eine serbische Widerstandsgruppe abwickeln. Doch noch bevor er seinen Auftrag ausführen kann, wird er ermordet und seiner Handelsware beraubt.[442] Eine ausführliche Charakterbeschreibung bleibt im Gegensatz zu vielen anderen Personen im Spiel hier leider aus, so dass Widney ebenfalls zum Geheimnisauslöser degradiert wird, wie die anderen Opfer in den untersuchten Detektive Adventures.

Die obigen Ausführungen haben gezeigt, in welcher Form Designer und Spieler auf der Kommunikationsebene in den vier analysierten Detective Adventures über die Clues und Rätsel miteinander kommunizieren und welche unterschiedlichen Ausprägungen diese Ebene dabei besitzt. Ebenso ist deutlich geworden, wie in den einzelnen Titeln die interaktive Ebene aufgebaut ist, über die der Spieler seine zuvor gewonnenen Erkenntnisse in die Handlung mit einbringt.

Neben einigen stereotypen Elementen finden sich diesbezüglich bei jedem Titel individuelle Aspekte, die dem jeweiligen Adventure eine eigene Note geben und den Spieler auf ihre Weise fordern. Zudem ist deutlich geworden, wie mit Hilfe der multimedialen Optionen die Atmosphäre der

---

437. Vgl., `Sherlock Homes´ Episode I - III.
438. Entsprechend nüchtern die Beschreibung am Tatort: „Eine etwa 25-jährige Frau, deren Halsschlagader brutal durchtrennt wurde. Dies war definitiv die Todesursache, die übrigen Verletzungen - Einstiche in der Brust, Abschürfungen im Genick und Kratzer am linken Ringfinger- wären niemals tödlich gewesen. Der schwache Geruch eines sehr süßen, billigen Parfüms umgibt den Schauplatz des Verbrechens!" ebd., Episode I.
439. Vgl., `Jack Orlando´ Episode I.
440. Vgl., `The Last Express´ Episode I.
441. Vgl., ebd., Einführungssequenz.
442. Vgl., ebd., Episode I.

analytisch aufgebauten Handlung unterstützt werden kann oder wie technische Unzulänglichkeiten das Erleben der virtuellen Welt beeinträchtigen können.

Der letzte Absatz hat, in Verbindung mit den eingangs wiedergegebenen Kurzinhalten, gezeigt, dass die für die Handlung relevanten Personen ihrer Rolle innerhalb der Geschichte zwar gerecht werden, sie jedoch häufig nur als Funktion, und nicht als Individuum von Interesse sind. So bleibt eine nennenswerte Charakterisierung der Hauptbeteiligten meistens aus.[443] Die einzige Ausnahme unter den hier analysierten Titeln stellt `The Last Express´ dar. Hier findet, wie erwähnt, eine für die Atmosphäre, die Aufklärung des Falls und den Tiefgang der Handlung sinnvolle Charakterisierung der wichtigsten Personen statt.

---

443. Dies ist ein Unterschied zu vielen Detektivromanen, wo, unabhängig von der Ausprägung, häufig mehrere Seiten darauf verwandt werden, die Beteiligten zu charakterisieren und die Verhältnisse zwischen den Personen möglichst ausführlich darzustellen.

5.0 Detective Adventures und die Forschungen zum Detektivroman

Auf den nun folgenden Seiten werden die vier ausgewählten Detective Adventures mit Hilfe der bisher vorwiegend auf den Detektivroman bezogenen Ausführungen von Richard Alewyn, Dietrich Weber und Volker Neuhaus im Detail analysiert. Hierfür erfolgt zunächst jeweils eine kurze Vorstellung der entsprechenden Forschungsansätze und Forschungsergebnisse der Literaturwissenschaftler, bevor die Übertragbarkeit der jeweiligen Kernthesen auf das Medium des interaktiven Detective Adventures in den Mittelpunkt rückt. Im Anschluss dienen ausgewählte Aspekte dazu, um aufzuzeigen, in welcher Form die Strukturen und Einzelelemente des analytischen Erzählens konkret in den vier Untersuchungsobjekten umgesetzt und realisiert sind. Verweise auf bereits in den beiden vorangegangenen Kapiteln drei und vier angesprochene Aspekte und die Bezugnahme auf weitere Detective Adventures sollen die Bewertung unterstützen.

5.1 Richard Alewyns Forschungen

5.1.1 Alewyns Ausführungen zum Detektivroman

In seinem Essay-Band ʿProbleme und Gestaltenʾ hat Richard Alewyn zwei Aufsätze veröffentlicht, die bis heute für die Betrachtung von Detektivromanen richtungsweisend sind. ʿDer Ursprung des Detektivromansʾ[444] und ʿDie Anatomie des Detektivromansʾ[445] sind für die einen zum Leitfaden der Forschung, für andere Anlass zur Kritik geworden. Besonders seine Kernaussagen, die zentralen Punkte seiner Forschungen, werden bis heute von vielen Literaturwissenschaftlern nicht widerspruchslos anerkannt.[446]

---

444. Vgl., Alewyn: Probleme und Gestalten, S. 341-360.
445. Vgl., ebd., S. 361-394.
446. Bei vielen Kritikern gewinnt man den Eindruck, dass sie Alewyns Ausführungen nicht verstanden haben und es ihnen zugleich an Fachkenntnis bezüglich des Genres mangelt.

Zu diesen ´Sondermeinungen´, die die Fachwelt in zwei Lager spalten, zählt beispielsweise Alewyns These vom Ursprung des Detektivromans. Diesen sieht Alewyn eindeutig in der Romantik, der ´preromantic movement´.[447]

Bereits dieser Ansatz ist sehr umstritten, da die meisten Forscher den Detektivroman als ein Kind der Aufklärung sehen, bei dem die Ratio dominiert und wissenschaftliche Analysen im Vordergrund stehen. Alewyn kann seine These jedoch untermauern, und Neuhaus führt diesen Gedanken in seinem Aufsatz ´Mysterion tes anominas´ im Sinne Alewyns überzeugend weiter.[448]

Kaum unumstrittener ist Alewyns ´Aufwertung´ des Detektivromans zur Literatur. Einige Literaturwissenschaftler zählen den Detektivroman nur widerstrebend zu dieser, da es sich beim Detektivroman aus ihrer Sicht um Schemaliteratur handelt.[449] Ebenso unverstanden bleibt für viele Alewyns Bezeichnung des Protagonisten als einen Künstler, der die Begabung besitzt, Geheimnisse dort zu sehen, wo niemand sonst sie vermuten würde.[450] Der Detektiv als ein Außenseiter, der die entscheidende Frage stellt, den relevanten Clue entdeckt und für den Fälle erst dann interessant werden, wenn diese für die Polizei schon abgeschlossen sind.[451] Seine eigene Definition des Detektivromans, den er als eine „Geschichte der Aufklärung eines Verbrechens"[452] sieht, während er den Kriminalroman als die „Geschichte eines Verbrechens"[453] bezeichnet, nimmt Alewyn sehr genau. Selbst die Romane der amerikanischen hard-boiled-school schließt er von dieser Definition aus.[454]

Eng im Zusammenhang mit Alewyns Ursprungs-These steht die Frage nach dem Reiz und der Frage, warum Menschen Detektivromane lesen. Aus Alewyns Sicht geschieht dies nicht wegen des oft ernüchternden und alles rationell aufklärenden Schlusses, der letzten 10% des Buches[455], sondern wegen der im Detektivroman erfolgenden Verfremdung der alltäglichen Welt und der sich daraus ergebenden Unsicherheit und Spannung.

---

447. Vgl., Neuhaus: Richard Alewyns Forschungen..., S. 2.
448. Vgl., Neuhaus: Mysterion..., S. 42ff.
449. Hierbei übersehen die meisten Kritiker, dass es sich bei einem Großteil der Literatur bis 1750 um Schemaliteratur gehandelt hat; vgl., ebd., S. 16.
450. Vgl., Alewyn: Anatomie..., S. 373ff.
451. Vgl., Neuhaus: Mysterion..., S. 29.
452. Vgl., Alewyn: Anatomie..., S. 363.
453. Vgl., ebd., S. 363.
454. Vgl., ebd., S. 388f.
455. Wie es manche Kritiker der Gattung gerne behaupten.

Die Lust daran, diese Gefühle oder sogar ein wenig Angst zu erleben, während man `am Lesen ist´[456], wie Alewyn es ausdrückt und wie man es als Kölner nicht besser sagen könnte, macht den Detektivroman in seinen Augen so populär.

Hiermit gleichermaßen verbunden ist die Frage nach dem `Happy End´, der Wiederherstellung der bürgerlichen Ordnung am Ende der Geschichte. Alewyn widersetzt sich hier dem Beispiel des Puzzlespiels, an dessen Ende jedes Teilchen seinen alten Platz wieder eingenommen hat. Für Alewyn ist der Detektivroman nicht die Rekonstruktion, sondern die Zerstörung einer heilen Welt.[457] Schon aufgrund der am Ende des Romans aufgedeckten Sekundärgeheimnisse ist die Welt nicht nur für Opfer, Täter und Detektiv nicht mehr die gleiche wie zuvor.[458] Dem kann man wohl kaum widersprechen.

5.1.2 Alewyn und das Genre der Detective Adventures

Bei der Anwendung von Alewyns Thesen und Regelements auf das Genre der Detective Adventures fällt auf, dass sich überraschend viele Aspekte auf das neue Medium übertragen lassen. Dies gilt im Besonderen für Alewyns Ausführungen zur Positionen von Autor und Leser sowie dem Verhältnis vom Leser zum Protagonisten.

Nach Alewyn ist der Detektiv „der Sachwalter des fragenden Lesers"[459] und zugleich dient er dem Leser als „reine Funktion"[460], um den Fall zu lösen. Dies kann man, wie bereits aufgezeigt, im Detective Adventure beinahe wörtlich nehmen.[461] Der Detektiv dient hier in der Tat als das Medium, durch welches sich der Spieler die virtuelle Welt erschließt. Dank Notizbuchfunktion und Inventar wird der Detektiv dabei zum Sach(ver)walter im wahrsten Sinne des Wortes.[462]

---

456. Vgl., Alewyn: Anatomie..., S. 365.
457. Vgl., ebd., S. 386.
458. Vgl., ebd., S. 380ff.
459. ebd., S. 374.
460. ebd., S. 374.
461. Auch wenn die meisten Spieler sich aufgrund der Identifikation mit dem Protagonisten von dieser nüchternen Sichtweise wahrscheinlich distanzieren würden, zumindest während der Spielzeit.
462. Bei der Bewertung dieser Aussage muss ebenfalls der hohe Identifikationsgrad zwischen dem Spieler und der Spielfigur Berücksichtigung finden.

Alewyns Standortzuweisung für den Leser erfährt im Detective Adventure eine Optimierung. Der mit dem Detektiv praktisch völlig identifizierte Spieler ist dem Protagonisten näher, als ein Leser es jemals sein könnte.[463] Dementsprechend verfügen Spieler und Protagonist auch beinahe immer über den gleichen Wissensstand, wie Alewyn es fordert.[464] Ebenso gut lässt sich die These übertragen, dass der Leser in den Fragezustand versetzt werden sollte. Auch dies geschieht im Spiel mehr als deutlich und auch hier gehen der Hauptfrage, dem `Whodunit?´, unzählige andere Fragen und Rätsel voraus.[465]

Wie der Leser tappt auch der Spieler, schon bedingt durch die Identifikation mit der Spielfigur, gemeinsam mit dieser in die diversen in der Geschichte integrierten Fallen, und auch an überraschenden Wendungen innerhalb der Handlungen fehlt es den Detektive Adventures nicht.[466] Zwei weitere Punkte, die für den Detektivroman nach Alewyn stereotyp sind.[467]

Zu diesem Komplex gehört auch die Frage nach der vom Autor gesteuerten Emanzipation des Lesers.[468] Abgesehen von der Tatsache, dass sich der Spieler so oder so von der ersten Szene an emanzipieren muss, weil er weitest gehend auf sich allein gestellt ist, wird er spätestens, wenn er den ersten Bildschirmtod erlitten oder erst nach stundenlanger Suche ein kaum erkennbares Objekt gefunden hat, das Vertrauen in den Designer verlieren, wie der Leser in den Autoren.[469]

Unbekannte Personen, unidentifizierbare Geräusche oder offensichtlich völlig nutzlose Gegenstände werfen beim Spieler ebenso wie beim Leser Fragen auf.[470] Besonders Objekte, an die man zunächst nur schwer herankommt und die sich anschließend offenbar nirgendwo einsetzen lassen, oder Ereignisse, die statt einer Antwort nur weitere Fragen zur Folge haben, sorgen zwar zeitweilig für Spannung, fördern aber nicht das Vertrauen zum Designer.

---

463. Vgl., Punkt 3.3.
464. Vgl., Alewyn: Anatomie..., S. 374.
465. Vgl., ebd., S. 370.
466. Dabei kann es sehr vom Handlungsverlauf und von der Cleverness des Spieler abhängen, was noch eine Überraschung ist und mit welchem Wendepunkt er beinahe schon rechnen konnte.
467. Vgl., Alewyn: Anatomie..., S. 365ff.
468. Vgl., ebd., S. 366ff.
469. Der Spieler achtet von Beginn an viel aufmerksamer auf jede Kleinigkeit, die etwas mit der Beantwortung einer Frage zu tun haben könnte, als der Leser, und das Vertrauensverhältnis ist von Anfang an angespannter.
470. Vgl., Alewyn: Anatomie..., S. 367f.

Die hiermit verbundene Allwissenheit, die Alewyn dem Autor zugesteht[471], trifft letzten Endes auch auf den Designer zu, und wie im Roman ist die Schere zwischen wissendem Designer und unwissendem Rezipienten im Detective Adventure anfangs weit geöffnet, während sich die beiden Positionen im Verlauf der Handlung immer weiter annähern und am Ende der Geschichte, spätestens nach der Endsequenz, beide den gleichen Wissensstand besitzen.[472]

Das für Alewyn obligatorische System von 'Frage und Antwort' bleibt in den Detektive Adventures bestehen, und die damit verknüpfte Bedingung, dass die ersten Antworten mehr neue Fragen aufwerfen als sie beantworten[473], wird konsequent umgesetzt. Nicht nur in den analysierten Titeln führen die ersten Clues stets in ein Labyrinth hinein und konstituieren, wie Alewyn es ausdrückt, erst den Fall, den es im Anschluss zu lösen gilt.[474]

Alewyns Vorwurf, in den Romanen der hard-boiled-school ginge es mehr um 'suchen und finden' als um 'Frage und Antwort'[475], trifft auf die dieser Sparte zuzuordnenden Detective Adventures durchaus zu, und der Vorwurf, man würde die Verbrecher als solche auf den ersten Blick erkennen[476], verstärkt sich durch die Visualisierung sogar noch.

Letztlich kann auch die Frage nach dem Reiz des Spiels mit vergleichbaren Worten beantwortet werden, wie im Falle des Detektivromans[477]. Auch der Spieler spielt nicht nur, um sich die Endsequenz ansehen zu können, die das Ende eines Detektivromans an Trivialität häufig noch übertrifft. Im Spiel zählt die Rätselspannung und die damit verbundene Herausforderung für den Spieler, die Geschichte voranzutreiben, zugleich deutlich mehr als im Roman.[478]

---

471. Vgl., ebd., S. 365f.
472. Vgl., ebd., S. 365.
473. Vgl., ebd. S. 371. Besonders deutlich wird dieser Aspekt bei 'The Last Express'; vgl., Punkt 4.3.
474. Vgl., Alewyn: Anatomie..., S. 383. Dies wird auch bei 'Sherlock Holmes' deutlich; vgl., Punkt 4.1.
475. Vgl., Alewyn: Anatomie..., S. 388ff.
476. Vgl., ebd., S. 388ff.
477. Vgl., ebd., S. 365 und S. 392.
478. Dabei spielt auch der Reiz der Interaktivität eine Rolle. Der Realitätsgrad der Rätsel und des Szenarios sind einer der Gründe, kein Adventure mit Abenteuercharakter zu wählen; vgl., Punkt 2.2.2.

Ein Aspekt, den man rein theoretisch auf die Detektive Adventures übertragen könnte, der aber praktisch nicht vorkommt, ist die von Alewyn beschriebene Schluss-Szene, wie man sie aus vielen Romanen kennt: Eine Versammlung aller Beteiligten in einem Raum und ein Detektiv, der den Fall chronologisch rekapituliert und am Ende den Täter aus dem Kreis der Anwesenden überführt. Da der Spieler den Fall am Ende bis ins kleinste Detail kennt, alle Geheimnisse gelüftet sind und es für ihn am Ende eigentlich keine Überraschungen mehr geben kann, verliert eine solche Szene im Detective Adventure weit gehend ihren Sinn.[479]

Schließlich gibt es einen Aspekt in Alewyns Aufführungen, der sich in seiner ursprünglichen Form nicht auf das Medium des Detective Adventures übertragen lässt: Der Leser eines Buches kann zwar versuchen, eigene Theorien aufzustellen und die gefundenen Clues zu deuten, ...

... „aber er kann nicht selber Nachforschungen anstellen. Er kann den schwersten Verdacht hegen, daß hinter einer Tür ein Geheimnis verborgen ist, aber er kann die Tür nicht aufmachen. Er kann darauf brennen, einer Person eine Frage zu stellen, aber diese kann ihn nicht hören. Denn der Leser ist außerhalb der Welt der Erzählung."[480]

Der Spieler aber ist Teil der Erzählung. Er kann die geheimnisvolle Tür öffnen und die brennende Frage stellen[481], seine Theorien überprüfen und den Verdächtigen nachgehen, aktiv in das Geschehen eingreifen.[482]

---

479. Fehlt es einigen Detective Adventures für eine solche Schluss-Szene an Komplexität, so wählen manche Designer schlichtweg visuell spektakulärere Sequenzen für das Ende ihrer Handlung.
480. Alewyn: Anatomie..., S. 373.
481. Vorausgesetzt der Designer gibt dem Spieler hierfür die Möglichkeit.
482. Dabei ist der Spieler deutlich freier in seinen Entscheidungen als der Leser, jedoch weniger frei, als er in vielen Situationen gerne glauben möchte; vgl., Punkt 3.3.

5.1.3 Alewyns Forschungen in Anwendung auf die ausgewählten Detective Adventures

Eine der ersten Bedingungen, die Alewyn an den Detektivroman stellt, besteht darin, dass dieser immer mit Mord zu tun haben muss.[483] Bei drei Untersuchungsobjekten ist diese Forderung konsequent umgesetzt. Kommt der Titel der ʻTKKGʼ zielgruppengerecht noch ohne Mord aus, so zählt man neben drei Morden bei ʻSherlock Holmesʼ noch einen Selbstmord und zwei zu erwartende Todesurteile, ʻJack Orlandoʼ weist zwei Morde auf, und bei ʻThe Last Expressʼ geschieht zwar zunächst nur ein Mord, später kommt jedoch rund ein Dutzend weitere Tote hinzu.[484] Dementsprechend wirft auch in den drei letztgenannten Fällen die Leiche die ersten entscheidenden Fragen auf.[485]

So unerlässlich wie die Leiche sind für Alewyn die Clues, die außer dem Detektiv niemand sieht.[486] Diese finden sich in allen vier Titeln, wobei die Clues im Detective Adventure vergleichsweise sichtbar sind.[487]

Mancherorts entdeckt man sogar Clues, die man nicht als solche erkennen würde, hätte es nicht in unmittelbarer Umgebung einen Mord gegeben.[488] Die von Holmes gefundene Brechstange, der von Orlando aufgelesene Zigarrenrest und das von Gabi belauschte Telefongespräch wären beispielsweise kaum als Clue zu werten, wenn nicht in direkter Nähe ein Tatort läge.[489]

Andere Clues sind mehr als auffällig: So findet Holmes beispielsweise ein benutztes Rugbyhemd im Wäschekorb des allein lebenden weiblichen Opfers; im nicht weit entfernten Regenschirm findet er einen ominösen Schlüssel.[490]

---

483. Vgl., Alewyn: Anatomie..., S. 362.
484. Dabei handelt es sich teilweise um Notwehrsituationen; vgl., ʻThe Last Expressʼ Episode II und III.
485. Vgl., Alewyn: Anatomie..., S. 367 und 373. Dies gilt für alle bekannten Detective Adventures, in denen keine Jugendlichen die Ermittlungen anstellen. Dort wird meist auf Mord verzichtet.
486. Vgl., Alewyn: Ursprung..., S. 349.
487. Die Clues müssen für den Spieler sichtbarer sein als für den Leser. Dabei spielt auch der Reiz der Interaktivität eine Rolle; vgl., Punkt 3.2.
488. Vgl., Alewyn: Anatomie..., S. 377.
489. Vgl., ʻSherlock Holmesʼ, ʻJack Orlandoʼ und ʻTKKGʼ jeweils Episode I.
490. Vgl., ʻSherlock Holmesʼ Episode I.

Wie im letzten Kapitel bereits erwähnt, werden trotz der vielen Objekte die rhetorischen Clues nicht vernachlässigt. Sie spielen im Adventure wie in einem Detektivroman eine entscheidende Rolle bei der Deduktion.[491] Vergleichsweise häufig belauscht oder beobachtet man im Detective Adventure Personen bei Gesprächen und Handlungen.[492] Bei ´Jack Orlando´ klären sich beispielsweise durch die Beobachtung der Geldübergabe Fragen der Mittäterschaft, und bei ´The Last Express´ wird Anna Wolff erst durch eine Beobachtung zur Verdächtigen, während der Täter im Fall der ´TKKG´ durch ein belauschtes Telefonat unter Verdacht gerät.

Bei ´Sherlock Holmes´ räumen die Designer der Tätigkeit der genauen Beobachtung und anschließenden Analyse den höchsten Stellenwert ein.[493] Häufig werden vor allem hier durch Beobachtungen nicht nur Fragen zu Antworten, sondern die Beobachtungen werfen zugleich neue Fragen auf. Die visuelle Darstellung begünstigt und unterstützt sogar diese Form der Deduktion.

Die schon unter 4.5 angesprochene Außenseiterrolle der Detektive[494] verdeutlicht am besten der Detektiv Jack Orlando. Er entspricht in jeder Hinsicht dem Klischee eines ´hard-boiled-detectives´, den Misserfolg und Alkoholkonsum von einem Außenseiter im negativen Sinne zu einem Anti-Helden haben werden lassen. Robert Cath hingegen wird in ´The Last Express´ allein durch den Umstand, dass er ein Amerikaner ist, in der ihn umgebenden Gesellschaft deutlich zum Außenseiter, während sich die Darstellung von Sherlock Holmes und den Mitgliedern der TKKG in diesem Punkt an den literarischen Vorgaben orientiert.[495]

An die Vorgabe, dass der Protagonist weder mit Täter noch mit Opfer bekannt sein sollte[496], halten sich nur ´Sherlock Holmes´ und ´TKKG´. Jack Orlando ist mit einem der Mittäter - dem Polizei-Inspektor - in alter Freundschaft verbunden, während es sich beim Protagonisten in ´The Last Express´, Cath, um einen sehr engen Freund des Opfers Tyler Widney handelt.[497]

---

491. Wie in vielen Romanen werfen zunächst einige Objekt-Clues vom Tatort Fragen auf, die anschließend durch Befragungen an Bedeutung gewinnen oder verlieren, während gleichzeitig durch die Aussagen neue Clues hinzukommen.
492. Vgl., Alewyn: Anatomie..., S. 373.
493. Vgl., ´Sherlock Holmes´Episode I und II.
494. Vgl., Alewyn: Ursprung..., S. 347.
495. Vgl., Punkt 4.5.1.
496. Vgl., Alewyn: Anatomie..., S. 374.
497. Vgl., ´Jack Orlando´ Episode 1; ´The Last Express´ Episode I.

Wie bei der Darstellung der Detektive schließen sich die Detective Adventures auch bei der Polizeidarstellung[498] weit gehend den Detektivromanen an: Die Ordnungskräfte ziehen ausnahmslos vorschnelle Schlüsse und übersehen wichtige Objekt- oder Aussageclues. Inspektor Lestrade hat bei `Sherlock Holmes´ schon vor der Tatortuntersuchung seinen Täter: Jack the Ripper. Holmes kann das Urteil binnen weniger Augenblicke widerlegen, doch selbst nach der Festnahme des Mörders hält Lestrade an seiner Theorie fest.[499]

Jack Orlando wird ohne weitere Fragen am Tatort verhaftet, nachdem lediglich die Personalien des Opfers festgestellt wurden. Der Inspektor stellt kaum eigene Ermittlungen an; als am Ende seine Mittäterschaft feststeht, kennt man den Grund. Als äußerst unkompetent erweisen sich die Polizisten bei `The Last Express´: Obwohl eine Leiche am Bahndamm gefunden wurde und sie wissen, dass der Mörder noch im Zug sein muss, brechen die Beamten die Durchsuchung ab, um nicht zum nächsten Bahnhof mitfahren zu müssen. Nicht anders der Interpolagent bei `TKKG´, der erst durch die Hilfe der Jugendlichen die nötigen Beweise findet.[500] So spielen die Ermittler in keinem der Titel eine für die Aufklärung des Falls bedeutende Rolle[501] und verdächtigen fast überall den falschen Täter. Dem Schema der amerikanischen Schule entsprechend werden die Protagonisten Jack Orlando und Robert Cath in ihren Titeln sogar selbst zu Verdachtspersonen.

Welche Verdächtigungen der Spieler anstellt, hat bereits Kapitel vier gezeigt. Diesen Ergebnissen folgend lässt sich sagen, dass sich lediglich im Fall von `TKKG´ und `The Last Express´ die Umsetzung von Alewyns Regel, dass bis zum Beweis seiner Unschuld jeder verdächtig sein muss, erkennen lässt.[502] Im direkten Zusammenhang mit den falschen Verdächtigungen stehen natürlich die für Alewyn obligatorischen `red herrings´, die den Spieler in eine völlig falsche Richtung lenken.[503]

Während man bei `Sherlock Holmes´ und `The Last Express´ in erster Linie aufgrund der Komplexität und der vielen Unklarheiten und Geheimnisse schnell auf eine falsche Spur kommt, sorgen bei `Jack

---

498. Vgl., Alewyn: Ursprung..., S. 346 und 350.
499. Vgl., `Sherlock Holmes´ Episode I.
500. Vgl., `Jack Orlando´ Episode I; `The Last Express´ Episode II;`TKKG´ Episode II.
501. Dies bedeutet jedoch nicht, dass man ganz ohne sie auskommt.
502. Vgl., Alewyn: Anatomie..., S. 381; `The Last Express´ Episode II und III; `TKKG´ Episode I und II.
503. Vgl., Alewyn: Anatomie..., S. 376.

Orlando' die Vielzahl unwichtiger Objekte und bei `TKKG´ die schwammigen Aussagen der einzelnen Personen für Verwirrung. Bei einigen Titeln kann eine falsche Spur nicht nur in eine Sackgasse, sondern gleich zum Bildschirmtod führen.[504] Dennoch stellen die zu lösenden Rätsel meist ein größeres Hindernis dar als die falschen Fährten.

Die im Gegensatz zur englischen Schule offene Gewaltdarstellung innerhalb der Detektivromane der amerikanischen Schule ist einer der größten Kritikpunkte Alewyns an letzterer.[505] Abgesehen von der Tatsache, dass die Gewaltdarstellung in den Adventures vergleichsweise dezent ausfällt, werden die analysierten Titel den Vorgaben der Buchliteratur in diesem Punkt gerecht.

So ist beim ersten Mord bei `Sherlock Holmes´ lediglich ein Messer vor dem entsetzten Gesicht einer Frau zu sehen, die in der nächsten Kameraeinstellung bereits tot auf dem Boden liegt. Gewaltspuren sind hier, ebenso wie beim zweiten Mord, optisch nicht zu erkennen, und die Art der Verletzungen werden jeweils nur als Textaussagen wiedergegeben. Was mit dem vom Bahnsteig gestoßenen dritten Opfer beim Einfahren des Zuges geschieht, kann man nur erahnen. Dem Zielpublikum angepasst, ist die Gewaltdarstellung im Fall der `TKKG´ äußerst dezent.[506]

Beim Vertreter für die amerikanische Schule `Jack Orlando´ sind die Morde zwar ebenso dezent dargestellt, aber alles in allem gibt es deutlich mehr sichtbare Gewalt. Gleich zu Beginn wird Orlando niedergeschlagen, in der zweiten Spielszene muss er seinem Zellengenossen Gewalt androhen und noch in der gleichen Episode muss er um einen Gegenstand boxen, um nur Minuten später selbst ein weiteres Mal bewusstlos geschlagen zu werden. In der zweiten Episode muss Orlando einen Gangster mit dem Kolben seines Revolvers und einen Obdachlosen mit einem Baseballschläger niederschlagen und einem Informanten einen Kinnhaken geben. Darüber hinaus entgeht Orlando hier nur knapp einem Mordanschlag.[507] Im weiteren Spielverlauf nimmt die Gewalt deutlich ab, bleibt in der spannungsgeladenen Atmosphäre jedoch ständig präsent.[508]

---

504. Vgl., Punkt 4.2 und 4.3.
505. Vgl., Alewyn: Anatomie..., S. 388ff.
506. Vgl., `Sherlock Holmes´ Episode I und II; `TKKG´ Episode I.
507. Die meisten Todesfallen finden sich ebenfalls in dieser Episode; vgl., `Jack Orlando´ Episode II.
508. Vgl., `Jack Orlando´ Episode III und IV.

Selbst aktiv Gewalt anwenden muss der Spieler vor allem in `The Last Express´: Mehrfach muss der Protagonist in Handgemengen und unter Waffeneinsatz um sein Leben kämpfen und dabei mehrere Personen in Notwehr aus dem Zug stoßen. Auch ohne die Beteiligung des Protagonisten werden hier immer wieder Menschen mit Stich- und Schusswaffen angegriffen und getötet. Rund ein Dutzend Personen kommt im Verlauf der Handlung gewaltsam zu Tode, wobei die optische Darstellung auch hier relativ harmlos ausfällt.[509] Letztlich findet die Gewalt also genau in den Titeln statt, in denen man sie erwartet.

Bei der Begrenzung des Schauplatzes und damit auch der des Täterkreises können die Detective Adventures ebenso wenig überzeugen wie bei Alewyns Forderung, dass alle Beteiligten einer bestimmten Gruppe angehören sollten.[510] Am ehesten entspricht den Vorgaben noch `The Last Express´: Der Schauplatz ist auf wenige Wagons eines Zuges begrenzt, und selbst an den Bahnhöfen kommt es nicht zu Erweiterungen des Personenkreises. Die Reisenden selbst gehören alle mehr oder minder der gleichen gesellschaftlichen Klasse an.[511] Weniger eingegrenzt sind die Schauplätze der anderen Adventures: Ist der Handlungsspielraum bei `TKKG´ mit einer Ausnahme auf lediglich 10 Einzelschauplätze innerhalb einer Kleinstadt begrenzt, steht Holmes ganz London zur Verfügung, wobei sich auch dieser Fall nur an rund 25 Einzelschauplätzen abspielt. Die amerikanische Hafenstadt, in der Orlando ermittelt, verfügt mit mehr als 50 Häusern, Seitengassen und unterirdischen Gewölben über die meisten Schauplätze. Zugleich verfügt das Spiel über den mit Abstand größtmöglichen Täterkreis.[512] Dies nutzt die Handlung leider nicht optimal zur Komplexitätssteigerung aus.

Das von Alewyn geforderte kontinuierliche Wachstum der virtuellen Welt[513] ist nur bei `Sherlock Holmes´ konsequent umgesetzt, wo bis kurz vor Spielende immer wieder neue Schauplätze hinzu kommen. Bei `Jack

---

509. Dies gilt vor allem im Vergleich zu Titeln anderer Genres.
510. Vgl., Alewyn: Anatomie..., S. 390f; Alewyn: Ursprung..., S. 348f.
511. Vgl., `The Last Express´; eine ähnliche Eingrenzung von Schauplatz und Personenkreis findet sich nur noch bei `Cluedo - Tödliche Täuschung´. Hier dient erst eine Yacht, später ein von der Außenwelt abgeschlossenes Schloss am Rhein als Ort des Geschehens.
512. Vgl., `Sherlock Holmes´ Episode III; `Jack Orlando´ Episode I-IV; `TKKG´ Episode I.
513. Vgl., Alewyn: Anatomie..., S. 386ff.

Orlando' steht dem Protagonisten hingegen in vier aufeinander folgenden Episoden jeweils rund ein Viertel der virtuellen Welt zur Verfügung, während bei den anderen untersuchten Titeln der größte Teil der virtuellen Welt von Beginn an erfassbar ist und es nur zu geringfügigen Erweiterungen im weiteren Handlungsverlauf kommt.[514] Entsprechend ist die Bewegungsfreiheit des Spielers bei der Erfahrung der virtuellen Welt bei den letztgenannten Titeln, zumindest zu Anfang, am größten.[515]

Alewyn spricht sich dafür aus, dass, unabhängig von der Größe des Täterkreises, letzterer möglichst früh als Person eingeführt werden sollte.[516] Hier fällt ausgerechnet `Sherlock Holmes' aus der Reihe, wo der Täter erst nach mehr als einem Drittel der Handlung namentlich bekannt wird, während er nach rund zwei Dritteln der Geschichte durch Selbstmord bereits wieder aus der Handlung ausscheidet. In allen anderen untersuchten Fällen wird der Täter schon in den ersten Spielsequenzen eingeführt, während die Aufdeckung der jeweiligen Tat erst viel später und die Festnahme ausschließlich erst am Ende der Geschichte erfolgt.[517]

Ungestört, wie es in einer Welt ohne Zufälle sein sollte[518], können die Täter nicht in allen untersuchten Titeln ihr Verbrechen ausführen. Bleiben sie im Fall von `The Last Express' und `TKKG' noch völlig unbemerkt, so werden die Mörder bei `Sherlock Holmes' und `Jack Orlando' zwar nicht an der Durchführung ihrer Pläne gehindert, jedoch praktisch noch vor Vollendung der Tat von Zeugen entdeckt.[519]

Auffällig ist die Tatsache, dass praktisch alle Täter in den Detective Adventures Mitwisser haben. Dabei handelt es sich in fast allen Fällen um die Auftraggeber der Taten, die sich jeweils eines Handlangers bedienen.[520] Lediglich im Fall von `Jack Orlando' und `TKKG' hat der Verbrecher zudem weit gehend gleichberechtigte Partner. Dem Täter nicht wohlgesonnene Mitwisser, die diesen erpressen könnten und so für weitere Verwicklungen sorgen würden[521], sind hingegen nirgendwo anzutreffen.

---

514. Vgl., `Jack Orlando' und `The Last Express'.
515. Dieser Aspekt kann jedoch keinesfalls als Gradmesser für die Linearität des Spiels dienen.
516. Vgl., Alewyn: Ursprung..., S. 348.
517. Dies trifft auch auf fast alle anderen bekannten Detective Adventures zu.
518. Vgl., Alewyn: Ursprung..., S. 349.
519. Vgl., `Sherlock Holmes' Einführungssequenz; `Jack Orlando' Einführungssequenz.
520. Vgl., Punkt 4.5.
521. Vgl., Alewyn: Anatomie..., S. 385.

Dass das Motiv und die Ursache weit in der Vergangenheit liegen sollten, ist eine weitere Vorgabe, die Alewyn auf die englische Schule bezieht.[522] Auf deren Vertreter trifft die These auch zu: Die Ursache für die Morde - der Fehltritt Lord Brumwells und die daraus resultierende illegitime Mutterschaft - liegt zehn Jahre zurück und droht nun aufgrund eines Briefes von einem verstorbenen Mitwisser aufgedeckt zu werden. In den drei anderen analysierten Fällen liegen Ursache und Motiv hingegen in nächster Vergangenheit.[523]

Die trügerische Idylle der viktorianischen Doppelmoral kommt, wie bereits unter 4.1. ausgeführt, ebenfalls genau dort zum Tragen, wo man sie erwarten würde, bei `Sherlock Holmes´.[524] In den anderen Detective Adventures lässt sich das Phänomen erwartungsgemäß nicht feststellen.

Wie in der Welt eines jeden Detektivromans ist auch am Ende eines Detective Adventures die virtuelle Welt nicht mehr die gleiche wie zuvor.[525] Doch tritt dies nicht so deutlich hervor, und in einigen Fällen wirkt das Handlungsende mehr als im Roman wie ein `Happy End´.[526] Manche Titel wie `The Last Express´ oder `Sherlock Holmes´ besitzen hingegen ein durchaus nachdenklich stimmenderes Ende.[527]

Das von Alewyn geforderte Verbot, dem Rezipienten ohne den Protagonisten Einblicke ins kriminelle Lager zu geben[528], wird von den Spielen eingehalten. Dass man bei `Jack Orlando´ mitsamt dem Protagonisten zeitweise in die Gewalt der Gangster gerät und im Nachhinein bei `The Last Express´ das Gefühl bekommt, der ganze Zug sei beinahe ausnahmslos ein einziges kriminelles Lager gewesen, berührt diese Vorgabe nicht.

Die von Alewyn akzeptierte Möglichkeit, dass der Autor dem Leser Aspekte verraten kann, die der Protagonist noch nicht weiß[529], nutzen die Designer der Detective Adventures, um beispielsweise in den Handbüchern oder im Hauptmenü des Spiels die an der Handlung beteiligten Personen vorzustellen, die der Protagonist zu Beginn nicht alle kennt.[530]

---

522. Vgl., ebd. S. 382f.
523. Dies trifft auch die meisten anderen Detective Adventures zu.
524. Vgl., Alewyn: Anatomie…, S. 387ff; `Sherlock Holmes´ Episode II und III.
525. Vgl., Neuhaus: Richard Alewyns Forschungen…, S. 5.
526. Vgl., `Jack Orlando´ Endsequenz; `TKKG ´ Endsequenz.
527. Vgl., `Sherlock Holmes´ Endsequenz; `The Last Express´ Endsequenz.
528. Vgl., Alewyn: Anatomie…, S. 373.
529. Vgl., ebd., S. 366.
530. Vgl., Handbuch zu `Jack Orlando´, S. 27-31.

Häufig wählen die Designer die Einführungssequenz, um den Spieler von Ereignissen in Kenntnis zu setzen, bevor der Protagonist das entsprechende Wissen erlangt. So weiß der Spieler beispielsweise bei `Sherlock Holmes´ schon vor Holmes von der Tat, während er diese bei `Jack Orlando´ gleichzeitig mit dem Detektiv erlebt. In beiden Fällen kommt es hierbei zugunsten der Spannungssteigerung zu einer Missachtung der von Alewyn an seine Definition angegliederten Vorgabe, dass der Rezipient Tathergang und Täter nicht bereits vor der Vollendung der Tat beobachten darf.[531]

Zu den Aspekten, deren technische Umsetzung kein Problem darstellen würde, die man aber dennoch nicht in den Geschichten der Detective Adventures findet, während sie in Detektivromanen immer wieder verwendet werden, gehören beispielsweise Carrs Variationen des `locked-room´-Elements und Sekundärgeheimnisse, die zu Verdächtigungen der beteiligten Personen untereinander bzw. zu einem kollektiven Schuldgefühl führen würden.[532] Die durch die Sekundärgeheimnisse im Roman geschaffenen Widerstände schafft der Spieldesigner durch Rätsel und Geheimnisse anderer Art, wie unter Punkt 3.2 und 3.4 bereits aufgezeigt.

Das vorwiegend in den Romanen der englischen Schule anzutreffende Element des `explained supernatural´[533] findet man ebenfalls nur mit wenigen Ausnahmen im Bereich des Detective Adventures.[534] Während das Element des `supernatural´ in den meisten Detective Adventures erst gar nicht verwendet wird, bleibt es in anderen `unexplained´.[535] Dies muss im Gegensatz zum Detektivroman bei einem Detective Adventure jedoch als legitim angesehen werden, wie bereits unter 2.1 und 2.3 ausgeführt.

5.1.4 Ergebnisse

Wie die vorangegangenen Seiten gezeigt haben, lassen sich die Ausführungen und Vorgaben Alewyns an den Geschichten der Detective Adventures überwiegend gut festmachen. Mehr als die Hälfte der hier nach

---

531. Vgl., Alewyn: Ursprung..., S. 353.
532. Vgl., Alewyn: Anatomie..., S. 381ff. Die einzige bekannte Ausnahme: `Cluedo - Tödliche Täuschung´.
533. Vgl., Alewyn: Anatomie..., S. 392f.
534. Auch hier bildet `Cluedo - Tödliche Täuschung´ die einzige bekannte Ausnahme.
535. Wie beispielsweise bei `The Last Express´; vgl., `The Last Express´ Endsequenz.

Alewyn angeführten Aspekte kann ohne jegliche Einschränkung auf alle für diese Untersuchung herangezogenen Detective Adventures übertragen werden, die weiteren Aspekte lassen sich meist mit leichten Einschränkungen zumindest auf mehrere Untersuchungsobjekte anwenden. Einige Elemente finden sich jedoch ausschließlich bei dem Titel, auf dessen Sparte Alewyn die jeweilige Ausführung bezieht.[536] Kaum ein Aspekt lässt sich nicht in den Detective Adventures aufzeigen, und durch das Medium an sich aufgehoben wird lediglich Alewyns These, dass der Rezipient selbst keine Nachforschungen anstellen kann.

Der `Sherlock Holmes´-Titel weist als Vertreter der englischen Schule erwartungsgemäß die meisten Übereinstimmungen mit Alewyns Aussagen auf. Vor allem die kontinuierliche Erweiterung der virtuellen Welt, die Form der Fallentwicklung und die für die englische Schule typischen Elemente wie die viktorianische Doppelmoral oder die Datierung der Ursache in die Vergangenheit sind nicht zu übersehen. Bei `Jack Orlando´ hingegen fallen vor allem Alewyns Kritikpunkte an der amerikanischen Schule ins Auge. So weist die Geschichte, die auch als Basis für einen Roman von Chandler oder Hammett dienen könnte, einen hohen Gewaltanteil und eine deutliche Anpassung an das Milieu, in dem sie spielt, auf.

Im Sinne Alewyns negativ zu bewerten ist die hohe Zahl an Personen und Schauplätzen sowie die Tatsache, dass sich der erste Verdächtige am Ende auch als der Drahtzieher herausstellt.[537]

Kann die Geschichte von `The Last Express´ mit ihrer vergleichsweise hohen Zahl an Toten und der im weiteren Spielverlauf zunehmenden internationalen Verflechtung der Handlung den Einfluss von Spionageaspekten auf der einen Seite sicher nicht abstreiten, so finden sich hier doch zugleich überraschend viele Aspekte, die für einen Detektivroman englischer Schule typisch sind. Entsprechend viele Übereinstimmungen zu Alewyns Ausführungen lassen sich hier, wie oben geschehen, nachweisen. Störend für eine Umsetzung der Handlung in die Buchform wirkt lediglich das nicht aufgelöste `supernatural element´ am Ende.

Das `Happy End´ sowie die zufällige Entdeckung des Beutelagers und die damit verbundene Entlarvung des Täters sind neben dem ausbleibenden Mord beinahe die einzigen auffälligen Elemente, bei denen der Fall der `TKKG´ nicht Alewyns Anforderungen entspricht. Auch hier ist also eine weit gehende Übereinstimmung aufzuzeigen.

---

536. Vgl., `Sherlock Holmes´; `Jack Orlando´; Punkt 4.1 und 4.2.
537. Vgl., `Jack Orlando´ Episode I, II und IV.

Bleibt festzuhalten, dass die vier analysierten Titel nicht nur weit gehend Alewyns Vorgaben und Ausführungen entsprechen, sondern dass sich auch die von Alewyn im Bezug auf die Detektivromane der englischen und amerikanischen Schule aufgezeigten Merkmale in den entsprechenden Titeln nachweisen lassen. So erscheinen hier Detektivroman und Detectiv Adventure bei genauerer Betrachtung letztlich weit weniger voneinander entfernt, als man vielleicht zunächst annehmen möchte. Ist dies an einzelnen Aspekten bereits in den vorangegangenen Kapiteln belegt worden[538], so runden die hier ausgeführten Merkmalsübereinstimungen das Bild ab. Wäre es allein von Alewyns Ausführungen abhängig, dann entspräche die analytische Erzählung einer Geschichte in einem Detektivroman beinahe der analytischen Erfahrung einer Geschichte in einem Detective Adventure, und der einzige deutliche, wenn auch entscheidende Unterschied läge in der Interaktivität und der damit verbundenen Möglichkeit zum aktiven Eingriff in die Handlung durch den Rezipienten.

Jedoch bergen die Theorien zur analytischen Erzählung nach Weber, zumindest auf den ersten Blick, einige weitere unvereinbare Aspekte. Da die obige These sicher ohne eine genauere Überprüfung auf Übereinstimmung mit diesen Theorien über den genannten Bezugspunkt hinaus keinen Bestand haben kann, soll diesen Aspekten auf den folgenden Seiten nachgegangen werden.

5.2 Dietrich Webers Forschungen

5.2.1 Webers Ausführungen zur analytischen Erzählung

Im Gegensatz zum synthetisch erzählten Kriminalroman, bei dem die Ereignisse in der chronologisch korrekten Reihenfolge erzählt werden und die Zukunftsspannung im Mittelpunkt steht, dominieren im Detektivroman die analytische Erzählweise und die damit verbundene Vergangenheitsspannung.[539] Mit der Form der analytischen Erzählung hat sich Dietrich Weber in seinem Buch 'Theorie der analytischen Erzählung' ausführlich beschäftigt und dem Detektivroman dabei einen hohen Stellenwert zugesprochen.[540]

---

538. Vgl., Punkt 3.1-3.3.
539. Zugleich lautet im Detektivroman die zentrale Frage 'Wdodunit?' und nicht wie im Kriminalroman 'Howcatchem?'.
540. Vgl., Weber: Theorie..., S. 9-12.

Nach Weber basiert die analytische Erzählstruktur auf drei Grundfesten. Das ist zum einen die Handlungskonstruktion nach dem Schema: Eine Figur steht vor rätselhaften Umständen, in der Bemühung um Aufklärung, im Stadium der Entdeckung. Zum zweiten die Darstellungskonstruktion, nach der eine Ereignisfolge nicht in der ursprünglichen Chronologie, sondern in zeitlicher Umstellung wiedergegeben wird, und zuletzt die Mitteilungskonstruktion nach dem Muster: Ein Rätsel und seine Lösung.[541] Hierauf aufbauend nennt Weber einige Aspekte, die für das praktische Funktionieren analytischen Erzählens obligatorisch sind: So macht er die Erstlektüre zur Bedingung und untersagt es dem Autor, dem Leser Informationen zukommen zu lassen, von denen die Betrachterfigur noch nicht in Kenntnis gesetzt ist. Darüber hinaus legt er die Vorgabe fest, dass die Handlung nicht ins Irreale abgleiten darf.[542]

Die erste der drei Grundsäulen analytischen Erzählens, die Handlungskonstruktion, unterteilt Weber in wiederum drei Elemente: Die Handlungssubstanz, den Handlungsträger und den Handlungsverlauf. Mit der Handlungssubstanz bezeichnet er die „Geschichte einer Erfahrung"[543] einer Begebenheit, die in Form eines Erfahrungsprozesses erzählt wird. Der Handlungsträger, die „Figur des Forschens"[544], ist die Betrachterfigur. Im Detektivroman handelt es sich dabei häufig um den Detektiv selbst. Den Handlungsverlauf spaltet Weber in drei konstitutive und zwei nicht konstitutive Momente auf. Zu den Erstgenannten gehören das Wahrnehmungs- und Unbestimmtheitsmoment, das analytische Moment und das Klärungsmoment.[545] Reflexmoment und Widerstandsmoment stellen die beiden nicht konstitutiven Momente dar.[546]

Das Wahrnehmungs- und Unbestimmtheitsmoment beschreibt die Grundsituation in jeder analytischen Erzählung: Eine Figur steht vor einem für sie geheimnisvollen und rätselhaften Umstand.[547] Das sich unmittelbar anschließende Reflexmoment spiegelt die Reaktion der Betrachterfigur auf das Wahrgenommene wider.

---

541. Vgl., ebd., S. 11f.
542. Vgl., ebd., S. 14ff.
543. Vgl., ebd., S. 17.
544. Die Funktion der Betrachterfigur muss nicht auf eine Person beschränkt sein; vgl., ebd., S. 17.
545. Die drei konstitutiven Momente sind für Weber direkt an die Betrachterfigur gebunden; vgl., ebd., S. 23.
546. Vgl., ebd., S. 18ff.
547. Dieser kann ganz unterschiedlicher Ausprägung sein; vgl., ebd., S. 18f.

Diese Reaktionen können je nach Situation sehr unterschiedlich ausfallen und von Verwunderung bis zur Verwirrung oder von Bestürzung bis zum Entsetzen reichen. Das Reflexmoment bildet den Übergang vom eher passiven Wahrnehmungsmoment zum aktiveren analytischen Moment.[548] Mit dem Einsetzen dieses dritten Moments beginnt die eigentliche Aufklärungsarbeit der Betrachterfigur. Weber bringt die hierzu zählenden Tätigkeiten auf die Formel: „Die Betrachterfigur analysiert."[549]
Während der Analyse stößt die Betrachterfigur immer wieder auf Widerstände, die die Aufklärung des Falls blockieren. Hierzu zählen die schon genannten Sekundärgeheimnisse ebenso wie die vom Autor provozierten 'red herrings'. Diese Widerstandsmomente verleihen der Detektivgeschichte einen Großteil ihrer Komplexität und tragen zur Spannungssteigerung bei. Im hierauf folgenden Klärungsmoment lüftet die Betrachterfigur die zu Beginn rätselhaften Umstände.[550] Im Detektivroman bedeutet dies meist die Identifizierung des Täters und zugleich die vollständige Rekonstruktion der Tat.

Weber ergänzt seine Ausführungen bezüglich dieser fünf Momente, indem er ihre Funktion für den Leser, dem er es freistellt, sich während der Rezeption mit der Betrachterfigur zu identifizieren oder die Position des unabhängigen Beobachters einzunehmen, im Detail darlegt.[551]

Wichtigstes Element neben den fünf Momenten ist für Weber die Figurenkonstellation innerhalb der analytischen Erzählung. Neben der Betrachterfigur gehören für ihn zu jeder komplexeren analytischen Erzählung mindestens eine Gegenfigur und mehrere Mittelfiguren. Als Gegenfigur bezeichnet er die Figur, die gemeinsam mit ihrer Geschichte das Rätsel darstellt, welches die Betrachterfigur zu lösen hat. Fällt die Rolle der Betrachterfigur im Detektivroman meist dem Detektiv zu, so erhält die Rolle der Gegenfigur in der Regel der Täter. Betrachterfigur und Gegenfigur arbeiten während des gesamten Handlungsverlaufs gegeneinander: Während der Detektiv um die Enträtselung der ungeklärten Umstände bemüht ist, sorgt der Täter für eine kontinuierliche Verrätselung der vorangegangenen Ereignisse.[552]

---

548. Vgl., ebd., S. 19.
549. Vgl., ebd., S. 20f.
550. Vgl., ebd., S. 22.
551. Vgl., ebd., S. 75ff.
552. Vgl., ebd., S. 25f.

Zwischen diesen beiden Positionen bewegen sich die Mittelfiguren, die bei der Aufklärung des Geheimnisses behilflich sind, durch die Schaffung zusätzlicher Rätsel oder die Deckung des Täters jedoch auch zum Widerstandmoment werden können. Im Extremfall kann eine Mittelfigur sogar zur Gegenfigur werden.[553] Der Detektiv selbst kann im Verlauf eines Detektivromans ebenfalls die Position einer Mittel- oder gar Gegenfigur einnehmen, wenn er aus der Sicht des Lesers zum Geheimnisträger wird und sein Verhalten für den Rezipienten logisch nicht mehr nachvollziehbar erscheint.[554]

Aus der Formel „Die Geschichte der Erfahrung einer Geschichte"[555] wird auf der Ebene von Webers Darstellungskonstruktion die Formel: „Eine Geschichte im Medium ihrer Erfahrung."[556] Der Betrachterfigur weist Weber dabei die Rolle des Mediums zu, mit dessen Hilfe die Geschichte der Gegenfigur erzählt wird.[557]

Der Autor hat die Aufgabe, seine Geschichte dem Schema entsprechend in der Form zu erzählen, wie die Betrachterfigur sie erfährt, analytisch und nicht synthetisch. Dabei spielt die chronologische Umstellung der Ereignisse nach dem Hysteron-Proteron-Prinzip eine entscheidende Rolle: Diesem Prinzip folgend wird im Detektivroman die Gegenwartshandlung der Geschichte immer wieder durch die Erzählung von bereits Geschehenem, den s.g. Vorzeithandlungen, kurzzeitig unterbrochen.[558] Hierbei lässt sich beobachten, dass in der Regel die Gegenwartshandlung zwar den größten Teil der Erzählung einnimmt, während die bereits vergangenen Ereignisse auf nur wenigen Seiten wiedergegeben werden. Im Gegenzug umfasst die Gegenwartshandlung jedoch meist nur eine vergleichsweise kurze Zeitspanne, während die Vorzeithandlungen sich über einen längeren Zeitraum erstrecken.[559]

---

553. Die Positionen der meisten Mittelfiguren sind nicht statisch. Häufig verändern sie ihre Position zwischen dem Detektiv und dem Täter im Verlauf der Handlung mehr als nur einmal.
554. Vgl., Neuhaus: Mysterion..., S. 29.
555. Weber: Theorie..., S. 18.
556. Weber: Theorie..., S. 18.
557. Vgl., ebd., S. 32f.
558. Vgl., ebd., S. 27f.
559. Vgl., ebd., S. 27f.

Die dritte Säule der analytischen Erzählung, die Mitteilungskonstruktion, bezieht sich auf die Kommunikation zwischen dem Autor als Rätselgeber und dem Leser als Rätselempfänger. Als Vermittler zwischen Autor und Leser dient die Betrachterfigur. Bei idealtypischer Realisierung der analytischen Erzählform kommt ihr im Allgemeinen die Rolle des unmittelbaren Rätselempfängers zu, während der Leser als mittelbarer Rätselempfänger definiert ist.[560]

Weber macht hier jedoch eine Einschränkung: Wird der Leser über die rätselhafte Darstellung von Ereignissen aus Sicht der Betrachterfigur mit den Rätseln konfrontiert, dann ist die Betrachterfigur, wie oben definiert, der unmittelbare Rätselempfänger und er selbst nur der Mittelbare. Die Erzählung ist eine darstellende analytische Erzählung, die Rätsel-Lösungsdarstellung ausschließlich objektbasiert.

Wird der Leser hingegen durch Rätsel in der erzählenden Rede, durch rhetorische Rätsel, wie Weber es ausdrückt, mit den Geheimnissen konfrontiert, dann gilt er als unmittelbarer und die Betrachterfigur als mittelbarer Rätselempfänger. In diesem Fall spricht Weber von einer rhetorisch analytischen Erzählung, bei der die Verrätselungs-Enträtselungs-Rhetorik ausschließlich leserbezogen ist.[561] Die rhetorischen Rätsel innerhalb einer Geschichte sieht Weber als das Ergebnis einer geplanten und kalkulierten Verrätselungstechnik. Darüber hinaus ist er der Ansicht, dass alle rhetorischen Rätsel nach dem gleichen Prinzip funktionieren: Der Unterinformation für den Leser.[562]

Zu welcher der beiden oben genannten Ausprägungen eine Erzählung tendiert, hängt nach Weber von Autor und Betrachterfigur ab. Bei den meisten Detektivgeschichten sieht er eine eindeutige Tendenz zur rhetorisch-analytischen Erzählung.[563]

Bevor Weber im zweiten Teil seiner Ausführungen detailliert auf die Vorzüge des analytischen Erzählens bezüglich Spannung, Überraschungseffekt usw. eingeht, entwirft er zur Veranschaulichung seiner bis dorthin ausgeführten Thesen ein formales Kreismodell.

---

560. Als Voraussetzung gilt hierbei, dass die Ereignisse aus der Sicht der Betrachterfigur geschildert werden; vgl., ebd., 41f.
561. Weber versteht diese beiden Positionen als entgegengesetzte theoretische Möglichkeiten, die in der Regel mit unterschiedlicher Gewichtung kombiniert werden; vgl., ebd., S. 42f.
562. Vgl., ebd., S. 67.
563. Vgl., ebd., S. 77ff.

Bei diesem überschneiden sich die drei Kreise ʿAnalytisch erzählte Handlungenʾ, ʿHysteron-Proteron-Konstruktionenʾ und ʿRätsel-Lösungs-Konstruktionenʾ gegenseitig, so dass insgesamt sieben Segmente entstehen.[564] Auf dieses Kreisschema, das von Neuhaus bezüglich des Detektivromans spezifiziert worden ist, soll im nachfolgenden Kapitel ausführlicher eingegangen werden. Hier sei festgehalten, dass alle Detektivromane, denen eine analytische Handlung zugrunde liegt, die unter zeitlicher Umstellung der Ereignisse erzählt wird und die zugleich nach dem Rätsel-Lösungsschema konstruiert ist, dem zentralen Segment des Kreisschemas zuzuordnen sind.[565]

5.2.2 Weber und das Genre der Detective Adventures

Bei Webers Ausführungen fallen sofort ein paar Elemente auf, deren problemlose Übertragung auf das Medium des Detective Adventures schon unter Alewyn aufgezeigt wurde: Hierzu gehören unter anderem die Definition des Detektivs als Sachwalter und die Forderung, dass der Spieler nicht mehr wissen darf als der Protagonist.[566] Ebenso deutlich ist zu erkennen, dass die analytische Erzählweise im vollen Umfang auch im Detective Adventure nur für den Erstrezipienten Sinn macht.[567]

Wie sieht es aber mit den einzelnen Aspekten der Handlungs-, Darstellungs- und Mitteilungskonstruktion aus? Betrachtet man zunächst die Handlungskonstruktion, so lässt sich festhalten, dass der Begriff der Handlungssubstanz und die Definition des Handlungsträgers von der Übertragung auf das neue Medium im Kern unberührt bleiben.[568] Da den Detective Adventures ähnliche Geschichten mit vergleichbaren Handlungssträngen zugrunde liegen, lassen sich auch die fünf Momente innerhalb des Handlungsverlaufs im Einzelnen nachweisen.[569] Allerdings entfällt in den Detective Adventures ein Teil der Funktionen, die Weber den einzelnen Elementen im Rahmen der Autor-Leser-Kommunikation zuweist. Hauptgrund ist die völlige Identifizierung des Spielers mit der Betrachterfigur.

---

564. Vgl., ebd., S. 79f.
565. Vgl., Neuhaus: Mysterion..., S. 24; Weber: Theorie..., S. 79f.
566. Vgl., Punkt 5.1.2.
567. Vgl., Weber: Theorie..., S. 13f.
568. Gleiches gilt für Webers Formel der ʿGeschichte der Erfahrung einer Geschichteʾ.
569. Dabei treten die einzelnen Momente hier, wie im Detektivroman, bei jedem neuen Rätsel erneut auf und sind dementsprechend nicht nur im Bezug auf das Haupträtsel zu sehen.

Bereits das Wahrnehmungs- und Unbestimmtheitsmoment ist davon insofern betroffen, als dass die Unbestimmtheit des Vermittelten im Detektive Adventure noch deutlicher als im Detektivroman in den Vordergrund tritt und der Aspekt der Wahrnehmung durch die Vermittlerfigur beinahe völlig an Bedeutung verliert.[570] Nicht weniger betroffen das Reflexmoment: Die Reaktionen der Protagonisten fallen in den Detective Adventures häufig so emotionslos und nichts sagend aus, dass der Spieler eine Bestätigung seiner Reaktion nur sehr bedingt erwarten kann.[571]

Der größte Unterschied ergibt sich jedoch beim analytischen Moment, in dem der Leser nach Weber die Möglichkeit bekommt, sich an der Enträtselung zu beteiligen und seine Theorien an der parallel verlaufenden Enträtselung durch den Detektiv zu überprüfen. Da der Spieler selbst der Detektiv ist, wird aus der Möglichkeit der Beteiligung nicht nur eine Notwendigkeit, sondern zugleich entfällt auch die von Weber genannte Möglichkeit, die eigenen Theorien zu überprüfen.[572] Hierfür dienen dem Spieler, wie unter 3.2 aufgezeigt, andere Möglichkeiten.

Unter den gleichen Voraussetzungen ist das Widerstandmoment zu bewerten. Dieses unterscheidet sich ebenfalls im Detective Adventure formal nicht vom Detektivroman. Jedoch kann sich der Spieler bei der Überwindung der Widerstandmomente auch hier nicht auf eine zweite Ermittlungsinstanz verlassen.

Dies verstärkt in erheblichem Maße die durch die Widerstandsmomente entstehende Spannung, birgt jedoch zugleich die Gefahr, dass die Handlung ihren Reiz verliert.[573] Generell lässt sich beobachten, dass die Zahl der Widerstandsmomente in den Detective Adventures deutlich höher liegt als innerhalb eines Detektivromans.[574]

---

570. Der Spieler nimmt die Ereignisse direkt mit den eigenen Augen wahr und benötigt hierfür keinen Vermittler, während die Unbestimmtheit für ihn die bevorstehende Herausforderung definiert.
571. Wie die Reaktionen der Protagonisten in den vier untersuchten Detective Adventures ausfallen, soll unter 5.3.3 ausgeführt werden.
572. Vgl., Weber: Theorie..., S. 65ff.
573. Spätestens in dem Moment, in dem er selbst mit Hilfe einer externen Lösungshilfe nicht weiterkommt, besteht die Gefahr, dass der Spieler die Rezeption der Geschichte vorzeitig abbricht.
574. Es finden sich hier wesentlich mehr kleine Sekundärrätsel, deren Lösung für den Fortgang der Handlung obligatorisch ist, während der Beitrag zur Aufklärung des Falls nur sehr gering ausfällt.

Im Vergleich äußerst nüchtern und nur sehr bedingt spannend fällt häufig das Klärungsmoment aus. Da der Spieler die gesamte Aufklärungsarbeit im Alleingang bewältigt hat, birgt die Auflösung des Haupträtsels selten noch eine Überraschung für ihn. Die letzten Szenen und die Endsequenzen sind für ihn vielmehr eine Bestätigung dessen, was er bereits vorab vermutet hat oder sogar schon beweisen konnte.[575] Wenn der Autor seine Aufgabe erfüllt hat, dürfte auch dem aufmerksamsten Leser eine vergleichbar detaillierte Aufklärung, wie sie der Spieler am Ende eines Detective Adventures bewerkstelligt haben muss, im Vorfeld der Schluss-Szene eines Detektivromans nicht gelingen.

Die Figurenkonstellation wurde oben bereits als das zweite wichtige Element der Handlungskonstruktion genannt. Auch hier gilt es zunächst festzustellen, dass die Geschichten aller bekannten Detective Adventures so komplex aufgebaut sind, dass sie meist nicht nur mehrere Gegenfiguren, sondern auch eine große Zahl von Mittelfiguren beinhalten.[576]

Ein wesentlicher Unterschied fällt bei der Betrachtung der Theorien jedoch auf: Während der Detektiv im Roman für den Leser zur Mittel- oder gar Gegenfigur werden kann[577], ist dies im Detective Adventure praktisch ausgeschlossen. Da Betrachterfigur und Spieler innerhalb der virtuellen Umgebung zu einer Person werden, kann der Protagonist hier nicht im Sinne Webers zur Gegenfigur werden.[578]

Wie oben ausgeführt, sind die vorrangigen Elemente der Darstellungskonstruktion die zeitliche Umstellung der Ereignisse nach dem Hysteron-Proteron-Prinzip sowie die damit verbundene Unterteilung der Geschichte in Vorzeit-, Nachzeit- und Gegenwartshandlung. Betrachtet man die Handlungen der bekannten Detective Adventures, so kann man schnell feststellen, dass die Umstellung der chronologischen Ereignisse nach dem genannten Schema fester Bestandteil eines jeden Titels innerhalb des Genres ist.

---

575. Wie bereits erwähnt, kann man die Endsequenzen der Spiele bezüglich Inhalt und Stellenwert nicht mit den Schluss-Szenen in einem Detektivroman gleichsetzen; vgl., Punkt 5.1.2.
576. Betreffend ihrer Aufgaben innerhalb der Handlung unterscheiden sich die Mittelfiguren dabei nicht wesentlich von denen in einem Detektivroman.
577. Vgl., Neuhaus: Mysterion..., S. 29.
578. Abgesehen von der Verschmelzung der Positionen verfügen Spieler und Spielfigur praktisch in jeder Situation über den gleichen Wissensstand; vgl., Punkt 3.2 und 3.3.

Die Adventures behandeln ausnahmslos ein im Vorfeld oder in den ersten Spielszenen geschehenes Verbrechen, dessen Vorgeschichte und Hergang es nun zu rekonstruieren gilt.[579] Dabei werden die Geschichten, ebenfalls dem Schema entsprechend, immer in der Abfolge wiedergegeben, wie die Betrachterfigur und mit ihr der Spieler sie erfährt. Wie im Detektivroman lässt sich die vollständige Chronologie der Ereignisse meist erst am Ende des Adventures vollständig wiederherstellen.

Vorzeit- und Gegenwartshandlung wechseln sich auch hier immer wieder ab, wobei die Gegenwartshandlung, gemäß Webers These, durchgängig den größten Teil der Handlung einnimmt, zeitlich gesehen jedoch kürzer ausfällt als die Vorzeithandlung. Die der Betrachterfigur auf der Ebene der Darstellungskonstruktion zugewiesene Position als Medium wird von der Identifizierung des Spielers mit der Spielfigur im Grundsatz nicht beeinflusst.[580]

Als zentrales Element der Mitteilungskonstruktion wurde bereits die Kommunikation zwischen Autor und Leser genannt. Diese verläuft im Detektivroman über die Stellung und Aufklärung von Geheimnissen und Rätseln. Trotz einiger, wie unter 3.4 aufgezeigt, abweichender Rätselstrukturen erscheint dies auf den ersten Blick im Fall von Designer und Spieler nicht viel anders zu sein. Doch bei genauerer Betrachtung fallen gleich zwei Abweichungen auf: Zum einen wird durch die Integration des Spielers in die virtuelle Umgebung die Distanz zwischen Designer und Spieler deutlich verringert, und zum zweiten ermöglicht die Ebene der Interaktion eine wesentlich direktere und intensivere Kommunikation zwischen den Beteiligten.[581] Dabei wird vor allem die Position des Rezipienten, der sich im Gegenzug allerdings auch deutlich aktiver engagieren muss, gestärkt.

Im Vergleich zum Detektivroman findet die Kommunikation im Detective Adventure jedoch nicht nur über die Rätsel statt. Versucht der Spieler, in der Rolle des Protagonisten eine Handlung auszuführen, die der Designer

---

579. Kann der Detektiv die Tat beobachten oder ist der Tathergang für die Aufklärung des Falls nicht relevant, dann entfällt die Rekonstruktion des Tatverlaufs in einzelnen Adventures; vgl., ‛Jack Orlando' Einführungssequenz; ‛TKKG' Episode II und III.
580. Auch wenn der Spieler im Adventure zu einem Teil dieses Mediums wird oder sich zumindest als solches fühlt, bleibt die Rolle des Protagonisten als Medium zur Erfahrung der virtuellen Welt bestehen.
581. Völlig aufgehoben wird die Distanz zwischen dem Spieler und dem Designer durch die Interaktion nicht.

nicht vorgesehen hat, so weist dieser den Spieler über die Reaktion der Spielfigur darauf hin, dass sich beispielsweise die gewünschte Tür nicht öffnen oder der gewählte Gegenstand hier nicht einsetzen lässt. Auf die gleiche Weise zeigt er dem Spieler die Grenzen der Gesetzmäßigkeiten der virtuellen Welt auf. Direkte Reaktionen der virtuellen Umgebung an sich dienen dem Designer ebenfalls dazu, um den kontinuierlichen Kommunikationsprozess mit dem Spieler aufrecht zu erhalten.[582]

Die in den Detective Adventures vom Designer vorgegebenen Gesprächsoptionen, zwischen denen sich der Spieler immer wieder entscheiden muss, sind ebenfalls Teil dieser Kommunikation. Sie dienen dem Spieler jedoch zugleich, um in Interaktion mit der Handlung zu treten. Die Erkenntnisse, die sich dabei aus den Gesprächen zwischen dem Protagonisten und den Nichtspielercharakteren ergeben, kann der Spieler zur weiteren Interaktion mit der Handlung und der virtuellen Welt, aber auch zur erneuten Kommunikation mit dem Designer einsetzen.

In dieser oder ähnlicher Weise nutzt der Spieler in jedem Detective Adventure während des gesamten Handlungsverlaufs immer wieder Erkenntnisse aus der Kommunikation mit dem Designer, um in Interaktion mit der Handlung zu treten und umgekehrt.[583]

Betrachtet man die hier und die bereits in den vorangegangenen Kapiteln genannten Möglichkeiten von Kommunikation und Interaktion zwischen Spieler, Designer und Handlung, so wird schnell klar, dass der Mitteilungskonstruktion im Detective Adventure ein noch höherer Stellenwert zukommt als in einem Detektivroman.

Wie bereits in Kapitel vier aufgezeigt worden ist, beinhalten Detective Adventures sowohl objektbasierte als auch rhetorische Rätsel im Sinne Webers. Daher stellt sich die Frage, wem im Detective Adventure je nach Art des Rätsels die Rolle des mittelbaren und wem die des unmittelbaren Rätselempfängers zukommt.

Dem Leser eines Detektivromans gesteht Weber die Unmittelbarkeit nur bei rhetorischen Rätseln zu, während bei objektbasierten Rätseln der Detektiv diese Rolle einnimmt und der Leser zum mittelbaren

---

582. Die virtuelle Welt reagiert, wie unter 3.3 gezeigt, auf jede Handlung des Spielers. Dieser kann mit einem einzigen Mausklick einen s.g. `trigger´ aktivieren und so beispielsweise Vorgeschriebene Ereignisse oder den eigenen Bildschirmtod hervorrufen.
583. Ohne die direkte Kommunikation mit dem Designer kann der Spieler die Geschichte nicht entfalten.

Rätselempfänger degradiert wird. Da jedoch im Detective Adventure Protagonist und Rezipient als eine Person agieren, die Sicht des Detektivs, aus der der Spielers die Handlung erfährt, zugleich die eigene Sicht ist[584], muss man dem Spieler eines Detective Adventures diese Unmittelbarkeit auch im Fall der Darstellungsrätsel zugestehen. Die faktische Trennung der beiden Rätselformen bleibt zwar bestehen, ebenso wie das Element der Unterinformation bei den rhetorischen Rätseln seinen Stellenwert behält, doch die Mittelbarkeitsdifferenzierung wird im Detektive Adventure aufgehoben und alle Rätsel-Lösungskombinationen richten sich hier direkt an den Spieler. Dies ist nicht nur die logische Folge der Verschmelzung der beiden Positionen, sondern beruht zudem auf der Unfähigkeit des Detektivs, die vor ihm liegenden geheimnisvollen Umstände ohne die Hilfe des Spielers zu verstehen, darauf zu reagieren, geschweige denn sie aufzuklären.

5.2.3 Webers Ausführungen in Anwendung auf die ausgewählten Detective Adventures

Betrachtet man die vier für diese Arbeit genauer untersuchten Detective Adventures im Bezug auf Webers Ausführungen, so bestätigen sich die bisher aufgezeigten Ergebnisse weitest gehend, auch wenn es zwischen den einzelnen Titeln einige Unterschiede im Detail gibt. Diese sollen im Folgenden ersichtlich werden.

Da wären zunächst die fünf Momente des Handlungsverlaufs. Wie das analytische Moment und das die Deduktion immer wieder behindernde Widerstandmoment in den vier Detective Adventures ausfällt, ist in den Kurzzusammenfassungen und den sich daran anschließenden Ausführungen in Kapitel vier bereits deutlich geworden und soll hier nicht erneut aufgegriffen werden. Verbleiben noch die anderen drei Momente des Handlungsverlaufs.

Wie oben erwähnt, fällt das Wahrnehmungs- und Unbestimmtheitsmoment ebenso wie das Reflexmoment in den meisten Adventures vergleichsweise nüchtern aus. Schon der erste Untersuchungstitel bestätigt diese Aussage: Als Holmes und Watson durch einen Brief in der Einführungsfrequenz von der Mordtat erfahren, lässt Holmes zwar eine gewisse Freude über einen

---

584. Dies gilt auch für Titel, in denen der Spieler aus der Perspektive der dritten Person agiert.

neuen Fall erkennen, und Watson äußert sich, die viktorianische Zurückhaltung wahrend, entsetzt, doch als die beiden am Tatort eintreffen, ist selbst von solchen Gefühlsregungen nichts mehr zu spüren. Holmes beginnt kommentarlos mit der Untersuchung der Leiche und der Analyse der Fakten, während Watson am Rande des Geschehens wort- und reaktionslos zuschaut.[585]

Das Klärungsmoment fällt hier ebenso sachlich aus und birgt für den Spieler keine großen Überraschungen mehr.[586]

Viel überraschter zeigt sich da schon Jack Orlando, als er Zeuge des Mordes gleich neben seinem eigenen Wohnblock wird. Er reagiert sogar, indem er versucht, sich mutig auf den Täter zu stürzen, was jedoch fehlschlägt.[587] Auf den Spieler wirkt die Gesamtsituation der Sequenz durchaus spannend. Sie wirft für ihn gleich eine ganze Reihe von Fragen auf. Mit dem Ende der Einführungssequenz und der Übernahme der Kontrolle durch den Spieler setzt bei `Jack Orlando´ wie bei `Sherlock Holmes´ das analytische Moment ein. Während die Ermittlung des Täters sachlich und wenig spektakulär erfolgt, können die späteren Ermittlungsergebnisse für den Spieler durchaus eine Überraschung sein.[588]

Die den Fall abschließende Aufklärungsszene wirkt auf den Spieler nur in der Phase spannend, in der die Täter vorübergehend die Situation zu ihren Gunsten verändern können.[589] Am sachlichsten fällt die Beschreibung der Tatentdeckung durch Karl im Fall der TKKG aus. Nach einigen sich gegenseitig zur Lösung auffordernden Äußerungen der vier Betrachter beginnt die Analyse des Falls, ohne dass zuvor jemand eine emotionale Regung oder Äußerung gezeigt hätte. Die unerwartete Aufklärung der Tat ist für den Spieler insofern überraschend, als dass er zu dem entsprechenden Zeitpunkt noch eine ganze Reihe an Verdächtigen hat und er mit der im Prinzip zufälligen Aufklärung nicht rechnen konnte.[590]

---

585. Der Spieler sieht die Situation am Tatort mit der gleichen Sachlichkeit, da er den Tathergang bereits in der Einführungssequenz erlebt hat. Für ihn beginnt mit der Übernahme der Kontrolle über die Spielfigur sofort das analytische Moment; vgl., `Sherlock Holmes´ Einführungssequenz und Episode I.
586. Dies gilt für die Situation, in der der Täter und die Situation, in der die Hintermänner ermittelt werden; vgl., `Sherlock Holmes´ Episode I und II.
587. Vgl., `Jack Orlando´ Einführungssequenz.
588. Welches Verbrechen den eigentlichen Tathintergrund bildet und wer daran alles beteiligt ist, ist hier im Vorfeld nicht unbedingt für jeden absehbar.
589. Vgl., `Jack Orlando´ Epsode IV.
590. Vgl., `TKKG´ Einführungssequenz und Episode II.

Im Fall von `The Last Express´ sind Wahrnehmungs- und Reflexmoment wesentlich weniger emotionslos dargestellt: Nach dreimaligem erfolglosen Klopfen an die Abteiltür öffnet Robert Cath diese und stolpert beim Betreten des Abteils im wahrsten Sinne des Wortes, von dramatischer Musik begleitet, über die Leiche des Freundes. Als erste Reaktion beugt er sich mit entsetztem Gesicht über die Leiche. Dabei wirkt Cath ebenso überrascht und verwirrt wie der Spieler, der auf die Situation ebenso wenig vorbereitet war.[591] Nachdem er den Tod festgestellt und die Leiche des Freundes aus Angst, des Mordes verdächtigt zu werden, in einer Reflexhandlung aus dem Zug geworfen hat, setzt das analytische Moment ein. Das Klärungsmoment am Ende des Spiels bleibt in diesem Fall aus, da der Protagonist den wahren Mörder nicht erkennt.[592]

Bleibt kurz festzuhalten, dass hier in drei von vier Fällen das Wahrnehmungs- und Unbestimmtheitsmoment ebenso wie das Reflexmoment emotionsloser, nüchterner und kürzer ausfallen, als es in den meisten Detektivromanen der Fall ist. Zu gleichen Ergebnissen führt auch die Untersuchung weiterer Titel. In fast allen bekannten Detective Adventures werden keine nennenswerten Gefühlsreaktionen sichtbar und das Klärungsmoment ist für den selbstständig deduzierenden Spieler nur selten noch eine Überraschung.[593]

Betrachtet man als Nächstes die Figurenkonstellationen innerhalb der vier Adventures, so fallen schon im Bezug auf die Gesamtzahlen deutliche Unterschiede auf.[594] Während bei `Sherlock Holmes´ knapp 50 Personen beteiligt sind, trifft man bei `Jack Orlando´ auf rund 100 Charaktere.[595] Das Adventure `The Last Express´ verfügt über rund 30, und der Titel `TKKG´ sogar über nur 15 Personen.

---

591. Vgl., `The Last Express´ Episode I.
592. Schließt man sich statt der Mordtheorie der von der Handlung oberflächlich intendierten Unfalltheorie an, dann ist das Klärungsmoment für den Spieler sehr überraschend und zugleich enttäuschend, denn die gesamte Deduktionsarbeit erweist sich dann in diesem Moment als nichtig.
593. In den meisten Detektivromanen sind die Ausführungen bezüglich der genannten Momente deutlich spannender gestaltet und besser in die Gesamtatmosphäre eingebunden als in jedem Adventure.
594. Vgl., Tabelle 1+2.
595. Dabei ist zu beachten, dass bei `Jack Orlando´ rund 45 Personen rein gar nichts mit dem eigentlichen Fall zu tun haben und nur der `Belebung´ der virtuellen Welt dienen.

Wenn die Straßen in der virtuellen Welt des Detektivs Orlando dank der vielen Charaktere zwar belebt, aber nicht überfüllt wirken, herrscht in den Zugwagons des Orient Express' aufgrund des geringeren Platzangebots schon bei deutlich weniger Personen vergleichsweise Gedränge. In beiden Spielen verleiht die hohe Personenzahl der Handlung neben Komplexität auch Realität und Dynamik.[596] Bei `Sherlock Holmes´ hingegen wirken die vielen Einzelschauplätze vergleichsweise leer und zugleich statisch. Dafür erhält man hier in der Interaktion mit der Handlung beim Gespräch mit beinahe jeder Person das Gefühl, dass diese etwas mit dem Fall zu tun haben könnte.[597] Gleiches gilt für den Fall der `TKKG´, wo vor allem die Aufteilung der Rolle der Betrachterfigur auf vier Personen, die abwechselnd ermitteln, ins Auge fällt.

Des Weiteren lässt sich erkennen, dass bei allen Titeln Mittelfiguren mit unterschiedlicher Position zu Detektiv und Täter in die Handlung integriert sind und dass einige dieser Mittelfiguren, wie im Detektivroman, während des Handlungsverlaufs dynamisch ihre Position verändern. Vergleichsweise häufig anzutreffen sind darunter Mittelfiguren, die zunächst ein Widerstandmoment darstellen, dann jedoch der Aufklärung dienliche Informationen preisgeben.[598] Ebenfalls in allen vier Titeln zu finden sind weit gehend neutrale Mittelfiguren, die die virtuelle Welt bevölkern, mit dem eigentlichen Fall weitest gehend nichts zu tun haben, zugleich aber nicht als überflüssig angesehen werden sollten.[599]

Während man im Fall der `TKKG´ letztlich keine einzige Mittelfigur ausmachen kann, die ausschließlich Widerstandsfunktionen besitzt und so eventuell sogar zur Gegenfigur werden könnte, liegt deren Anteil bei den anderen drei Adventures bei bis zu 30%.

---

596. Bei `The Last Express´ verstärken sich die zuletzt genannten Effekte durch den begrenzten Schauplatz und die in Echtzeit ablaufende Handlung.
597. In den meisten Fällen wird dieser Eindruck bestätigt. Nur wenige Personen sind hier für den Fortgang der Handlung praktisch irrelevant.
598. Letztere verlangen meist die Lösung eines Rätsels, bevor sie ihre Informationen preisgeben oder ihre Hilfe zum Tragen kommt. Dabei handelt es sich nicht um Knobelaufgaben, sondern es gilt beispielsweise für sie einen Gegenstand zu beschaffen. In anderen Fällen muss man sich anderweitig Informationen über die entsprechende Person einholen, um diese unter Druck setzen zu können.
599. Dort, wo alle Personen ganz offensichtlich direkt in den Fall verwickelt sind, geht ein wichtiges Spannungselement verloren und zugleich verliert die Handlung hierdurch an Atmosphäre und Dynamik.

Alles in allem lässt sich sagen, dass die Unterschiede zwischen den einzelnen Detektive Adventures vor allem im Bezug auf die absoluten Zahlen relativ hoch sind, wobei sich letztlich kaum sagen lässt, welches der dabei verfolgten Konzepte der jeweiligen Handlung am dienlichsten ist, da die vier Titel hier eindeutig unterschiedliche Ziele verfolgen.
Bei allen Titeln gleichermaßen anzutreffen sind hingegen neben den obligatorischen Betrachter- und Gegenfiguren eine große Zahl an teilweise dynamischen Mittelfiguren, die zur Bereicherung der virtuellen Welten und zur Steigerung der Handlungskomplexität beitragen.[600]
Da es sich bei allen vier untersuchten Adventures um analytische Erzählungen handelt, basieren die Handlungen alle auf dem Hysteron-Proteron-Schema. Doch auch hier fallen schnell kleinere Unterschiede auf: Während sich die Vorzeithandlungen bei `Sherlock Holmes´ fast ausschließlich mit den Jahre zurückliegenden Ursachen und Hintergründen der in der Gegenwart begangenen Tat beschäftigen, kommt es beispielsweise bei `Jack Orlando´ zunächst vor allem zu Rückblenden, in der die Vergangenheit des Detektivs im Mittelpunkt steht.[601]
Bei `The Last Express´ werden die Vorzeithandlungen sowohl zur Erläuterung der Tathintergründe als auch zur Erzählung der Vorgeschichte des Protagonisten genutzt, während bei `TKKG´ alle Vorzeithandlungen wiederum einen direkten Tatbezug haben wie bei `Sherlock Holmes´.[602]
Von den Vorzeithandlungen in Kenntnis gesetzt wird man bei `Sherlock Holmes´ fast immer durch den Bericht einer dritten, häufig nicht direkt in den Fall verwickelten Person.[603] Orlando erzählt seine persönliche Vorgeschichte während der Einführungssequenz mit Hilfe von Erinnerungen hingegen praktisch selbst, bis er an den Tatort gelangt und jäh in die Gegenwart zurückgeholt wird.[604]

---

600. Die hier deutlich gewordenen Unterschiede zwischen den einzelnen Titeln würden sich ebenso bei der Analyse von vier Detektivromanen unterschiedlicher Ausprägung ergeben und sind dementsprechend nicht als auffällig zu werten.
601. In diesem Punkt entsprechen die Titel der englischen bzw. der amerikanischen Schule; vgl., `Sherlock Holmes´ Episode I und II; `Jack Orlando´ Einführungssequenz.
602. Vgl., `The Last Express´ Episode I; `TKKG´ Einführungssequenz.
603. Aussagen einer Kollegin des Opfers, des Mörders und eines Anwalts dienen als erste Quellen. Später kommen ein Brief und Tagebuchaufzeichnungen hinzu; vgl., `Sherlock Holmes´ Episode I und II.
604. Vgl., `Jack Orlando´ Einführungssequenz.

Die nachfolgenden, direkt auf den Fall bezogenen Vorzeithandlungen werden hingegen auch hier fast ausschließlich durch dritte Personen erzählt.[605] Die längste Unterbrechung der Gegenwartshandlung erfolgt bei `Jack Orlando` in der Szene, in der Orlando die Täter bei der Geldübergabe belauscht und dabei nicht nur die Tathintergründe erfährt.[606] Informationen zur Vergangenheit des Protagonisten erfährt der Spieler bei `The Last Express` in erster Linie durch Briefe, Telegramme und Zeitungsausschnitte. Gleiches gilt für einen Teil der Erkenntnisse über das Opfer. Details über die Ereignisse im Vorfeld der Tat und den Grund für die Anwesenheit des Opfers und seiner selbst erfährt man hingegen auch hier von anderen Personen.[607]

Häufiger als in allen anderen untersuchten Titeln kommt es bei `The Last Express` zu Einschüben von Vergangenheitshandlungen in die Geschichte. Den Gegenpol markiert hier eindeutig der Fall der `TKKG`, wo die wenigen Vorzeithandlungen auf Berichte eines der Protagonisten und einem weiteren Ermittler beruhen.[608]

Auffällig ist bei den untersuchten Titeln, dass die Übergänge zwischen den einzelnen zeitlichen Ebenen und ihre Einbettung in die Gesamthandlung häufig sehr künstlich wirken. Lediglich im Fall von `The Last Express` gewinnt man den Eindruck, dass die Ebenen so geschickt miteinander verknüpft sind, dass man die Übergänge kaum wahrnimmt.

Hinzu kommt, dass die Rückblenden hier grundsätzlich nicht nur Fragen beantworten, sondern auch neue Fragen aufwerfen, was in den anderen drei Detective Adventures nicht der Fall ist.[609]

Die Bedeutung der Vorzeithandlungen verstärkt sich bei `The Last Express` deutlich durch die enge Verflechtung des Mordfalls mit einer Reihe weiterer Geheimnisse und Verbrechen, die ebenfalls ihre Ursache in der Vorgeschichte der Tat haben und mehr oder minder direkt mit dem Mordopfer in Verbindung gebracht werden können.

---

605. Vgl., `Jack Orlando` Episode II.
606. Vgl., `Jack Orlando` Episode III.
607. Vor allem Milos und Anna Wolff sind hierfür dienlich, aber auch Kronos und Abbot schließen im späteren Verlauf der Handlung die Lücken in der Vergangenheit von Protagonist und Opfer; vgl., `The Last Express` Episode II und III.
608. Vgl., `TKKG` Episode I und II.
609. Dort werden ausschließlich Antworten auf bereits zuvor gestellte Fragen gegeben.

Ein weiterer Faktor, der die Verknüpfung von Vorzeithandlungen und Gegenwartshandlung im Fall von `The Last Express´ begünstigt, ist die konkrete historische Einordnung der Geschichte. Während bei den anderen drei Detective Adventures eine präzise zeitliche Einordnung ausbleibt[610] und die jeweilige Geschichte von einer Verschiebung des Handlungszeitpunkts innerhalb der vergleichsweise weit gefassten zeitlichen Rahmen unberührt bleiben würde, kann man die Handlung von `The Last Express´ zeitlich nicht verlegen. Die Geschehnisse sind fest verknüpft mit den politischen Ereignissen in Europa innerhalb der letzten 72 Stunden vor Ausbruch des Ersten Weltkriegs. Ohne die zu diesem Zeitpunkt bestehenden Spannungen und die bereits am 24. Juli 1914 zweifellos bestehende Kriegsgefahr, wäre weder die Personenkonstellation im Orient Express noch der Mord oder die damit verbundenen Ereignisse logisch zu erklären. Ohne weitreichende Veränderungen würde die Ansiedlung der Geschichte zu einem anderen Zeitpunkt der Erzählung ihre Glaubwürdigkeit und Substanz rauben.

Die genaue Datierung ermöglicht es dem Spieler bei `The Last Express´, Vorzeithandlungen und Gegenwartshandlungen in eine genaue chronologische Reihenfolge zu bringen und einzelne Aspekte präzise einzuordnen.[611] Dementsprechend wirkt das in allen Adventures genutzte Schema der chronologischen Ereignisumstellung hier für die Aufklärung des Falls und den Tiefgang der Geschichte am effektivsten genutzt.[612]

In welcher Form in den einzelnen Titeln auf der Mitteilungsebene die Kommunikation zwischen dem Designer und dem Spieler vonstatten geht und wie sich mit Hilfe der dabei gewonnen Erkenntnisse die Interaktion zwischen dem letztgenannten und der Handlung vollzieht, ist in Kapitel vier bereits detailliert ausgeführt worden. Ohne die einzelnen Punkte hier noch einmal im Detail ausführen zu wollen, sei noch einmal in Erinnerung gerufen, dass die Kommunikation in den vier untersuchten Titeln genretypisch in erster Linie über die Rätsel stattfindet.

---

610. Wird bei `Sherlock Holmes´ noch eine Eingrenzung auf den November 1888 vorgenommen und datieren die Geschehnisse von `Jack Orlando´ immerhin ins Jahr 1933, findet im Fall der `TKKG´ keinerlei zeitliche Einordnung statt. Diese lässt sich auch an der Darstellung der Handlung nicht ablesen.
611. Dies beginnt bereits mit der Tatzeit, die sich hier auf 25 Minuten eingrenzen lässt, während bei den anderen Titeln bis zu 16 Stunden die mögliche Tatzeit umfassen. Dementsprechend spielt die Tatzeit letztlich auch nur bei `The Last Express´ für die Aufklärung des Falls eine relevante Rolle; vlg., Tabelle 3.
612. So sind hier beispielsweise fast alle Dokumente mit Datum versehen.

Darüber hinaus dienen dem Designer neben den oben genannten Kommunikationswegen auch bei den vier Untersuchungsobjekten Kameraschwenks in zunächst nicht einsehbare Positionen, Geräuscheffekte und Vorgeschriebene Ereignisse dazu, dem Spieler die Informationen zu vermitteln, die er zur erfolgreichen Interaktion mit der Handlung benötigt.[613]
Wie ebenfalls bereits unter Kapitel vier ausgeführt, dominieren in den einzelnen Titeln weder objektbasierte Rätsel noch rhetorische Rätsel, auch wenn mal die eine, mal die andere Form häufiger auftritt. Nicht selten werden die beiden Ausprägungen sogar miteinander kombiniert, wobei dies, wie oben erläutert, keinen Einfluss auf die Bestimmung des Rätselempfängers hat. Nennenswerte Abweichungen von den allgemeinen Ausführungen unter Punkt 3.3 und 3.4 zur Gestaltung der Rätselstrukturen sind bei keinem der Titel auszumachen.

5.2.4 Ergebnisse

„In Reinform liegt analytisches Erzählen dort vor, wo alle seine Merkmale auf allen drei Ebenen realisiert sind: Die „Betrachterfigur" steht vor rätselhaften Vorgängen. Die bei ihr einen analytischen Prozeß auslösen, der Autor hat die Begebenheiten der Ereignissequenz, die von der Gegenfigur dominiert werden, chronologisch umgestellt und kommuniziert mit seinem Leser unter dem Schema „Rätsel - Lösung" oder „Geheimnis - Aufklärung".[614]

Von Neuhaus auf den Detektivroman bezogen, lässt sich diese ebenso knappe wie klare Definition der Grundzüge analytischen Erzählens ohne weiteres auf Detective Adventures übertragen, wie die Ausführungen auf den vorangegangenen Seiten deutlich gemacht haben.[615]
Webers Grundthesen der analytischen Erzählung behalten im Detective Adventure ihre Gültigkeit. Wie bereits in Kapitel drei und vier deutlich geworden ist, gibt es in den Adventures einen ständigen Kommunikationsprozess zwischen Designer und Rezipient, dessen Struktur wie im

---

613. Vgl., Punkt 3.1+3.2.
614. Neuhaus: Vorüberlegungen..., S. 259.
615. Die Analysen weiterer Detective Adventures bestätigen die obigen Ausführungen und lassen keine nennenswerten Abweichungen erkennen.

Roman auf Rätseln und Geheimnissen basiert, auch wenn hier noch weitere Kommunikationswege hinzu kommen. Darüber hinaus finden sich in den Detective Adventures komplexe Figurenkonstellationen, eine chronologische Umstellung der Ereignisse nach dem Hysteron-Proteron-Prinzip, und letztlich lassen sich selbst Webers fünf Momente des Handlungsverlaufs im Einzelnen aufzeigen. Die vier genauer untersuchten Titel können zudem ohne weiteres in das zentrale siebte Segment von Webers Kreismodell eingeordnet und auch in diesem Punkt dem Detektivroman gleichgestellt werden.[616]

Doch so gut wie sich Webers Thesen auf der einen Seite in den Detective Adventures widerspiegeln, ist auf der anderen Seite zugleich deutlich geworden, dass sich analytisches Erzählen im Detective Adventure, besonders im Bezug auf die Handlungskonstruktion, in einigen wesentlichen Punkten von der Form des analytischen Erzählens im Detektivroman unterscheidet.

Die fünf Momente des Handlungsverlaufs werden im Adventure nicht nur anders gewichtet als im Detektivroman, sondern sie verlieren zugleich auch einen Teil ihrer Funktion. Darüber hinaus wird der Spieler im Gegensatz zum Leser durch die Identifikation mit der Spielfigur bei allen Geheimnissen und Rätseln zum direkten Rätselempfänger. Aus Sicht von Weber wäre genau der umgekehrte Fall dem Schema der analytischen Erzählung zuträglicher. Aber damit nicht genug: Die Verschmelzung der beiden Positionen ist zugleich die Ursache dafür, dass der Detektiv im Detective Adventure niemals zur Mittel- oder gar Gegenfigur werden kann wie im Roman.

Doch trotz dieser Abweichungen bleiben die Detective Adventures analytische Erzählungen, die den Grundprinzipien von Webers Theorien nicht widersprechen, sondern ganz im Gegenteil den Verdacht nahe legen, dass das Erfahren einer analytisch aufgebauten Erzählung für den Rezipienten eines Detective Adventures noch intensiver ausfällt als für den Leser bei der Lektüre eines Detektivromans.

---

616. Eine genauere Differenzierung dieser Einordnung soll im nachfolgenden Kapitel erfolgen.

5.3 Die Forschungen von Volker Neuhaus

5.3.1 Die Ausführungen von Neuhaus zum Detektivroman

In seinen Aufsätzen, Essays und Forschungsbeiträgen hat sich Volker Neuhaus immer wieder als unermüdlicher und meist ebenso erfolgreicher Verfechter der Thesen Richard Alewyns und Dietrich Webers erwiesen. Nicht nur bei Definitionsfragen, der Diskussion über den Ursprung des Detektivromans oder dessen Einordnung unter den Literaturbegriff hat er sich an die Seite von Alewyn gestellt.[617] Er hat die von vielen Literaturwissenschaftlern abgelehnten Sondermeinungen Alewyns argumentativ überzeugend untermauert und zugleich einige sinnvolle Ergänzungen vorgenommen.[618] Darüber hinaus hat er Webers Modell der analytischen Erzählung für den Detektivroman spezifiziert. Hierfür hat er, in Anlehnung an Webers Kreismodell, zwei eigene Modelle entwickelt. Diese bestehen ebenfalls aus drei sich überschneidenden Kreisen, so dass je sieben Segmente entstehen.[619]

Beim ersten Modell beziehen sich die drei Grundkreise auf synthetisch erzählte Verbrechensgeschichten, synthetisch erzählte Detektivgeschichten und analytisch erzählte Geschichten ohne Detektiv. Machen diese Bezeichnungen auf den ersten Blick noch wenig Sinn, so ergibt sich dieser bei der Betrachtung der durch die Überschneidung der Kreise entstehenden Segmente.[620] Dem Kernsegment kommt eine besondere Bedeutung zu, denn in dieses sind alle Detektivgeschichten einzuordnen, die nach Alewyns Definition als solche zu bezeichnen sind.[621] Neuhaus nennt auch für alle anderen Segmente Beispiele aus dem Genre des Detektivromans, jedoch entsprechen diese häufig in mindestens einem Aspekt nicht den Vorgaben Alewyns oder Webers. Für eine genaue Positionierung der einzelnen Titel innerhalb der Segmente schlägt Neuhaus eine Einzelanalyse aller Titel vor.

---

617. Dies bedeutet jedoch nicht, dass Neuhaus den Thesen Alewyns immer uneingeschränkt zugestimmt hat.
618. So schließt er beispielsweise die Romane der amerikanischen Schule in seine Definition für den Detektivroman mit ein; vgl., Neuhaus: Mysterion..., S. 28f.
619. Vgl., ebd., S. 18ff und S. 31ff.
620. Die einzelnen Merkmale sind bei diesem Modell ausschließlich als additive Merkmale zu verstehen; vgl., ebd., S. 32.
621. Seiner Definitionserweiterung folgend zählt Neuhaus im Gegensatz zu Alewyn die Romane der amerikanischen Schule mit zu diesem Segment; vgl., ebd., S. 28.

Im Unterschied zu diesem Modell können beim zweiten Kreismodell die einzelnen Merkmale nicht nur in additiver Relation zueinander stehen, sondern auch in kommultativer Weise in einer Figur vereint sein.[622] Das Modell beruht auf Webers Ausführungen zur Betrachterfigur und deren Verhältnis zu Detektiv und Polizei. Entsprechend sind die drei Grundkreise hier für Betrachterfigur, Detektiv und Polizei reserviert.[623] Die sich dabei ergebenden Schnittmengen kommen beispielsweise dann zur Geltung, wenn der Detektiv zugleich die Betrachterfigur ist oder ein Polizist mit detektivischer Vorgehensweise zugleich als Betrachter an einen Fall herangeht, wie Deb Ralston in den Romanen von Lee Martin.[624]

Zu beachten gilt bei diesem zweiten Modell, dass die Segmente 2, 3 und 6 nur dann besetzt sein dürfen, wenn zugleich Segment 1 besetzt ist. Ist dies nicht der Fall, so handelt es sich nicht um eine analytische Erzählung, sondern um eine synthetisch erzählte Geschichte.[625]

Neben der Angleichung und Verfeinerung von Webers Modell nimmt Neuhaus in seinen Ausführungen zu einer Vielzahl weiterer Aspekte aus den Forschungen von Alewyn und Weber Stellung, spezifiziert und erläutert sie.[626] So überträgt er beispielsweise Webers Bezeichnungen von Gegenwartshandlung und Vorzeithandlung auf den Detektivroman, indem er synonym die Begriffe „Ermittlungen" und „Vorgeschichte der Tat und ihren Hergang" verwendet[627], oder differenziert Alewyns strenge Definition des Detektivromans durch die Einbeziehung der Romane der amerikanischen Schule in die Definition.[628]

Die Kommunikation mit dem Leser ist auch für Neuhaus ein zentraler Punkt der analytischen Erzählung. In seinen Ausführungen spricht er die Problematiken bei der Gestaltung von Buchcovern und Klappentexten im Bezug auf die Autor-Leser-Kommunikation an: „Das Titelblatt repräsentiert die Kommunikation zwischen Autor und Leser in Reinkultur."[629]

---

622. Vgl., ebd., S. 32.
623. Vgl., ebd., S. 32..
624. Vgl., Martin: (u.a.) Hacker, Mörderisches Dreieck, Tödlicher Ausflug; Neuhaus: Mysterion..., S. 34.
625. Der Erzählung fehlt in diesem Fall die obligatorische Betrachterfigur.
626. Sehr ausführlich geschieht dies in seinem hier bereits mehrfach angeführten Aufsatz `Mysterion tes anominas - Das Geheimnis des Bösen´; vgl.: Neuhaus: Mysterion..., S. 11-45.
627. Vgl., ebd., S. 35.
628. Dabei belegt er, dass sich die Romane der amerikanischen Schule in den entscheidenden Punkten weniger von denen der englischen Schule unterscheiden, als Alewyn annimmt; vgl., ebd., S. 28.
629. Vgl., ebd., S. 24.

Als Beispiel führt Neuhaus ein Cover für Poes Kurzgeschichte ʼMurders in the Rue Morgueʼ an. Fände sich hier auf dem Titelblatt ein Affe, so verlöre die Geschichte ihren Rätselcharakter und es käme zur Zerstörung des Kommunikationsverhältnisses. Gleiches geschähe, wenn man den Titel mit ʼMörderaffen in der Rue Morgueʼ übersetzen würde.[630]
Den von Alewyn angesprochenen Aspekt, nach dem der Detektiv das zentrale Geheimnis selbst konstituiert, während der Fall für die Ermittlungsbehörden bereits abgeschlossen ist, hebt Neuhaus als ein weiteres wichtiges Elemente hervor.[631] Nicht weniger Bedeutung misst er den unterschiedlichen Erzählperspektiven bei, die er im Bezug auf die einzelnen Ausprägungen des Genres detailliert ausführt.[632] In gleicher Weise ausführlich geht er auf die Regelements von Knox, van Dine und Haycraft ein[633] und weist auf die häufig unterschätzte Bedeutung des Motivs und der Detektivdarstellung hin.[634]
In seinem Aufsatz ʼMysterion tes anominas - Das Geheimnis des Bösenʼ führt Neuhaus noch eine Reihe weiterer Aspekte an, deren Bedeutung für den Detektivroman von der Forschung häufig unterschätzt wird und die in der Vergangenheit nur unzureichend behandelt worden sind.[635] Die Entstehungsgeschichte der Gattung zeichnet er in seinem Aufsatz ʼVorüberlegungen zu einer Geschichte des detektorischen Erzählensʼ im Detail nach.[636]
Einige der von Neuhaus behandelten Aspekte sind bereits in den vorangegangenen Kapiteln angesprochen, in Bezug zum Medium des Detective Adventures gesetzt oder direkt auf die im Rahmen der Arbeit analysierten Titel angewandt worden.[637] Diese Aspekte sollen hier nicht noch einmal aufgezeigt werden. Stattdessen soll sich die Analyse in den nachfolgenden Abschnitten weit gehend auf die Einordnung der Detective

---

630. Vgl., ebd., S. 30; Neuhaus: Vorüberlegungen..., S. 268f.
631. Bei den Detektive Adventures ʼSherlock Holmesʼ und ʼJack Orlandoʼ ist dies eindeutig der Fall; vgl., ʼSherlock Holmesʼ Episode I; ʼJack Orlandoʼ Episode I.
632. Neuhaus: Typen multiperspektivischen Erzählens.
633. Neuhaus: Mysterion..., S. 38ff; Neuhaus: Vorüberlegungen..., S. 269.
634. Neuhaus: Mysterion..., S. 18ff.
635. Hier nimmt Neuhaus u.a. im Detail Stellung zu der viel diskutierten Frage nach der Entstehung des Detektivromans und der Frage nach seiner Zuordnung zur Literatur ein; vgl., Neuhaus: Mysterion..., S. 15ff und 42ff.
636. Vgl., Neuhaus: Vorüberlegungen..., S. 258-272.
637. Dabei wurden die Differenzierungen und Spezifikationen von Neuhaus durchgängig berücksichtigt.

Adventures in die Kreismodelle, die Aussagekraft der Cover und Handbücher sowie eine Untersuchung zur Erzählperspektive beschränken.

5.3.2 Neuhaus und das Genre der Detective Adventures

Da jedes Detective Adventure gleichsam wie ein Detektivroman auf einer analytischen Erzählung basiert und an diesen Erzählungen neben einer Betrachterfigur auch Detektive und andere Ermittler beteiligt sind, lassen sich die Adventures ohne Schwierigkeiten in die beiden Kreismodelle einordnen. Dabei ergeben sich je nach Titel einige Unterschiede bei der Zuordnung und der genauen Positionierung innerhalb der Segmente, doch letztlich kann allen Adventures ein Platz zugewiesen werden.[638]

Ganz offensichtlich nicht ohne weiteres auf die Detective Adventures übertragbar sind hingegen die Erzählformen, die Neuhaus für den Detektivroman als typisch bezeichnet.[639] Weder die Watson-Perspektive noch die für die amerikanische Schule meist verwandten Erzählformen scheinen auf den ersten Blick anwendbar.[640] Überträgt man ausschließlich die Handlungen, ohne Rücksicht auf das Medium, auf die Erzählformen in der Buchliteratur, so lässt sich zwar jede einzelne der Geschichten einer der gängigen Erzählformen zuordnen, doch sobald man die Handlungen als Basis eines Detective Adventures sieht, lässt sich diese Zuordnung nicht mehr aufrechterhalten.

Im Detective Adventure stellt der Designer, selbst im Hintergrund verweilend, dem Rezipienten die Basisstrukturen einer virtuellen Welt zur Verfügung, positioniert ihn am Anfang einer in dieser Welt angesiedelten Geschichte und gibt ihm diejenigen Informationen an die Hand, die er benötigt, um die Erzählung als Ich-Erzähler im wahrsten Sinne des Wortes selbst zu erfahren, zum Selbsterzähler zu werden.[641] Unter Beachtung der vorgegebenen Regeln erschließt sich der Spieler in der Folge nun nach und nach die virtuelle Welt und wird auf diese Weise selbst zum Autor seiner eigenen, individuellen Geschichte. Dabei erlebt er die Erzählung direkt aus

---

638. Dabei viel auf, dass viele der nur ergänzend hinzugezogenen Titel völlig auf die Polizei verzichteten.
639. Vgl., Neuhaus: Mysterion..., S. 29ff.
640. Eine Ausnahme stellt hier lediglich die automatische Mitschrift bei ´Sherlock Holmes´ dar.
641. Hierbei kann der Designer nicht mehr als auktorialer Erzähler im engeren Sinne gesehen werden.

der Sicht des Protagonisten, dessen Rolle er übernimmt, wodurch die Geschichte zur persönlichen Geschichte des Spielers wird. Die visuelle Perspektive macht in diesem Zusammenhang keinen Unterschied.[642] Der Spieler erfährt in erster Linie seine eigene Geschichte, die erst in zweiter Linie auch die Geschichte des Detektivs ist, den er verkörpert. Als eine eigenständige Perspektive könnte man hingegen die bereits angesprochenen Momente bezeichnen, in denen die Spielfigur in Kontakt mit dem Spieler tritt.[643] Neuhaus spricht in vergleichbaren Fällen beim Detektivroman von einer streng personalen Ich-Form der Erzählung aus Sicht des Detektivs.[644] Diese Ansicht lässt sich durchaus auf die angesprochenen Szenen beschränkt, auch auf die Detective Adventure übertragen. Letztlich können im Adventure auch, wie im Detektivroman, Zeugenaussagen oder Geständnisse als kleine Ich-Erzählungen der Nichtspielercharaktere angesehen werden.[645] Dennoch bleibt die Handlung eines Detective Adventures im Verbund mit dem Medium eine Sonderform der Erzählung, die mit den bisher definierten Erzählformen nicht eindeutig zu erfassen ist.[646]

Wie unter Punkt 3.1 schon angesprochen, verfügen auch die Detective Adventures über Coverbilder und Klappentexte. Dabei fällt die Zahl der Abbildungen hier meist höher aus als bei einem Detektivroman und häufig sind auch die Paratexte ausführlicher. Hinzu kommt noch das Handbuch, in dem sich weitere Erklärungen und Abbildungen befinden. Dementsprechend hoch ist in den Adventures die Gefahr, dass Informationen vorweggenommen werden, die den Handlungen ihren Rätselcharakter nehmen. Gleiches betrifft die Titel der Adventures, wobei hier keine größere Gefahr besteht als bei einem Roman. Wie sich die vier genauer analysierten Titel zu diesem Aspekt und zu den vorangegangenen Aspekten in diesem Abschnitt verhalten, soll auf den nachfolgenden Seiten im Detail aufgezeigt werden.

---

642. Im Unterschied zum Leser kann der Spieler die Handlung, wie bereits ausgeführt, abhängig von der Programmstruktur des Detective Adventures, aus Sicht der ersten oder der dritten Person erfahren.
643. Vgl., Punkt 3.2; `Sherlock Holmes´; `Jack Orlando´.
644. Vgl., Neuhaus: Mysterion..., S. 29ff.
645. Vgl., Neuhaus: Typen multiperspektivischen Erzählens..., S. 110f.
646. Für detailliertere Ausführungen zur Erzählperspektive sei an dieser Stelle auf die Beiträge von Finke und Stanzel zu diesem Komplex verwiesen.

5.3.3 Die Forschungen von Neuhaus in Anwendung auf die ausgewählten Detective Adventures

Bei Webers Kreismodell ließen sich schon auf den ersten Blick alle vier untersuchten Titel in das zentrale siebte Segment einordnen. Aber wie sieht das bei dem von Neuhaus spezifizierten ersten Kreisschema aus?
Bei `Sherlock Holmes´ liegt eindeutig ein Mord vor, es gibt einen klar erkennbaren Detektiv und das analytische Schema nach Weber wird eingehalten.[647] Gleiches gilt für das Adventure `Jack Orlando´: ein Mord, ein Berufsdetektiv und eine Erzählung, die auf Webers Schema basiert. Somit fallen diese beiden Titel auch hier in das zentrale siebte Segment. Das Adventure der `TKKG´ lässt sich ebenfalls eindeutig diesem Segment zuweisen. Es gibt zwar keinen Mord, aber dennoch ein Verbrechen; die vier Protagonisten gelten als anerkannte Nachwuchsdetektive und die Erzählung steht nicht im Widerspruch zu Webers Ausführungen.
Nicht ganz so eindeutig in dieses Segment fällt auf den ersten Blick der Titel `The Last Express´. Die Handlung beruht zwar auf Webers Schema, doch sowohl die Frage nach der Ausprägung der Detektivfigur als auch die Frage nach dem Verbrechen muss genauer betrachtet werden.[648]
Der Protagonist Robert Cath wird innerhalb des Adventures nicht direkt als Detektiv definiert oder als solcher benannt. Allerdings ist man während der gesamten Handlung detektorisch tätig und bewältigt die gleichen Aufgaben wie in den anderen Detective Adventures. Mit dem Vorgehen eines Polizeibeamten haben seine Methoden praktisch nichts, mit denen eines Agenten nur bedingt etwas gemeinsam, denn auch wenn der Protagonist in ein internationales Komplott gerät - im Mittelpunkt seiner Ermittlungen steht die Suche nach dem Mörder des Freundes.[649]
Nun könnte man einwenden, dass Hoffmanns Fräulein von Scuderi ebenfalls vergleichbare detektorische Leistungen vollbracht hat und man sie dennoch meist nicht, oder nur mit Einschränkungen, zu den frühen Detektivfiguren zählt.[650]

---

647. Unter der Berücksichtigung der bei Weber bezüglich der Adventures vorgenommenen Spezifizierungen.
648. Auf den ersten Blick ist bei `The Last Express´ theoretisch eine Einordnung in das dritte, fünfte oder sechste Segment möglich.
649. Vgl., Punkt 4.3.
650. Vgl., Alewyn: Ursprung..., S. 358f; Neuhaus: Mysterion..., S. 27ff.

Dem sei jedoch entgegengesetzt, dass man dem Fräulein von Scuderi auch unter anderen gesellschaftlichen, körperlichen und zeitlichen Bedingungen aufgrund ihrer geleisteten Detektivarbeit sicher nicht die Mitarbeit bei einem Geheimdienst angeboten hätte.[651] Zudem übersteigt die Komplexität der zu lösenden Aufgaben bei `The Last Express´ deutlich die von Hoffmanns Erzählung.[652] Aus meiner Sicht kann man den Protagonisten Cath aufgrund seiner Zielsetzung sowie seiner Tätigkeiten und seiner Rolle innerhalb der Handlung durchaus als Detektiv bezeichnen und in das entsprechende Segment einordnen. Die Frage nach Mord oder Unfall ist in Kapitel vier bereits ausgeführt und beantwortet worden. Auch hier ergeben sich keine Widersprüche zur Einordnung in das zentrale Segment.[653]

Bei der Einordnung in das zweite Kreismodell von Neuhaus fallen kaum Unterschiede, jedoch einzelne Tendenzen zwischen den Titeln auf. Zunächst ist in allen vier Detective Adventures die Betrachterfigur mit der ermittelnden Detektivfigur identisch, somit ist jeweils das Segment 4 besetzt.[654] Aber die Detektive sind nicht alleine, auch die staatliche Ordnungsmacht ist beteiligt.

In gleich drei Fällen ergibt sich hierdurch die für die amerikanische Schule typische Konstellation 4 + 3, bei der neben dem ermittelnden Detektiv die Polizei oder andere Ermittler eine Rolle spielen. Unterschiedlich ist jedoch die Ausprägung: Während im Fall der `TKKG´ der Ermittler Pablo eine für die Lösung des Falls so bedeutsame Rolle einnimmt, dass die Zuordnung 4 + 3 hier klar erfolgen kann, verbleibt die Polizei beispielsweise bei `Sherlock Holmes´ relativ im Hintergrund. Obwohl für ihn selbst der Fall von Beginn an geklärt ist, unterstützt Inspektor Lestrade den Detektiv dennoch bei seinen Bemühungen.[655]

---

651. Cath geschieht dies gleich zweimal. Im Rahmen der Handlung wird er hierdurch jedoch nicht gleich zum Agenten, zumal er die Angebote ablehnt und stattdessen seine persönlichen Ziele, den Mord an seinem Freund aufzuklären, bekräftigt; vgl., `The Last Express´ Episode II und III.
652. So liegt der Grad der Verrätselung ebenso wie die Zahl der Sekundärgeheimnisse deutlich höher.
653. Schließt man sich hingegen nicht der unter 4.3.3 ausgeführten Mordtheorie an, dann fällt der Titel entsprechend in Segment 6. Ordnet man Cath nicht als Detektiv im engeren Sinne ein, ist der Titel in Segment 5 einzuordnen. Derjenige, der die Tat als Unfall sieht und in Cath keinen Detektiv erkennt, muss dem Titel Segment 3 zuweisen.
654. Sieht man den Protagonisten Cath nicht als Detektiv an, dann ergibt sich hier nur Segment 1besetzt.
655. Details hierzu finden sich unter Punkt 4.1.3.

Ohne Scotland Yard wäre die Geschichte in dieser Form letztlich nicht glaubwürdig zu realisieren.[656]

Im Fall von `Jack Orlando' verliert die Polizei noch weiter an Bedeutung. Hier gilt der Protagonist von vornherein als Täter, was die sichtbare Ermittlungsarbeit der Polizei auf ein Minimum beschränkt und ihr zugleich die Aufgabe zuweist, eine ständige Bedrohung für den Detektiv darzustellen.

Ohne die in jeder Episode erfolgenden, meist behindernden Eingriffe der Polizei in die Ermittlungsarbeit des Detektivs wäre daher auch diese Handlung nicht realisierbar. Da letztlich Polizei und Militärpolizei bei der Überwältigung der Täter behilflich sind, kann der Ordnungsmacht eine Beteiligung an der Aufklärung des Falls, auch wenn sie teilweise unfreiwillig erfolgt, nicht abgesprochen werden.[657]

Im Fall von `The Last Express' ist eine Einordnung in die Segmentkombination 4 + 3 bereits nicht mehr sinnvoll, da die Polizei hier lediglich in zwei Szenen vorkommt, von denen sie nur in einer visuell erfassbar ist.[658] Die weiteren an Bord des Zuges befindlichen Ermittler[659] beteiligen sich nicht an der Aufklärung des Mordes. Somit fällt `The Last Express' ausschließlich in Segment 4.[660]

Die Frage nach der Erzählperspektive bei Detective Adventures wurde oben bereits ausgeführt. Doch wie sähe es aus, wenn man die Handlungen der Adventures in die Buchform übertragen würde? Bei `Sherlock Holmes' würde sich dann durchaus die von Doyle verwendete Watson-Perspektive anbieten, wie sie für die Mitschrift der Spielhandlungen genutzt wird.[661] Bei `Jack Orlando' läge hingegen die Wahl der Ich-Perspektive aus Sicht des Detektivs nahe, der die Handlungen erzählt, als spräche er auf Band[662],

---

656. Die für die Sherlock Holmes Kurzgeschichten zutreffende Kombination 2 + 1 + 3 kann hier nicht greifen, da die Watson-Figur nicht in der Betrachterrolle fungiert; vgl., Neuhaus: Mysterion..., S. 22.
657. Vgl., `Jack Orlando' Episode II und IV.
658. Zu Beginn halten am Bahnhof einige Polizisten offenbar nach jemandem Ausschau, später durchsuchen einige Beamte erfolglos den Zug; vgl., `The Last Express' Einführungssequenz und Episode II.
659. Gemeint sind hiermit die Agenten Abbot und Anna Wollf sowie der Zarenbotschafter Obolensky.
660. Der im Falle von `TKKG' recht hohe Einfluss der Polizei ist bei den Jugendserien unter den Detective Adventures häufig zu beobachten.
661. Vgl., Punkt 4.1.4.
662. Vgl., Neuhaus: Mysterion..., S. 30ff.

während der Handlungsaufbau bei ʼThe Last Expressʼ und bei ʼTKKGʼ die auktoriale Erzählperspektive begünstigen würden.

Betrachtet man die bei den vier analysierten Titeln gewählte visuelle Erzählperspektive, so ergeben sich auch hier Unterschiede. Bei ʼSherlock Holmesʼ und ʼJack Orlandoʼ dominiert die Perspektive aus Sicht der dritten Person, und nur in wenigen Sequenzen wechselt die Sichtperspektive in die der ersten Person.[663] Im Adventure ʼThe Last Expressʼ wechseln sich die beiden Perspektivmöglichkeiten immer wieder ab. Während der Protagonist sich innerhalb der virtuellen Welt bewegt, erlebt man die Geschichte durchweg aus der Ich-Perspektive. Sobald man jedoch ein Gespräch beginnt oder es zu einer Auseinandersetzung mit einer anderen Person kommt, wechselt die Ansicht in die der dritten Person.[664] Ein vergleichbarer Perspektivenwechsel ist auch bei ʼTKKGʼ zu beobachten. Die Handlung innerhalb der einzelnen Episoden erlebt der Spieler direkt und ohne Einschränkungen aus der Ich-Perspektive. Doch in den Zwischensequenzen, in denen alle vier Protagonisten zugleich auftreten, wechselt das Programm in die Sicht der dritten Person.[665] Bei keinem der Titel wird also letztlich eine Perspektive durchgängig beibehalten.

Der von Neuhaus in einem eigenen Buch behandelte Aspekt der Multiperspektive[666] kommt, wenn auch in abgewandelter Form, nur im Fall der ʼTKKGʼ zum Tragen. Erlebt man bei den anderen Titeln die gesamte Erzählung aus der Sicht und in der Rolle von einer Person, so erlebt man die Handlung hier aus der Sicht von gleich vier Personen, die man abwechselnd verkörpert.

Im Gegensatz zu Fällen, in denen mehrere Detektive ermitteln und zu ganz unterschiedlichen, wenn auch zugleich schlüssigen Ergebnissen kommen, besteht hier zwischen den Protagonisten entsprechend Einigkeit über die ermittelten Beweise und Fakten.[667] Eine ganz neue Perspektive erlebt man, wie bereits erwähnt, in der letzten Episode der Handlung, die man aus der Ich-Perspektive aller vier Protagonisten zugleich erfährt.[668]

Wie oben bereits angeführt, verraten Titelbild und Paratexte oft mehr, als sie eigentlich sollen, und nehmen der Geschichte ihren Geheimnischarakter. Wie sieht dies nun bei den vier Detective Adventures aus?

---

663. Vgl., ʼSherlock Holmesʼ Episode I; ʼJack Orlandoʼ Episode I-III.
664. Vgl., ʼThe Last Expressʼ Episode I-IV.
665. Vgl., ʼTKKGʼEpisode I-II.
666. Vgl., Neuhaus: Typen multiperspektivischen Erzählens.
667. Vgl., ebd. S. 114f.
668. Vgl., ʼTKKGʼ Episode III.

Bei ʽSherlock Holmes' erhält man durch Titel und Coverbild bereits einige Informationen vorweg: Der Titel verrät den Namen des Protagonisten (Sherlock Holmes) und die Tatwaffe (ein gezacktes Skalpell). Das Cover selbst zeigt den Tatort: Eine von einer Laterne beleuchtete Gasse. Letztere deutet darauf hin, dass die Tatzeit in der Nacht liegt. In der Mitte des Bildes liegt eine blonde Frau im roten Kleid auf dem Boden, die Polizei ist bereits anwesend. Offensichtlich handelt es sich um Mord, wobei die geschlossene Handtasche gegen Raubmord spricht.[669]

Die Bilder auf der Rückfront zeigen Holmes in seiner Wohnung, im Zoo, in einem Opernhaus und einem Geschäft. Sie lassen jedoch keine weiteren Schlüsse zu.[670] Der Text verrät hingegen Ort und Zeit des Geschehens: Das viktorianische London im Jahre 1888. Der Text assoziiert Jack the Ripper als den Täter, was die Vermutung nahe legt, dass dieser es auf keinen Fall war.[671] Das Handbuch zum Spiel verrät keine weiteren Details, die hierin enthaltene Abbildung eines Londoner Stadtplans und die kurzen Ausführungen zu Sherlock Holmes und Jack the Ripper sind nur bedingt aussagekräftig.[672]

Im Fall des zweiten Adventures verrät ebenfalls bereits der Titel den Namen des Protagonisten: Jack Orlando. Im Gegensatz zu dem bekannten Namen Sherlock Holmes verknüpft man mit diesem zwar nicht gleich ein bestimmtes Szenario, doch sorgt das Coverbild hier schnell für Abhilfe: Zu sehen ist der verwegen dreinblickende Protagonist mit einem blinkenden Colt in der Hand und einer vergleichsweise freizügig bekleideten Blondine an seiner Schulter.[673] Das Bild legt nicht nur nahe, dass der Titel es mit dem ʽno sex'-Gebot von van Dine nicht so genau nimmt[674], sondern entlarvt das Adventure als eine Detektivgeschichte nach dem Muster der amerikanischen Schule. Die im Hintergrund nur schematisch zu erkennenden Ereignisse bestätigen den Eindruck: Hier wird ein Mann aus einem vorbeifahrenden Auto erschossen. Damit wird der zu Beginn der Handlung erfolgende Mord als Verbrechensart bereits vorweggenommen.

---

669. Vgl., ʽSherlock Holmes' Frontcover.
670. Vgl., ʽSherlock Holmes' Coverrückseite.
671. Wäre er der Täter, dann wäre die Handlung von vornherein eine Kriminal- und keine Detektivgeschichte.
672. Vgl., ʽSherlock Holmes' Handbuch S. 16f und 20ff.
673. Vgl., ʽJack Orlando'Frontcover.
674. Vgl., van Dine: Tweny Rules..., S. 189.

Zugleich lässt die Form der Darstellung auf das Milieu und den Grad der Gewaltdarstellung schließen. Die Bilder auf der Rückseite zeigen einige Spielszenen, die jedoch auch hier nur bedingt weitere Schlüsse zulassen.[675] Der Rückentext verrät dem Spieler Ort und Zeit des Geschehens sowie den Status des Protagonisten und seine eigene Rolle im Spiel: Er selbst ist der Privatdetektiv Jack Orlando, und die Polizei gibt ihm als Mordverdächtigen genau 48 Stunden, um seine Unschuld zu beweisen.[676]

Das Handbuch stimmt den Spieler ebenfalls auf seine Rolle ein: „Sie sind Jack Orlando"[677], heißt es hier. Darüber hinaus finden sich im Handbuch die Kurzbeschreibungen einiger Beteiligter. Leider erweist sich die Übersicht als wenig hilfreich, da sie weit davon entfernt ist, vollständig zu sein und die gegebenen Informationen sich für die Lösung des Falls letztlich als irrelevant herausstellen.[678] So wird also auch hier nicht zu viel verraten, obgleich der Einblick in die virtuelle Welt hier ausführlicher ausfällt als bei `Sherlock Holmes´.

Der Titel des dritten Untersuchungsobjekts, `The Last Express´, verrät einmal nicht den Namen des Protagonisten, sondern sagt etwas über das Szenario aus: Die letzte Fahrt eines Zuges. Dass es sich dabei um die letzte Fahrt des Orient Express vor Ausbruch des Ersten Weltkriegs handelt, verrät der Rückentext. Das Cover selbst zeigt eine Lokomotive, die eine Absperrung durchbricht.[679] Die weiteren Bilder zeigen einige Spielszenen, in denen Mitreisende und Abteile zu sehen sind, sowie wie eine geöffnete Truhe.[680] Auf deutliche Gefahren weisen die Bilder hin, auf denen ein in Flammen stehender und zugleich entgleisender Zug und eine zerberstende Eisenbahnbrücke zu sehen sind. Weitere Bilder lassen erkennen, dass auch hier van Dines `no sex´-Gebot gebrochen wird und Waffengewalt zur Geschichte gehört.[681]

---

675. Lediglich eine Szene mit einem Militärlaster könnte bei dem sehr aufmerksamen Spieler eine Verbindung zum Militär und damit den Tathintergrund des Waffenhandels vorab vermuten lassen; vgl. `Jack Orlando´ Coverrückseite.
676. Vgl., `Jack Orlando´ Coverrückseite.
677. Vgl., `Jack Orlando´ Handbuch S. 9.
678. Vgl., `Jack Orlando´ Handbuch S. 27ff.
679. Dies könnte bereits als Hinweis für die Dynamik der Handlung gewertet werden; vgl., `The Last Express´ Frontcover.
680. Letzterer scheint eine gewisse Bedeutung zuzukommen; vgl., `The Last Express´ Coverrückseite.
681. Vgl., ebd..

Aus dem Klappentext lassen sich Details zur eigenen Identität sowie zur gesellschaftlich hohen Stellung der meisten Mitreisenden entnehmen. Angedeutet werden zudem die Verbindungen der einzelnen Personen untereinander. Genaue Ort- und Zeitangaben führen den Spieler in das Szenario ein, und letztlich wird sogar der Mord bereits angedeutet.[682]
Aus dem Handbuch erfährt man die genaue Reiseroute zwischen Paris und Konstantinopel und die Reisedauer: drei Tage. Zugleich wird hier mehrfach auf die Bedeutung der Passagierliste aufmerksam gemacht.[683] Letztlich wird sogar auf die Möglichkeit des Bildschirmtods und die kontinuierlich fortschreitende Zeit hingewiesen.[684] So erhält der Spieler auch hier zwar einen ausführlichen Einblick in das Szenario und zugleich wird er auf seine eigene Rolle vorbereitet[685], doch wirklich wichtige Details, die ihm innerhalb der Handlung weiterhelfen würden, werden nicht im Voraus aufgedeckt. Der Titel `Das Geheimnis der Maya´ assoziiert beim letzten der betrachteten Adventures zunächst einen gewissen Abenteuercharakter, der durch die Abbildung einer Maya-Pyramide auf dem Frontcover noch verstärkt wird. Doch der Untertitel und das den Lesern der Serie bekannte Logo der TKKG lassen gemeinsam mit den Anmerkungen diesen Eindruck schnell in den Hintergrund treten.[686]
Die Bilder auf der Rückseite und der beigefügte Text verraten die Art des Verbrechens: Kunstraub in einem Museum. Darüber hinaus werden hier im Text die ersten Verdächtigungen ausgesprochen und auf die Bedeutung der Tatortuntersuchung hingewiesen.[687] Das Handbuch verrät diesmal nur wenige Details über die Protagonisten, enthält jedoch keine verwertbaren Informationen zum Fall selbst.
Zu den untersuchten Detective Adventures lässt sich zusammenfassen, dass Coverbild und Rückentexte in erster Linie genutzt werden, um die Neugier des Spielers zu wecken und bereits vorab Spannung zu erzeugen. Gemeinsam beschreiben Bilder und Texte in groben Zügen die Szenarien,

---

682. Vgl., ebd..
683. Hierbei handelt es sich um den ersten Gegenstand, den man im Adventure an sich nimmt.
684. Vgl., `The Last Express´ Handbuch.
685. „Sie sind Robert Cath ...", heißt es bereits auf der Hülle; vgl. `The Last Express´ Coverrückseite.
686. Vgl., `TKKG´ Frontcover.
687. Die hier verdächtigten Personen erweisen sich später als unschuldig und eine ausführliche Tatortuntersuchung erfolgt zu keinem Zeitpunkt; vgl., `TKKG´ Episode I und Coverrückseite;

ohne dabei Details zu verraten, die den Rätselcharakter der Geschichten zerstören würden. Zwar lassen sich für den aufmerksamen Betrachter häufig vorab einzelne Indizien und einige interessante Details festmachen oder gar eine Theorie aufstellen, doch erweisen sich die meisten der hier wahrgenommenen Elemente später als weit gehend irrelevant.[688] Noch weniger aussagekräftig sind die Handbücher, in denen sich nur selten Clues finden, die beim Einstieg in die virtuelle Welt behilflich sind.[689] Die weiteren Angaben auf den Hüllen der Adventures lassen bedingt Rückschlüsse auf den Umfang und die Komplexität der Handlung zu.[690]
Alles in allem hat der Spieler ganz offensichtlich mehr Möglichkeiten, sich über das Szenario und seine Rolle innerhalb der Handlung zu informieren und sich auf diese Weise ein Bild von der Gesamthandlung zu machen, als dies bei den meisten Detektivromanen der Fall ist. Doch solange dem Verantwortlichen bei der Gestaltung der Spielhüllen kein Fehler unterläuft, helfen dem Spieler diese Mehrinformationen bei der Ermittlungsarbeit nicht weiter.

5.3.4 Ergebnisse

Wie die vorangegangenen Seiten gezeigt haben, lassen sich die Detective Adventures ebenso wie die Detektivromane in die Kreismodelle von Neuhaus einordnen, und ebenso wie im Fall der Bücher gibt es hier Titel, bei denen eine Einordnung in eindeutiger Weise geschehen kann, und Titel, bei denen dies nicht so einfach ist.
Zu deutlichen Abweichungen von den Detektivromanen kommt es hingegen bei der Erzählform. Da der Spieler im Detective Adventure zum Autor der eigenen Geschichte wird, während der Designer ihm nur die Grundstrukturen der Handlung vorgibt, können die aus der Literatur bekannten Erzählformen und Perspektiven hier nur bedingt angewandt werden.

---

688. Während sich nur wenige Thesen des Spielers später bestätigen und die meisten Textaussagen auf den Hüllen relativiert werden müssen, erkennt man innerhalb der Handlung zumindest die abgebildeten Szenen häufig wieder. In einigen Fällen kann man an der Zahl der bereits wiedererkannten Szenen ungefähr abschätzen, wie weit man in der Handlung vorangekommen ist.
689. Vgl., `Jack Orlando´ Handbuch S. 34ff.
690. Meist wird die Zahl der Schauplätze, der Charaktere und der nutzbaren Objekte sowie die voraussichtliche Spieldauer angegeben. Die Angaben der Systemanforderungen lassen ebenso nur bedingt einen Rückschluss auf die technische Qualität der Software zu.

Im Bezug auf die Cover und Paratexte ergibt sich hingegen wieder ein ähnliches Bild wie bei den Detektivromanen: Die Gefahr, einen entscheidenden Clue im Vorfeld zu verraten, besteht; genau genommen ist sie hier sogar höher als bei so manchem Roman. Bei den ausgewählten Beispielen sind diesbezüglich jedoch keine Verstöße aufgefallen.[691]
Zieht man die Aspekte aus den Forschungen von Neuhaus hinzu, die bereits in den vorangegangenen Kapiteln Gegenstand der Untersuchung waren, dann ergibt sich hier ein ähnliches Bild wie bei den Ausführungen von Alewyn und Weber: Während sich auf der einen Seite die meisten Thesen bestätigen lassen und die grundlegenden Theorien weit gehend anwendbar und auf das Medium übertragbar sind, ergeben sich auf der anderen Seite bei einigen wenigen Aspekten umso deutlichere Abweichungen und Widersprüche. Deren Ursache liegt meist entweder im Medium selbst begründet oder steht im direkten Zusammenhang mit der Interaktivitätsebene oder dem Aspekt der Identifikation zwischen Rezipient und Protagonist. Im Bezug auf die hier angesprochenen Ausführungen von Neuhaus fallen vor allem die Abweichungen bezüglich der Erzählperspektive und die These der Figurenkonstellation ins Auge.
Vervollständigt werden soll das bis hierin schon recht klare Bild von der Form analytischen Erzählens in Detective Adventures auf den nachfolgenden Seiten mit einer Überprüfung der vier Untersuchungsobjekte auf die Einhaltung der von van Dine für den Detektivroman der englischen Schule vorgegebenen Regeln.

5.4 S.S. van Dine - Twenty rules for writing detective stories

Ende der 20er Jahre des vergangenen Jahrhunderts stellten in England mehrere Autoren, unter ihnen S.S. van Dine und Robert Knox, Regelkataloge auf, die für den Detektivroman der englischen Schule als bindend gelten sollten.[692] Jedoch hatten diese recht strengen Reglements nicht lange Bestand, und es gehörte schon bald zum guten Ton eines jeden Autors, gezielt gegen eben diese Vorgaben zu verstoßen.

---

691. Das gleiche Bild ergibt sich bei den zusätzlich herangezogenen Titeln.
692. Aus Sicht von van Dine und Knox waren diese Theorien durchaus als bindend anzusehen, mehr als richtungsweisend waren sie jedoch nur in wenigen Fällen; vgl., Punkt 2.1.

Galt es beispielsweise als verboten, Zwillinge als Täter einzusetzen, so wurden Drillinge gewählt; war eine Liebesgeschichte innerhalb des Romans nicht gerne gesehen, wurde genau diese in die Handlung integriert.[693] Dennoch haben sich die Autoren der englischen Schule meist nur in wenigen Punkten von diesen Reglements entfernt, während sie, bewusst oder unbewusst, den Großteil der Regeln beachteten.[694] Dementsprechend kann man durchaus behaupten, dass die Reglements richtungsweisend waren, wobei die Frage, ob die Entwicklung ohne die Reglements nicht in vergleichbarer Weise verlaufen wäre, offen bleiben muss.

Im Gegensatz zu ihren englischen Kollegen haben sich die Autoren der amerikanischen Schule weit weniger an die einzelnen klassischen Elemente gehalten[695], und betrachtet man sich Titel, bei denen der Einfluss von Abenteuer- oder gar Spionage-Elementen eine Einordnung in das Genre des Detektivromans bereits zu einer Streitfrage werden lassen, so finden sich hier kaum noch Übereinstimmungen mit den genannten Vorgaben.

Um die Frage, in welcher Form analytisches Erzählen in Detective Adventures stattfindet, abzurunden, sind die vier im Rahmen der Arbeit ausführlich analysierten Titel sowie fünf weitere Adventures auf die Einhaltung der Regeln von S.S. van Dine überprüft worden.

Das Ergebnis, welches in Tabelle 4 im Detail abzulesen ist, bestätigt zumindest eine der Tendenzen, die oben für den Detektivroman genannt wurden: Bei den Adventures, deren Handlung sie eindeutig der englischen Schule zuweist[696], sind die wenigsten Abweichungen zu beobachten, während die Handlungen der amerikanischen Schule zuzuordnenden Titel[697] deutlich mehr Regelverstöße beinhalten. Mit jeweils rund fünf Abweichungen stehen die weiteren Titel[698] hier der amerikanischen Schule näher als der englischen.

---

693. Vgl., Neuhaus: Mysterion..., S.38ff.
694. Nach der Reduzierung der Reglements durch Haycraft verloren die ursprünglichen Regelkataloge an Bedeutung. Fortan galt meist nur noch die Fairnessregel und die `readabiliy´, wobei Haycraft unter letzterem Punkt mehrere der ursprünglichen Regeln zusammenfasste.
695. Die Grundprinzipien der englischen Schule wurden dabei nicht missachtet.
696. `Sherlock Holmes´, `Sherlock Holmes - The Case of the Rose Tattoo´ und `Cluedo - Tödliche Täuschung´.
697. `Jack Orlando´ und `Puppen, Perlen und Pistolen´.
698. `The Last Express´, `Hitchcock - The Final Cut´, `TKKG´, `Knickerbocker - Das Phantom in der U-Bahn´.

Dabei fällt einer der den Jugenddetektivroman vertretenden Titel mit sieben Abweichungen besonders negativ auf, während der Titel ´The Last Express´ mit nur vier Abweichungen den Vorgaben van Dines noch vergleichsweise nahe kommt.

Betrachtet man ausschließlich die vier im Mittelpunkt der Untersuchung stehenden Titel im Detail, so weist ´Sherlock Holmes´ mit zwei Abweichungen noch die wenigsten auf. Diese sind schlichtweg dadurch bedingt, dass der Mörder im Auftrag handelt und er selbst von seinem Erscheinungsbild her nicht in van Dines Sinne über jeden Verdacht erhaben ist. Bezieht man diese beiden Punkte auf den Auftraggeber, dann weist das Adventure keine einzige Abweichung auf, denn Lord Brumwell ist nicht nur über jeden Verdacht erhaben, sondern er hat auch ein persönliches Motiv.[699] Dagegen lassen sich die meisten Regelverstöße beim Vertreter der amerikanischen Schule ´Jack Orlando´ aufzeigen. Nicht nur dass die Gangster hier wie Gangster aussehen - ihre Organisation hat mafiaähnliche Strukturen und die Polizei ist ebenso wie ranghohe Militärs mit in die Machenschaften des Gangsterbosses verwickelt. Dementsprechend gibt es hier auch mehrere gleichberechtigte Haupttäter, und ein Großteil der Beteiligten kann eindeutig als Berufsverbrecher bezeichnet werden. Eigentlich nicht zu den restlichen Abweichungen passend: Auf die Spur des Mörders kommt Orlando unter anderem durch einen am Tatort zurückgelassenen Zigarrenstummel und eine Streichholzschachtel. Schließlich bahnt sich gegen Ende der Handlung noch eine Liebesbeziehung zwischen dem Detektiv und der Nichte des Gangsterbosses an, womit ´Jack Orlando´ bezüglich van Dines Regeln endgültig zum Schlusslicht unter den untersuchten Titeln wird.

Überraschend gering sind die Regelverstöße bei ´The Last Express´. Die bei ´Jack Orlando´ nur im Ansatz erkennbare Liebesbeziehung ist hier deutlicher erkennbar und gipfelt in einer gemeinsamen Nacht von Detektiv und Täterin.[700] Die drei weiteren Verstöße hängen direkt mit der Täterin zusammen: sie gehört einem Geheimdienst an, die Liquidierung als letztes Mittel, um ihre Befehle auszuführen, ist ihr gestattet, und ein persönliches Motiv spielt hier keine Rolle; Anna Wolff handelt im Auftrag.[701]

---

699. Aus dieser Perspektive wäre ´Sherlock Holmes´ der Titel mit den wenigsten, nämlich mit gar keiner Abweichung vom Reglement.
700. Vgl., ´The Last Express´ Episode III.
701. Man kann zwar sicherlich einen Geheimdienst nicht direkt mit der Mafia vergleichen und einen Agenten nicht mit einem Mörder gleichsetzen, doch sind die beiden Aspekte in ihrer Darstellung mit den Vorgaben eindeutig nicht vereinbar.

Zwei der fünf Abweichungen, die der Titel der `TKKG´ aufweist, sind für die gesamte Sparte der Detective Adventures für die jüngere Zielgruppe stereotyp: Zum einen gibt es keine Leiche und zum anderen sind immer mehr als ein Detektiv an der Tataufklärung beteiligt.[702] Die beiden Verstöße gegen die Einzeltäterschaft und die mehr oder minder zufällige Entlarvung des Täters sind hingegen nur auf diesen Titel zu beziehen. Der letzte Verstoß, die Zigarette am Tatort und weitere Zigarettenstummel, die während der Handlung für Verwirrung sorgen, muss als solcher gewertet werden, auch wenn sich die aus diesen Clues ergebenen Spuren letztlich als für die Aufklärung weit gehend irrelevant erweisen.[703]

Nimmt man die Ergebnisse der zusätzlich hinzugezogenen Titel für sich alleine, so sind aufgrund der zu geringen Datenbasis keine Trends auszumachen; fasst man hingegen die Verstöße aller neun Detective Adventures zusammen, dann fallen vor allem die folgenden Verstöße ins Auge[704]: Gleich in fünf Fällen handelt es sich bei den Verbrechen um Auftragsarbeiten, und jeweils viermal wird gegen die Gebote verstoßen, dass der Täter kein Berufsverbrecher sein darf, er alleine arbeiten und sein Auftritt ihn über jeden Verdacht erhaben machen sollte und es letztlich keine Liebesbeziehung innerhalb der Handlung geben darf. Immerhin noch in einem Drittel der Fälle sind die Mafia, Geheimbünde oder Geheimdienste an den Verbrechen beteiligt.

Auffällig ist die Tatsache, dass, abgesehen von zwei Verstößen gegen das Verbot der Überführung per Zigarettenstummel, keiner der Titel gegen die immerhin zehn Regeln verstößt, die van Dine in seinem Reglement unter der Regel mit der Nummer 20 zusammenfasst.[705] Gerade die dort genannten Punkte dienten vielen Autoren der englischen Schule als Anreiz für einen Regelverstoß, durch den ihr Werk von der Norm abwich, ohne seinen eindeutigen Charakter dabei zu verlieren.

---

702. Im Gegensatz zu den erwachsenen Detektiven arbeiten diese vier Detektive jedoch zusammen. Sie ermitteln zwar zeitweise alleine, doch tauschen sie ihre Ergebnisse aus und lösen den Fall so am Ende gemeinsam. Alleine wäre keiner von ihnen im Stande, den jeweiligen Fall zu lösen.
703. Obwohl man durch die Verfolgung der immer wieder ins Bild rückenden Zigarettenstummel bestimmter Marken das Gefühl bekommt, auf dem richtigen Weg zu sein, ist diese Art von Clue letztlich für die Aufklärung des Falls nicht entscheidend.
704. Als Bezugspunkt soll hier immer das Verbrechen gesehen werden, welches zu Beginn der Handlung den Fall konstituiert und die Ermittlungen ins Rollen bringt.
705. Unter diesem Punkt fasst van Dine, wie in Tabelle 4 deutlich wird, vor allem einige Klischeebehaftete und dem Leser gegenüber unfaire Aspekte zusammen.

Alles in allem kann man sagen, dass sich die Detective Adventures den Trends anpassen, die von den entsprechenden Sparten innerhalb der Buchliteratur vorgegeben werden. Dabei sollte jedoch beachtet werden, dass die Regelverstöße hier in erster Linie nicht als Provokation durch die Designer zu verstehen sind, sondern vielmehr auf einer gewissen Unkenntnis der Designer bezüglich der Regeln beruhen dürften. Dies bedeutet jedoch nicht, dass sie nicht gezielt Klischeebehaftete Elemente wie den Zigarettenstummel am Tatort gezielt zur Irreführung des Rezipienten einsetzen. Die vergleichsweise hohe Zahl an gemeinschaftlichen Verbrechen oder Auftragstaten wird bei den Detective Adventures ganz offensichtlich genutzt, um die Komplexität der Handlung zu erhöhen und für das Detective Adventure nicht verfügbare Elemente auf diese Weise auszugleichen.[706]

Dem gleichen Zweck dient die Einbindung oder zumindest die Andeutung einer Liebesbeziehung bei einigen Adventures. Auch wenn van Dine mit den Ergebnissen sicher nicht zufrieden gewesen wäre - weniger Beachtung als durch die Autoren vieler Detektivromane hat er, bewusst oder unbewusst, von den Designern der Detective Adventures jedenfalls nicht erfahren.[707]

---

706. Vgl., Punkt 5.1.4.
707. Vgl., Neuhaus: Mysterion..., S. 38ff; Tabelle 3+4.

6.0 Schlussbetrachtung

Die Ausführungen in den vorangegangenen Kapiteln haben gezeigt, in welcher Form analytisches Erzählen in Detektive Adventures stattfindet und welche unterschiedlichen Ausprägungen hierbei im Einzelnen aufzuweisen sind. Dass man die beiden auf den ersten Blick sehr verschiedenen Medien durchaus miteinander in Bezug setzen und sie mit vergleichbaren Kriterien analysieren und interpretieren kann, ist dabei schon bald deutlich geworden. Dass in beiden Medien nicht nur Geschichten erzählt werden, sondern dass sie auch beide auf der gleichen Erzählstruktur, der analytischen Erzählung, basieren, wurde in der Einführung bereits vorweggenommen und durch die Ausführungen in den nachfolgenden Kapiteln bestätigt.

Zwar wurden in Kapitel zwei, oberflächlich betrachtet, zunächst zwei recht unterschiedliche Entwicklungsstränge nachgezeichnet[708], doch wurde mit Hilfe dieser kurzen Skizzen zugleich schon angedeutet, was sich auf den sich anschließenden Seiten bestätigen sollte: Detektivroman und Detective Adventure sind weit weniger voneinander entfernt, als man vielleicht annehmen möchte.

Trotz einiger unübersehbarer Unterschiede im Bezug auf die Art der Rezeption, die Aufgaben der jeweiligen Verfasser der Geschichten und letztlich auch der Rätselkonstruktionen, sind in Kapitel drei überraschend viele Parallelen zwischen den beiden Medien ersichtlich geworden. Spätestens die inhaltliche Betrachtung der vier Untersuchungsobjekte im sich anschließenden Kapitel vier hat deutlich gemacht, wie sehr sich die Handlungsinhalte der Geschichten gleichen und wie sich mit nur wenigen Modifizierungen die in den virtuellen Welten der Detective Adventures angesiedelten Geschichten als Detektivroman niederschreiben ließen, und dass auch umgekehrt eine Übertragung vieler Detektivromane auf das Medium des Adventures mit nur wenigen Anpassungen möglich erscheint.[709]

---

708. Der Hauptgrund hierfür liegt in der Tatsache, dass die verschiedenen inhaltlichen Ausprägungen innerhalb der Gattung des Detektivromans bereits bekannt und weit verbreitet waren, als die ersten Detective Adventures entwickelt wurden, und gleichzeitig die Veränderungen innerhalb des Genres des Detective Adventures weniger auf inhaltliche Elemente als vielmehr auf technische Aspekte zu beziehen ist.
709. Vor allem die Struktur der Rätselkonstruktionen müssten verändert werden, um eine ausreichende Zahl der für ein Adventure typischen Mini-Sekundärrätsel zu schaffen; vgl., Punkt 3.4.

Neben den auf der Kommunikationsebene ersichtlichen Parallelen ist an gleicher Stelle jedoch auch erkennbar geworden, dass in den Detective Adventures wesentlich weniger Wert auf Charakter- und Personenbeschreibungen gelegt wird und die Geschichten eine geringere Komplexität aufweisen als viele Detektivromane.[710]

In Kapitel fünf konnte schließlich aufgezeigt werden, dass sich die Detective Adventures nicht nur weit gehend an Alewyns strenge Vorgaben für den Detektivroman halten, sondern sie sich zugleich auch in das von Weber aufgestellte Schema der analytischen Erzählung einordnen lassen.[711]

Darüber hinaus konnten die analysierten Titel erfolgreich mit den Kreismodellen von Neuhaus erfasst und auf die Einhaltung des Reglements nach van Dine überprüft werden. Dabei konnte nicht nur nachgewiesen werden, dass man die unterschiedlichen Ausprägungen der Gattung Detektivroman auf die Detective Adventures übertragen kann, sondern auch, dass die vier ausgewählten Titel durchweg die für ihre jeweilige Form stereotypen Elemente beinhalteten. Im Bezug auf die Forschungsansätze aller hinzugezogenen Literaturwissenschaftler ist es dabei in einzelnen, durchaus wichtigen Punkten zu Abweichungen gekommen, doch sind die Thesen und Theorien im Kern von der Übertragung auf das Medium des Detective Adventure weit gehend unbeeinflusst geblieben.[712]

Dort, wo es zu Abweichungen gekommen ist, muss man nicht unbedingt direkt von einer Abkehr vom analytischen Erzählprozess sprechen, denn die Einbindung des Rezipienten in die Handlung und die Erweiterung der Kommunikationsebene durch die Interaktionsebene kann beispielsweise ganz im Gegenteil als Intensivierung eben dieses Prozesses gewertet werden.[713]

---

710. Übersehen werden darf jedoch nicht, dass die Handlungen der Detective Adventures bereits aus dem Grunde kürzer und somit auch weniger komplex erscheinen, weil die Darstellung der Schauplätze auf der visuellen Ebene erfolgt und zudem auf ausführliche Charakterbeschreibungen nur selten Wert gelegt wird.
711. Hierbei können neben den vier im Detail analysierten Adventures auch alle anderen bekannten Detective Adventures mit einbezogen werden.
712. Bei einigen Punkten hat sich zudem gezeigt, dass eine Übertragung auf die Detective Adventures durchaus möglich ist, diese jedoch wie im Falle des 'lockedroom'-Elements oder der klassischen Schuss-Szene unter Beteiligung aller Tatverdächtigen nur bedingt Sinn ergeben würde.
713. Dies trifft allerdings nicht auf alle Abweichungen zwischen den beiden Medien zu. Besonders die in der Struktur des Mediums Adventure bedingten Unterschiede haben auf diesen Aspekt kaum einen oder gar keinen Einfluss.

Daher darf an dieser Stelle festgehalten werden, dass die Form des analytisches Erzählens im Detective Adventure sich zwar in einigen Punkten von der Form der analytischen Erzählung im Detektivroman unterscheidet, diese Unterscheidungen jedoch nicht etwa zu einer weitreichenden Störung des Schemas, sondern vielmehr zu einer Optimierung führen.[714]

Verantwortlich ist hierfür in erster Linie die angesprochene Interaktivitätsebene. Sie erweitert nicht nur die Wege der Kommunikation zwischen dem Designer und dem Spieler, sondern sie gibt letzterem zugleich die Möglichkeit, die in der Kommunikation mit dem Designer gewonnenen Erkenntnisse zur aktiven Interaktion mit der Handlung einzusetzen. Daraus ergibt sich, wie aufgezeigt, als direkte Folge für den Spieler eine deutlich höhere Aktivität als für den vergleichsweise in einer Konsumhaltung befindlichen Leser.[715]

Verstärkt wird der analytische Prozess innerhalb der Erzählhandlung nun vor allem durch die Tatsache, dass der Spieler nicht nur der alleinige Analysierende und Deduzierende in der Handlung ist, sondern dass er zugleich, die Rätsel nach und nach lösend und die geheimnisvollen Umstände einen nach dem anderen aufklärend, zum eigenen Autor seiner persönlichen und individuellen Version der Geschichte wird.[716]

Eng mit diesem Aspekt einhergehend ist die Identifikation des Spielers mit der Spielfigur, die ihn zum Teil der Handlung werden lässt. Diese Verschmelzung des Rezipienten mit der Rolle des Protagonisten innerhalb der virtuellen Welt ist ebenfalls für Abweichungen zum Detektivroman verantwortlich, die aus meiner Sicht die analytische Erzählung für den Rezipienten weiter intensivieren.[717] Abgerundet wird dieses Bild durch die Gesamtatmosphäre, die, in Folge der Kombination der ausgeführten Multimediaelemente, innerhalb der virtuellen Welten vorherrscht.[718]

---

714. Dies bedeutet jedoch nicht gleich, dass man das Detective Adventure als den 'besseren' Detektivroman bezeichnen kann.
715. Selbst wenn sich der Leser aktiv und sogar erfolgreich an der Deduktion im Roman beteiligt, ist er dennoch deutlich inaktiver als der Leser.
716. Wie in Kapitel drei ausgeführt, liefert der Designer nur den Rahmen der analytisch aufgebauten Handlung, die er in eine virtuelle Welt integriert hat. Diese Handlung zu entfalten und greifbar zu machen, ist alleinige Aufgabe des Spielers.
717. Die Beibehaltung der Rolle des direkten Rätselempfängers in jeder Situation und die sich zu keiner Zeit verändernde Position der Betrachterfigur spielen hierbei eine wesentliche Rolle.
718. Der durch die Audioebene ergänzten Visualisierung des Geschichtsinhalts kommt hierbei die wohl größte Bedeutung zu; Vgl., Punkte 3.1-3.3.

Somit bleibt festzuhalten, dass das Detective Adventure zwar auf der einen Seite ein deutlich stärkeres Engagement von seinen Rezipienten erfordert, ihm zugleich jedoch auch eine weitaus intensivere Erfahrung der Handlung bietet.
Ein auf diesem oder einem anderen Aspekt basierendes Qualitätsurteil soll und kann an dieser Stelle jedoch nicht ausgesprochen werden, denn dafür sind die aufgezeigten Unterschiede zwischen den beiden Medien an sich wiederum zu groß, und die Motivationsgründe der Rezipienten in der einen Situation zu einem Detektivroman und in der nächsten zu einem Detective Adventure zu greifen, zu sehr situationsabhängig.[719] Detektivroman und Detective Adventure haben beide ihren Reiz, und wenn in den vorangegangenen Abschnitten fälschlicherweise der Eindruck entstanden sein sollte, dass im Zweifelsfall dem Detective Adventure der Vorzug zu geben sei, dann sei hier noch einmal erwähnt, dass in puncto Komplexität, Spannung und mysteriöse Darstellung der unbestimmten Ereignisse sowie der damit verbundenen Irreführung des Rezipienten die meisten Adventures an einen gut durchdachten Detektivroman, wenn überhaupt, dann nur bedingt heran kommen. Das Adventure kann kein Ersatz für den Roman sein und umgekehrt kann der Roman nicht das Adventure ersetzen.[720]
Ein Blick in mein eigenes Regal, wo Bücher und Computerspiele ihren Platz in nebeneinander liegenden Fächern finden, lässt kaum eine Tendenz erkennen, und wenn ich daran denke, wie häufig ich in den letzten Wochen noch zu später Stunde, Watson an meiner Seite, durch die nebligen Straßen Londons gelaufen bin oder mich als `Private Eye´ zwischen Gangstern, Obdachlosen und Prostituierten in düsteren Lokalen bewegt habe, dann fällt mir zugleich auch wieder der Abend in der letzten Woche ein, an dem ich Carrs `Die Schädelburg´ erst morgens um halb fünf zur Seite gelegt habe.

---

719. Adventure und Buch stehen nicht in direkter Konkurrenz zueinander, sondern es ist vielmehr vom jeweiligen `trigger´ oder, um es wissenschaftlicher auszudrücken, vom jeweiligen `Auslösenden Moment´ abhängig, welchem Medium je nach Situation der Vorzug gegeben wird. Vergleichbar ist dies vielleicht noch mit der für viele allabendlichen Frage nach dem Griff zum Buch oder dem zu der daneben liegenden Fernbedienung des Fernsehers.
720. Glaubt man den Statistiken, die besagen, dass die heutige Elterngeneration noch deutlich öfter zu einem Buch greift als die meisten Jugendlichen, so darf angenommen werden, dass gerade das Genre der Adventures in vielen Fällen parallel zur Buchlektüre genutzt wird: Nach neuesten Erhebungen sind inzwischen nicht nur die Hälfte aller Computerspieler älter als 40 Jahre, sondern zugleich werden bis zu zwei Drittel aller Adventures und Rollenspiele sowie Sport- und Wirtschaftssimulationen von dieser Personengruppe erworben und gespielt.

7.0 Literatur- und Softwareverzeichnis

7.1 Literarische Quellen

Arthur, Robert (Hg.)	Alfred Hitchcock - Die Drei ??? und der Superpapagei. DTV, München, 1978.
————	Alfred Hitchcock - Die Drei ??? und die flüsternde Mumie. DTV, München, 1979.
Aue, Hartmann von	Das Nibelungenlied. Bd. 1+2. Fischer, Frankfurt a.M., 2000^{26}.
Blyton, Enid	Fünf Freunde. Die größten Abenteuer. Sammelband. Bassermann, München, 2001.
Carr, John D.	Der verschlossene Raum. DuMont's Kriminal-Bibliothek Bd. 1042. Hg.: Volker Neuhaus. DuMont, Köln, 1995^2.
————	Die Schädelburg. DuMont's Kriminal-Bibliothek Bd. 1027. Hg.: Volker Neuhaus. DuMont, Köln, 1991.
————	Die schottische Selbstmordserie. DuMont's Kriminal-Bibliothek Bd. 1018. Hg.: Volker Neuhaus. DuMont, Köln, 1995^2.
————	The Hollow Man. Penguin Books, New York, 1954.
Collins, Wilkie	The Moonstone. Wordsworth Editions Lmited, Ware, 1999^2.
Dickins, Charles	Oliver Twist. Diogenes, Zürich, 2000.

Doyle, Sir Arthur C.	His Last Bow: The War Services of Sherlock Holmes. In: The Original Illustrated `Strand´ Sherlock Holmes. Hg.: o.A. Wordsworth, Ware, 1998^8, S. 957-968.
▬▬▬▬▬	The Original Illustrated `Strand´ Sherlock Holmes. Wordsworth, Ware, 1998^8, S. 957-968.
Fleming, Ian	James Bond jagd Dr. No. Scherz, München, 1992.
Follett, Ken	Nacht über den Wassern. Bastei-Lübbe, Bergisch-Gladbach, 2001^{18}.
Hammett, Dashiell	Der Malteser Falke. Diogenes, Zürich, 1999.
Harris, Robert	Aurora. W. Heyne, München, 2000.
Hoffmann, Ernst T. A.	Das Fräulein von Scuderi. Reclam, Stuttgart, 2000.
Kästner, Erich	Emil und die Detektive. DTV, München, 1998.
Martin, Lee	Hacker. DuMont's Kriminal-Bibliothek Bd. 1099. Hg.: Volker Neuhaus. DuMont, Köln, 2001.
▬▬▬▬▬	Mörderisches Dreieck. DuMont's Kriminal-Bibliothek Bd. 1067. Hg.: Volker Neuhaus. DuMont, Köln, 1997^2.
▬▬▬▬▬	Tödlicher Ausflug. DuMont's Kriminal-Bibliothek Bd. 1071. Hg.: Volker Neuhaus. DuMont, Köln, 1998^2.

Meade, Gleen	Operation Schneewolf. Bastei-Lübbe, Bergisch-Gladbach, 2000
Perry, Anne	Viktorianische Morde. DuMont's Kriminal-Bibliothek Bd. 1077. Hg.: Volker Neuhaus. DuMont, Köln, 2000^2.
Poe, Edgar A.	Gesammelte Werke. Lechner Publishing, Limassol, 1998.
Queen, Ellery	Am zehnten Tag. DuMont's Kriminal-Bibliothek Bd. 1094. Hg.: Volker Neuhaus. DuMont, Köln, 2000.
———	Das ägyptische Kreuz. DuMont's Kriminal-Bibliothek Bd. 1069. Hg.: Volker Neuhaus. DuMont, Köln, 1997.
———	...und raus bist du! DuMont's Kriminal-Bibliothek Bd. 1085. Hg.: Volker Neuhaus. DuMont, Köln, 1999.
Stevenson, Robert L.	Die Schatzinsel. Diogenes, Zürich, 2000.
Tolkien, John R.R.	Der Herr der Ringe. Bd. 1-3. Klett, Stuttgart, 2002^{12}.
Twain, Mark	Die Abenteuer des Tom Sawyer. Bastei-Lübbe, Bergisch-Gladbach, 1990.
Wolf, Stefan	Ein Fall für TKKG, Dreifachbände. Bd. 1 - Heißes Gold am Silbersee. Pelikan, Hannover, 1997.
———	Ein Fall für TKKG, Dreifachbände. Bd. 2 - Alarm! Klößchen ist verschwunden. Pelikan, Hannover, 1999.

7.2 Literarische Darstellungen

Alewyn, Richard — Der Ursprung des Detektivromans.
In: Probleme und Gestalten - Essays
Hg.: Richard Alewyn.
Insel, Frankfurt a.M., 1982^2, S. 341-360.

——— — Die Anatomie des Detektivromans.
In: Probleme und Gestalten - Essays.
Hg.: Richard Alewyn.
Insel, Frankfurt a.M., 1982^2, S. 361-396.

——— — Probleme und Gestalten - Essays.
Insel, Frankfurt a.M., 1982^2.

Bates, Bob — Game Design - Konzepte, Kreation, Vermarktung.
Sybex, Köln, 2002.

Blendl, Christian — Games Ticker - Aktuelle Spiele-News in Kürze.
In: Das Offizielle PlayStation II Magazin, Nr. 8/2003.
Hg.: Christian Blendl.
Cypress Verlag, Höchberg, 2003, S. 20.

Brecht, Bertold — Über die Popularität des Kriminalromans.
In: Der Kriminalroman: Poetik - Theorie - Geschichte.
Hg.: Jochen Vogt.
W. Fink, München, 1998, S. 33-37.

Broich, Ulrich — Der entfesselte Detektivroman.
In: Der Kriminalroman: Poetik - Theorie - Geschichte.
Hg.: Jochen Vogt.
W. Fink, München, 1998, S. 97-110.

Buschbaum, Felix — Command & Conquer: Generals - Primas offizielles Lösungsbuch.
Prima Games Publishing, Roseville, 2003.

——— — Jack Orlando - Komplettlösung.
In: Jack Orlando, Privat Eye & Synnergist.
Hg.: Christian v. Mellenthin.
HintShop, Rösrath, 1997, S. 5-19.

————	Sim City 4 - Primas offizielles Lösungsbuch. Prima Games Publishing, Roseville, 2002.
Carr, John D.	The Locked-Room Lecture. In: The Art of the Mystery Story - A Collection of Critical Essays. Hg.: Howard Haycraft. Biblo und Tannen, New York, 1976, S. 273-285.
Chandler, Raymond	The Simple Art of Murder. In: The Art of the Mystery Story - A Collection of Critical Essays. Hg.: Howard Haycraft. Biblo und Tannen, New York, 1976, S. 222-237.
Choquet, David (Hg.)	1000 game heroes. Taschen, Köln, 2002.
Coupland, Douglas / Ward, Kip	Lara's Book - Lara Croft an the Tomb Raider Phenomenon. Prima Games Publishing, Roseville, 2001[4].
Dine, S.S.van	Twenty Rules for Writing Detective Stories. In: The Art of the Mystery Story - A Collection of Critical Essays. Hg.: Howard Haycraft. Biblo und Tannen, New York, 1976, S. 189-193.
Dittler, Ulrich	Software statt Teddybär. Computerspiele und die pädagogische Auseinandersetzung. Reinhardt, München, 1993.
Eckert, Otto	Der Kriminalroman als Gattung. In: Der Kriminalroman. Zur Theorie und Geschichte einer Gattung. Bd. 2. Hg.: Jochen Vogt. W. Fink, München, 1971, S. 528-533.
Eco, Umberto	Die Erzählstrukturen bei Ian Flemming. In: Der Kriminalroman: Poetik - Theorie - Geschichte. Hg.: Jochen Vogt. W. Fink, München, 1998, S. 181-207.

Eco, Umberto / Sebeok, Th. A. (Hg.)	Der Zirkel oder Im Zeichen der Drei - Dupin, Holmes, Peirce. W. Fink, München, 1985.
Finke, Beatrix	Erzählsituationen und Figurenperspektiven im Detektivroman. B.R. Grüner, Amsterdam, 1983.
Glaser, Frank	Lara Art: Versuchung - Die sinnliche Powerfrau. In: Lara Croft Magazin Nr.1/1999. Hg.: Frank Glaser / Michael Martin. Future Press, Hamburg, 1999, S. 84-93.
Goette, Jürgen W. / Kircher, Hartmut	Der Kriminalroman. Texte zur Theorie und Kritik. Diesterweg, Frankfurt a.M., 1980^2.
Harrowitz, Nancy	Das Wesen des Detektivmodells. Charles S. Peirce und Edgar Allan Poe. In: Der Zirkel oder Im Zeichen der Drei - Dupin, Holmes, Peirce. Hg.: Umberto Eco / Thomas A. Sebeok. W. Fink, München, 1985, S. 262-287.
Hasubek, Peter	Die Detektivgeschichte für junge Leser. J. Klinkhardt, Bad Heilbrunn, 1974.
Haycraft, Howard (Hg.)	The Art of the Mystery Story - A Collection of Critical Essays. Biblo und Tannen, New York, 1976.
Herz, Joseph C.	Joystick Nation. Abacus, London, 1997.
Hühn, Peter	Der Detektiv als Leser. Narrativität und Lesekonzepte in der Detektivliteratur. In: Der Kriminalroman: Poetik - Theorie - Geschichte. Hg.: Jochen Vogt. W. Fink, München, 1998, S. 239-254.
Kent, Steven L.	The ultimate history of videogames. Prima Games Publishing, Roseville, 2001.

Knox, Ronald A.	A Detective Story Decalougue. In: The Art of the Mystery Story - A Collection of Critical Essays. Hg.: Howard Haycraft. Biblo und Tannen, New York, 1976, S. 194-196.
Kunczik, Michael	Gewalt in den Medien. Böhlau, Köln, 1998.
Lischka, Konrad	Spielplatz Computer - Kultur, Geschichte und Ästhetik des Computerspiels. H. Heise, Hannover, 2002.
Maushagen, Andrea	Death on the Nile - Raum in Erzähltexten: CID SET. In: CID - Computergestützte Interpretation von Detektivromanen. Hg.: Dagmar Schier / Malchus Giersch. P. Lang, Frankfurt a.M., 1995, S. 189-210.
Mertens, Mathias / Meißner, Tobias O.	Wir waren Space Invaders. Geschichten vom Computerspielen. Eichborn, Frankfurt a.M., 2002.
Neuhaus, Volker	Mysterion tes anominas - Das Geheimnis des Bösen. Der Detektivroman als regelgeleitete Gattung. In: CID - Computergestützte Interpretation von Detektivromanen. Hg.: Dagmar Schier / Malchus Giersch. P. Lang, Frankfurt a.M., 1995, S. 11-45.
_____	Old Shatterhand und Sherlock Holmes. In: Text und Kritik - Sonderband Karl May. Hg.: Heinz Ludwig Arnold. R. Boorberg, München, 1987, S. 146-157.
_____	Richard Alewyns Forschungen zum Detektivroman. In: Empfindsamkeit und die Moderne. Hg.: Klaus Garber. W. Fink, München, 2003, S. 1-5 (Vorabdruck).

| | Typen multiperspektivischen Erzählens.
Böhlau, Köln, 1971. |
|---|---|

———————   Vorüberlegungen zu einer Geschichte des detektorischen Erzählens.
In: Arcadia - Zeitschrift für vergleichende Literaturwissenschaft Bd. 12, Heft 3.
Hg.: Horst Rüdiger.
De Gruyter, Berlin, 1977, S. 258-272.

Poole, Steven   Trigger Happy - The inner life of videogames.
Fourth Estate, London, 2000.

Sayers, Dorothy L.   Aristoteles über Detektivgeschichten. Vorlesung in Oxford am 5. März 1935.
In: Der Kriminalroman: Poetik - Theorie - Geschichte.
Hg.: Jochen Vogt.
W. Fink, München, 1998, S. 13-22.

———————   The Omnibus of Crime.
In: The Art of the Mystery Story - A Collection of Critical Essays.
Hg.: Howard Haycraft.
Biblo und Tannen, New York, 1976, S. 71-109.

Schiel, Tobias M.   Die andere Detektivgeschichte. Detektiverzählungen als Erzählungen von Detektiven.
Phil. Diss., Köln, 1999.

Schier, Dagmar / Giersch, Malchus (Hg.)   CID - Computergestützte Interpretation von Detektivromanen.
P. Lang, Frankfurt a.M., 1995.

Schulz-Buschhaus, U.   Funktionen des Kriminalromans in der post-avantgardistischen Erzählliteratur.
In: Der Kriminalroman: Poetik - Theorie - Geschichte.
Hg.: Jochen Vogt.
W. Fink, München, 1998, S. 523-548.

Stanzel, Frank K.   Theorie des Erzählens.
Vandenhoeck & Ruprecht, Stuttgart, 1995^7.

Suerbaum, Ulrich	Der gefesselte Detektivroman. Ein gattungstheoretischer Versuch. In: Der Kriminalroman: Poetik - Theorie - Geschichte. Hg.: Jochen Vogt. W. Fink, München, 1998, S. 84-96.
———	Krimi - Eine Analyse der Gattung. Reclam, Stuttgart, 1984.
Suits, Bernard	Die Detektivgeschichte: Eine Fallstudie über Spiele in der Literatur. In: Der Kriminalroman: Poetik - Theorie - Geschichte. Hg.: Jochen Vogt. W. Fink, München, 1998, S. 255-273.
Vogt, Jochen (Hg.)	Der Kriminalroman: Poetik - Theorie - Geschichte. W. Fink, München, 1998.
———	Der Kriminalroman. Zur Theorie und Geschichte einer Gattung. Bd. 1+2. W. Fink, München, 1971.
Weber, Dietrich	Theorie der analytischen Erzählung. Beck, München, 1975.
Wellershoff, Dieter	Vorübergehende Entwirklichung. Zur Theorie des Kriminalromans. In: Der Kriminalroman: Poetik - Theorie - Geschichte. Hg.: Jochen Vogt. W. Fink, München, 1998, S. 499-522.
Wirsig, Christian	Das grosse Lexikon der Computerspiele. Schwarzkopf & Schwarzkopf, Berlin, 2003.

7.3 Für die Untersuchung herangezogene Detective Adventures

Titel: Alfred Hitchcock - The Final Cut.
Genre: Grafik-Adventure.
Sprachversion: Deutsch.
Publisher: Wanadoo, Mönchengladbach, 2001.

Titel: Cluedo - Tödliche Täuschung.
Genre: Grafik-Adventure.
Sprachversion: Deutsch.
Publisher: Hasbro Interactive - Atari, Frankfurt a.M., 1999.

Titel: Die Knickerbockerbande - Das Phantom in der U-Bahn.
Genre: Grafik-Adventure.
Sprachversion: Deutsch.
Publisher: Ravensburger Interactive Media, Ravensburg, 2000.

Titel: **Der Schatz der Maya - Das Detektivspiel - Ein Fall für TKKG.**
Genre: **Grafik-Adventure.**
Sprachversion: **Deutsch.**
Publisher: **Tivola, Berlin, 1998.**

Titel: Jack Orlando - A Cinematic Adventure.
Genre: Grafik-Adventure.
Sprachversion: Deutsch.
Publisher: Topware CD Service AG - Zuxxez Entertainment, Worms, 1997.

Titel: **Jack Orlando - A Cinematic Adventure - Director's Cut.**
Genre: **Grafik-Adventure.**
Sprachversion: **Deutsch.**
Publisher: **Zuxxez Entertainment, Worms, 2001.**

Titel: Puppen, Perlen und Pistolen.
Genre: Grafik-Adventure.
Sprachversion: Deutsch.
Publisher: Philips Interactive Media, Hamburg, 1996.

Titel:	The Last Express.
Genre:	Grafik-Adventure.
Sprachversion:	Deutsch.
Publisher:	Brøderbund Software - Riverdeep, Novato (CA), 1997.

Titel:	The Lost Files of Sherlock Holmes - The Case of the Serrated Scalpel.
Genre:	Grafik-Adventure.
Sprachversion:	Deutsch.
Publisher:	Electronic Arts, Köln, 1992.

Titel:	The Lost Files of Sherlock Holmes - The Case of the Serrated Scalpel.
Genre:	Grafik-Adventure.
Sprachversion:	Englisch.
Publisher:	Electronic Arts, Langley, 1992.

Titel:	The Lost Files of Sherlock Holmes - The Case of the Rose Tatoo.
Genre:	Grafik-Adventure.
Sprachversion:	Englisch.
Publisher:	Electronic Arts, Langley, 1996.

Titel:	Wer stoppt den Feuerteufel? - Das Detektivspiel - Ein Fall für TKKG.
Genre:	Grafik-Adventure.
Sprachversion:	Deutsch.
Publisher:	Tivola, Berlin, 2000.

7.4 Weitere im Zusammenhang mit der vorliegenden Arbeit angesprochene Computer- und Videospiele

Titel:	007 Nightfire.
Genre:	Ego-Shooter.
Publisher:	Electronic Arts, Köln, 2002.

Titel:	Adventure.
Genre:	Text-Adventure.
Publisher:	Will Crowther und Don Woods, Boston (KY), 1972.

Titel: Agatha Christie.
Genre: Text-Adventure.
Publisher: Telarium, Cambridge (MA), 1984.

Titel: Alone in the Dark I-III.
Genre: Grusel-Adventure.
Publisher: Infogrames - Atari, Frankfurt a.M., 1992-1995.

Titel: Alone in the Dark - The New Nightmare.
Genre: Grusel-Adventure.
Publisher: Infogrames - Atari, Frankfurt a.M., 2001.

Titel: Asteroids.
Genre: Arcade-Spiel.
Publisher: Atari, Frankfurt a.M., 1972.

Titel: Baphomets Fluch I-III.
Genre: Grafik-Adventure.
Publisher: Virgin Interactive - Titus Interactive, Paris, 1996-2003.

Titel: Battle Isle I-IV.
Genre: Rundenbasiertes Strategiespiel.
Publisher Blue Byte - Ubi Soft, Frankfurt a.M., 1991-2001.

Titel: Black & White.
Genre: Gottspiel.
Publisher: Electronic Arts, Köln, 2001.

Titel: Breakout.
Genre: Arcade-Spiel.
Publisher: Atari, Frankfurt a.M., 1976.

Titel: Command & Conquer I-V.
Genre: Echtzeitstrategiespiel.
Publisher: Westwood - Electronic Arts, Köln, 1995-2003.

Titel: Congo.
Genre: Text-Adventure.
Publisher: Telarium, Cambridge (MA), 1982.

Titel: Donkey Kong.
Genre: Hüpf- & Laufspiel.
Publisher: Nintendo, Frankfurt a.M., 1980.

Titel:	Die Sims.
Genre:	Personensimulation.
Publisher:	Maxis - Electronic Arts, Köln, 2000-2003.

Titel:	DOOM.
Genre:	Ego-Shooter.
Publisher:	ID-Software, Mesquite (TX), 1993.

Titel:	Dungeons & Dragons.
Genre:	Text-Adventure.
Publisher:	TSR - Wizards of the Coast, Renton (WA), 1972.

Titel:	Fahrenheit 451.
Genre:	Text-Adventure
Publisher:	Telarium, Cambridge (MA), 1984.

Titel:	Gabriel Knight I-III.
Genre:	Grafik-Adventure.
Publisher:	Sierra Games - Vivendi Universal Interactive, Langen, 1993-1999.

Titel:	Half Life.
Genre:	Ego-Shooter.
Publisher:	Sierra Games - Vivendi Universal Interactive, Langen, 1998.

Titel:	Half Life - Counterstrike.
Genre:	Ego-Shooter.
Publisher:	Sierra Games - Vivendi Universal Interactive, Langen, 1999.

Titel:	Herr der Ringe I-III.
Genre:	Action-Adventure.
Publisher:	Electronic Arts, Köln, 2001-2003.

Titel:	Loom.
Genre:	Grafik-Adventure.
Publisher:	Lucas Arts - Electronic Arts, Köln, 1989.

Titel:	Maniac Mansion.
Genre:	Grafik-Adventure.
Publisher:	Lucas Arts - Electronic Arts, Köln, 1987.

Titel:	Max Payne.
Genre:	Ego-Shooter.
Publisher:	Take2 Interactive, München, 2001.

Titel:	Moorhuhnjagd I-III.
Genre:	Geschicklichkeitsspiel.
Publisher:	Phenomedia, Bochum, 1999-2003.

Titel:	Moorhuhnjagd - Winteredition.
Genre:	Geschicklichkeitsspiel.
Publisher:	Phenomedia, Bochum, 2001.

Titel:	Myst.
Genre:	Grafik-Adventure.
Publisher:	Brøderbund Software - Riverdeep, Novato (CA), 1994.

Titel:	Mystery House.
Genre:	Text-Adventure.
Publisher:	Infocom - Activision, München, 1980.

Titel:	No One Lives Forever I+II.
Genre:	Ego-Shooter.
Publisher:	Sierra Games - Vivendi Universal Interactive, Langen, 2001-2003.

Titel:	Pac Man.
Genre:	Arcade-Spiel.
Publisher:	Namco, London, 1980.

Titel:	Phillip Marlowe - Private Eye.
Genre:	Grafik-Adventure.
Publisher:	Simon & Schuster Interactive, Glasgow, 1997.

Titel:	Resident Evil I-IV.
Genre:	Survival-Horror-Adventure.
Publisher:	Capcom, London, 1997-2003.

Titel:	Sherlock Holmes und das Geheimnis der Mumie.
Genre:	Grafik-Adventure.
Publisher:	Wanadoo, Mönchengladbach, 2003.

Titel:	Sherlock Holmes II - The Case of Sherringford Hall.
Genre:	Grafik-Adventure.
Publisher:	Wanadoo, Mönchengladbach, 2004.

Titel:	Silent Hill I-III.
Genre:	Survival-Horror-Adventure.
Publisher:	Konami, Frankfurt a.M., 1999-2003.
Titel:	Sim City I-IV.
Genre:	Gottspiel.
Publisher:	Maxis - Electronic Arts, Köln, 1989-2002.
Titel:	Space Invaders.
Genre:	Arcade-Spiel.
Publisher:	Taito - Eidos Interactive, Hamburg, 1978.
Titel:	Super Mario.
Genre:	Hüpf- & Laufspiel.
Publisher:	Nintendo, Frankfurt a.M., 1985.
Titel:	Tennis for Two.
Genre:	Arcade-Spiel.
Publisher:	William Biginbotham, Upton (NY), 1958.
Titel:	Tetris.
Genre:	Geschicklichkeitsspiel.
Publisher:	Nintendo, Frankfurt a.M., 1988.
Titel:	Tomb Raider I-V.
Genre:	Action-Adventure.
Publisher:	Eidos Interactive, Hamburg, 1996-2001.
Titel:	Tomb Raider VI - Angel of Darkness.
Genre:	Action-Adventure.
Publisher:	Eidos Interactive, Hamburg, 2003.
Titel:	Wing Commander I-V.
Genre:	Weltraumsimulation.
Publisher:	Origin - Electronic Arts, Köln, 1990-1997.
Titel:	Zork.
Genre:	Text-Adventure.
Publisher:	Infocom - Activision, München, 1982.

8.0 Anhang

8.1 Glossar

Action-Adventure
Mitte der 90er Jahre neu entstandene Ausprägung des Adventuregenres, bei dem das Lösen von Rätseln gleichgestellt wird mit Action-Elementen, die man zuvor nur in den Genres der Hüpf- & Laufspiele bzw. der Schießspiele kannte. Bekanntester Vertreter des Genres ist die `Tomb Raider´-Reihe mit Lara Croft.

Adventure
Vgl., Punkt 2.2.1 dieser Arbeit und die nachfolgenden Ausführungen.

Altersfreigabe
Wie für Videofilme gibt es auch für Computerspiele vom Gesetzgeber vorgeschriebene Freigabebeschränkungen. Diese gelten als verbindlich und wurden im Rahmen des neuen Jugendschutzgesetzes im Frühjahr 2003 verschärft. Ohne ein entsprechendes Freigabesiegel darf kein Computerspiel mehr verkauft werden. Deutschland ist in Europa das einzige Land mit verbindlichen Beschränkungen.

Amiga 500 / 1000
→ Commodore.

Arcade-Modus
Bezeichnung für einen in vielen Genres anzutreffenden Spielmodus, bei dem der Realitätsanspruch der Spiele zu Gunsten einer leichteren Spielbarkeit keine Berücksichtigung findet. Der Arcade-Modus wird häufig als direktes Gegenstück zur Simulation gewertet.

Arcade-Spiele
Sammelbegriff für alle Spiele, deren Urversionen aus den späten Spielhallen der 70er und frühen 80er Jahre stammen.

Arcades
Amerikanische Bezeichnung für Spielhallen.

Atari
Die 1972 gegründete Firma war einer der ersten und lange Zeit einer der erfolgreichsten Hersteller von Computer- und Videospielen sowie dazugehörigen Hardwareprodukten. Zu den ersten Titeln gehörte der Arcade-Klassiker `Breakout'. 1976 verkauften die beiden Gründer die Firmenrechte für 28 Mio. Dollar an das Unternehmen Time Warner. Nach dem Niedergang der Videospielbranche Anfang der 80er Jahre wurden die Markenrechte mehrfach für einen Bruchteil dieser Summe weiterverkauft. Seit der Pleite des Spielherstellers Hasbro im Jahre 2001 liegen die Rechte am Namen Atari bei dem französischen Softwarehersteller Infogrames. Dieser firmiert seit Anfang 2003 unter dem legendären Namen Atari.

Audioausgabe
Sammelbezeichnung für alle akustisch wiedergegebenen Elemente in einem Spiel. Hierzu zählen die meist kontinuierlich präsente Hintergrundmusik und die Geräuscheffekte, die die visuell dargestellten Ereignisse ergänzen. Bei aktuellen Titeln kommt noch die Sprachausgabe während der Unterhaltungen hinzu. Die Qualität der Audioausgabe wurde in den letzten Jahren parallel zur Entwicklung leistungsstärkerer Soundkarten deutlich verbessert.

Auflösung
Häufig verwendete Abkürzung für den Begriff der Grafikauflösung. Die Grafikauflösung gibt an, wie viele nebeneinander liegende Bildpunkte auf dem Monitor dargestellt werden. Heute arbeiten die meisten Nutzer mit einer Auflösung von 1024 x 786 Bildpunkten. Viele Spiele ermöglichen eine sehr detaillierte Auflösung von bis zu 1600 x 1200 Bildpunkten.

Auslöser (engl. trigger)
Bezeichnung für ein Objekt, das eine Reaktion der virtuellen Umgebung auslöst, sobald der Spieler mit ihm in Interaktion tritt.

Befehlszeile (Kommandozeile)
Bezeichnung für die Textzeile, über die der Spieler bis zur Einführung der grafischen Benutzeroberfläche durch das Betriebssystem Windows die Befehle an die Softwareprogramme erteilte.

Bestenliste (engl. highscore oder hall of fame)
Inzwischen halb eingedeutschte, meist als Highscoreliste bezeichnete Auflistung der besten Ergebnisse eines Spielers innerhalb eines Spiels. Die Ergebnisse der Liste werden meist dauerhaft gespeichert. Entsprechende Punktlisten gibt es bei fast allen Genres; in Adventures und Rollenspielen sind sie allerdings nur selten anzutreffen.

Bildschirmtod
Vorzeitiges Spielende, das durch einen, aus Sicht des Designers, vom Spieler gemachten Fehler innerhalb der Handlung hervorgerufen wird. Im Gegensatz zu anderen Genres sind die Gefahrensituationen für einen Bildschirmtod bei Adventures und Rollenspielen häufig weniger offensichtlich als bei anderen Spielen.

Bonusobjekte (engl. goodies oder powerups)
Auch als 'Spielboni' bezeichnete Objekte, die der Spieler während des Spiels durch Berührung einsammelt und die ihm in den meisten Fällen einen kurzzeitigen Vorteil gegenüber seinen Gegnern oder Mitspielern verschaffen. Dies kann beispielsweise eine höhere Geschwindigkeit bei einem Autorennspiel, die zeitweilige Unverwundbarkeit bei einem Ego-Shooter oder ein Punktebonus bei einem Hüpf- & Laufspiel sein. Einige Bonusobjekte können auch einen negativen Effekt haben.

Cardridges
→ Steckkarten

CD-ROM (engl. Compact-Disc-Read-Only-Memory)
Mit einer Audio-CD vergleichbares Speichermedium für Computerdaten. Die CD-ROM löste ab Mitte der 90er Jahre zunehmend die Diskette ab. Der größte Vorteil liegt bis heute in der Speicherkapazität: Auf einer einzigen CD-ROM kann die Datenmenge von 450-550 Disketten gespeichert werden. Im Gegensatz zur CD-R (Compact-Disc-Recordable) kann die CD-ROM vom Endnutzer nicht mit neuen Daten beschrieben werden.

Cheats
Als Cheats werden Codes und Passwörter bezeichnet, mit deren Hilfe man sich innerhalb von Spielen einen illegitimen Vorteil verschaffen kann. Cheats können z.B. die Unverwundbarkeit des Protagonisten hervorrufen oder dem Spieler die Beendigung eines Spielabschnitts ermöglichen, ohne dass alle Aufgaben bewältigt wurden. Cheats werden häufig während des laufenden Spiels oder sogar in einem eigenen Menü bereits vor Spielbeginn eingegeben.

Commodore
Die 1954 gegründete Firma stellte zunächst Schreibmaschinen und später Taschenrechner her. Der weltweite Durchbruch gelang Mitte der 80er Jahre mit dem Heimcomputer C64, der zum meistverkauften Spielcomputer weltweit wurde. Die Nachfolger Amiga 500 und Amiga 1000 profitierten von dem hohen Bekanntheitsgrad des Vorgängers. Der Erfolg des handelsüblichen PCs als Spielcomputer bedeutete jedoch 1996 das endgültige Ende für die kurze Zeit zuvor durch Escom aufgekaufte Firma. Heute gehören die Namensrechte einem amerikanischen Elektronikhersteller.

Computerspiel
Softwarespiel, für dessen Nutzung man einen PC oder einen Spielcomputer benötigt. Im Gegensatz zu Spielkonsolen werden die Computerspiele auf einem Monitor und nicht einem Fernsehgerät dargestellt.

CPU
→ Prozessor

Credits
Bezeichnung für Punkte, die der Spieler durch Leistungen in einem Spiel erworben hat und die er innerhalb der Spielhandlung reinvestiert. Für in Autorennspielen durch gute Platzierungen erworbene Credits kann der Spieler zum Beispiel meist sein Fahrzeug aufrüsten und so dessen Leistung steigern. In Strategiespielen werden Credits hingegen in die Produktion von neuen Kampfeinheiten investiert. Bei vielen Arcade-Spielen wurde mit dem Begriff früher auch die Zahl der noch vorhandenen virtuellen Leben bezeichnet.

Cursor
Ursprünglich wurde hiermit der blinkende Strich in der Befehlszeile eines Betriebssystems bezeichnet. Heute dient die Bezeichnung als Abkürzung für den Mauszeiger (Mauscursor).

Detective Adventure
Vgl., Punkt 2.2.2 dieser Arbeit und die sich anschließenden Ausführungen.

Diskette
Speichermedium für Computerdaten. Die heute noch verwendete 3,5"-Diskette wurde Mitte der 80er Jahre eingeführt und löste in kürzester Zeit die bis dahin verwendeten 5,25"-Disketten ab.

DLH-Netzwerk
Eines der bekanntesten Internetforen für aktuelle Meldungen sowie für Cheats und Komplettlösungen zu Computer- und Konsolenspielen. DLH steht für `Dirty Little Helper´, die Internetadresse lautet: www.dlh.net. Die Homepage der Deutschen Lufthansa AG ist hingegen www.dlh.com.

Dolby-Surround Audio System
Vorwiegend aus Kinosälen bekanntes Raumklangsystem, welches inzwischen auch bei vielen Spielen zum Standard geworden ist. Bei einem entsprechend ausgerüsteten PC kann der Spieler aufgrund der Raumakustik beispielsweise erkennen, aus welcher Richtung sich ein Gegner nähert oder wohin er sich wenden muss, um sich selbst einer Geräuschquelle zu nähern.

Echtzeitspiele (engl. real-time-games)
Spiele, bei denen nicht der Spieler, sondern die Uhr die Spielgeschwindigkeit bestimmt. Besonders im Genre der Strategiespiele wird dieses Element häufig verwendet.

Echtzeitstrategiespiel (engl. real-time-strategy-game; Abk.: RTS)
Strategiespiele, bei dem Spieler und Computergegner zugleich agieren. Erfolgreichster Vertreter dieses Genres ist Westwoods `Command & Conquer´-Reihe.

Ego-Shooter
Sehr erfolgreiche und zumindest in Deutschland ebenso umstrittene Ausprägung der Schießspiele, bei denen der Spieler aus Sicht der ersten Person agiert. Heute wird der Begriff des Ego-Shooters häufig als Synonym für Schießspiele verwendet. In der Regel steuert der Spieler seine Spielfigur durch Landschaften oder Gebäude. Für den Spieler gilt es jeweils, das Ende einer solchen Spielstufe zu erreichen, indem er einen bestimmten Punkt innerhalb der Landschaft oder des Gebäudes betritt. Auf dem Weg dorthin muss er nicht nur eine Reihe von Gegnern ausschalten, sondern auch kleine Rätsel lösen. Viele der Spiele haben einen deutlich höheren Anspruch an Taktikvermögen und Reaktion ebenso wie an Kombinationsfähigkeit und logischem Denkvermögen, als viele Nichtspieler je vermuten würden. Die meisten Spiele des Genres sind hier zu Lande indiziert, was die Verbreitung und die Popularität der Titel jedoch nur sehr bedingt einschränkt. In den USA wurden bereits Titel damit beworben, dass sie in Deutschland indiziert sind.

Eidos
1990 gegründeter, englischer Softwarehersteller, der heute vor allem durch die Titel der `Tomb Raider´-Reihe bekannt ist.

Einführungssequenz (engl. intro)
Animation oder Filmsequenz, die den Spieler in die Handlung einführt.

Electronic Arts
Die 1982 gegründete Softwareschmiede ist heute der bekannteste und zugleich der erfolgreichste Softwarehersteller für Computer- und Konsolenspiele weltweit. In Deutschland hat Electronic Arts einen Marktanteil von rund 60%. Die Firma publiziert Titel für alle gängigen Systeme und alle bekannten Genres. Einige der seit Jahren erfolgreichen Serientitel der Firma gelten in den jeweiligen Genres als Referenzklasse, an denen die Qualität der Konkurrenzprodukte bemessen wird. In den vergangenen Jahren hat Electronic Arts eine Reihe von Softwareherstellern übernommen, deren Markennamen sie jedoch weiterführt.

Endsequenz (engl. outtro)
Animation oder Filmsequenz, die die Hintergrundgeschichte nach der letzten Handlung durch den Spieler abschließt.

Episode
Bezeichnung für einen begrenzten Spielabschnitt, beispielsweise bei Adventures und Rollenspielen. In den meisten anderen Genres werden die Spielabschnitte hingegen als Spielstufen (engl. level) bezeichnet.

Erweiterungen (engl. upgrades)
Objekte, mit denen der Spieler seine Spielfigur oder beispielsweise das von ihm verwendete Fahrzeug in einem Rennspiel aufrüsten kann. Damit verbunden ist in der Regel eine Leistungssteigerung. Für diese Erweiterungen muss der Spieler Credits zahlen, die er durch vorher erbrachte Leistungen erhalten hat.

Euro-Boxen
Bezeichnung für die ursprünglich nur für DVD-Filme verwendeten Verpackungen, die inzwischen immer häufiger auch für Computerspiele verwendet werden.

Festplatte
Im Computer festinstalliertes Speichermedium zur dauerhaften Datenspeicherung.

GameBoy
Seit 1989 die einzige, weltweit erfolgreiche, tragbare Spielkonsole im Hosentaschenformat. Der Game Boy wurde vom Hersteller Nintendo kontinuierlich weiterentwickelt und ist bis heute konkurrenzlos. Es gibt den Game Boy in unterschiedlichen Ausführungen und Preisklassen.

GameCube
Im Frühjahr 2002 von Nintendo auf den Markt gebrachte Spielkonsole. Das System wendet sich vor allem an Kinder und Jugendliche und bietet eine entsprechende Softwareauswahl.

Gegnerverhalten
Bezeichnung für das Verhalten von computergesteuerten Kontrahenten bei einem Spiel. Man spricht von einem guten Gegnerverhalten und einer ausgereiften KI, wenn sich die Kontrahenten möglichst real und logisch ʼmenschlichʼ verhalten. Wenn man beispielsweise in einem Ego-Shooter einen Gegner angreift, sollte dieser nicht einfach stehen bleiben, sondern in Deckung gehen und sich zugleich zur Wehr setzen. Das Gegnerverhalten ist für viele Spieler ein äußerst wichtiges Kriterium bei der Qualitätsbewertung eines Spiels.

Genre
Bezeichnung für die unterschiedlichen Sparten von Computer- und Videospielen.

Geschicklichkeitsspiele
Sammelbegriff für Spiele, die vom Spieler schnelle Reaktionen erfordern und sich aufgrund ihrer Thematik oder ihres Aufbaus weder dem Genre der Hüpf- & Laufspiele noch den Knobelspielen zuordnen lassen.

Gesprächsoptionen
Bezeichnung für die dem Spieler vom Designer zur Interaktion mit den Nichtspielercharakteren zur Verfügung gestellten Sätze und Wortpassagen. Häufig muss sich der Spieler zwischen mehreren Sätzen entscheiden.

Gottspiele
Bezeichnung für Spiele, in denen der Spieler eine vergleichsweise hohe Macht über die in der virtuellen Welt integrierten Personen und zugleich weit gehend die Kontrolle über die Ereignisse selbst besitzt. Zu diesem Genre gehören beispielsweise die Personensimulation ʼDie Simsʼ, bei der der Spieler die Personen einer aus mehreren Haushalten bestehenden virtuellen Nachbarschaft managen muss, die Städtesimulation ʼSimCityʼ, bei der man sich als Bürgermeister beweisen kann, oder das Spiel ʼBlack & Whiteʼ, bei dem sich der Spieler im wahrsten Sinne des Wortes als Schöpfer von Flora und Fauna betätigt und mit Hilfe der von ihm geschaffenen Kreaturen seine Welt gegen die Schöpfungen anderer Götter verteidigen muss.

Grafik-Adventure
Vorwiegend auf Grafiken basierende Adventures. Sie lösten Mitte der 80er Jahre in kürzester Zeit die Text-Adventures ab.

Grafikkarten
Von allen Steckplatinen kommt der Grafikkarte die größte Bedeutung zu. Sie ermöglicht dem Computer die visuelle Darstellung der Daten. Heutige Grafikkarten verfügen über einen Zusatzchip, der ihnen eine sehr realistische und detaillierte dreidimensionale Darstellung ermöglicht. Mit Hilfe solcher `3D-beschleunigter´ Grafikkarten können Nebel, Schatten, Wasserspiegelungen und Lichteffekte ohne Verzögerung in Echtzeit dargestellt werden.

Hardware
Sammelbegriff für alle Komponenten, die zu einem Computer gehören, sowie für Spielkonsolen und die jeweils dazugehörige Peripherie.

Hauptplatine (engl. motherboard)
Die Hauptplatine stellt die Verbindung zwischen den einzelnen Komponenten des Computers dar. Hauptprozessor, Speicher, Grafikkarten, Soundkarten etc. sind direkt auf die Hauptplatine aufgesteckt, die Festplatten und Laufwerke über entsprechende Kabel mit der Platine verbunden.

Heimvideosystem
Bezeichnung für die ersten Videospielkonsolen der 70er und frühen 80er Jahre. Sie wurden aufgrund ihrer Darstellung auf dem Fernseher zeitweise in Deutschland auch als Telespiele bezeichnet.

Hintergrundgeschichte
Bezeichnung für den Handlungsrahmen, in den die einzelnen Spielstufen eingebunden sind. Die Hintergrundgeschichte beginnt mit der Einführungssequenz und wird mit der Endsequenz abgeschlossen. Zwischen den einzelnen Spielabschnitten wird die Hintergrundgeschichte in der Regel durch Zwischensequenzen weitergeführt.

Hintergrundmusik
→ Audioausgabe

Hüpf- & Laufspiele (engl. jump & run-games)
Spiele, bei denen der Spieler eine Spielfigur in schneller Bewegungsabfolge durch die einzelnen Spielabschnitte steuern muss. Hierbei gilt es meist, Hindernissen auszuweichen, während man über Treppen, Leitern und unzählige kleine Plattformen klettert. Das Genre weist sehr viele Variationen auf. In den letzten Jahren haben auch hier dreidimensionale Welten Einzug gehalten, wodurch dem Genre eine zuvor ungeahnte Komplexität verliehen wurde.

Indizierung
Die Bundesprüfstelle für jugendgefährdende Schriften indiziert jedes Jahr eine Reihe von Computer- und Konsolenspielen, die nach Meinung der Behörde für Jugendliche unzumutbare Gewaltdarstellungen oder verfassungswidrige Symbole beinhalten. Die betroffenen Titel dürfen, wenn überhaupt, nur gegen Altersnachweis verkauft werden und nicht offen in den Regalen ausgestellt oder beworben werden.

Infocom
Erfolgreichster im Jahre 1977 gegründeter Hersteller von Text-Adventures. Das Unternehmen beherrschte bis in die erste Hälfte der 80er Jahre den Markt für Text-Adventures und veröffentlichte jedes Jahr Dutzende von Titeln. Der Niedergang der Text-Adventures bedeutete zugleich das Ende von Infocom. Die Firma wurde vom amerikanischen Softwarehersteller Activision aufgekauft, der die Namensrechte bis vor wenigen Jahren für einzelne Produkte weiterhin verwendete.

Installation
Bezeichnung für den Kopiervorgang von Daten auf einen Computer und ihre anschließende, für die Nutzung erforderliche Aufbereitung.

Interaktiver Film
Bezeichnung für Spiele, die in erster Linie aus einzelnen Filmsequenzen bestehen, zwischen denen der Spieler nur wenige und vor allem kurze Handlungen ausführen muss, bevor die nächste Filmsequenz die Geschichte fortschreibt. Spiele in dieser Form wurden Mitte der 90er Jahre in großen Stückzahlen produziert, der Erfolg blieb jedoch genreübergreifend aus.

Interaktivität
Bezeichnung für den Eingriff eines Benutzers in den Ablauf eines Computerprogramms. Bei Computerspielen ist damit die direkte Beeinflussung des Ereignis- und Handlungsverlaufs verbunden.

Inventar
Bezeichnung für ein in Adventures und Rollenspielen integriertes Menü, in dem alle Objekte und Gegenstände, die der Spieler im Verlauf der Handlung eingesammelt hat, aufgeführt werden. Das Inventar kann meist per Tastendruck aufgerufen und die darin befindlichen Objekte ebenfalls auf Tastendruck innerhalb der virtuellen Welt eingesetzt werden. Dabei sind häufig auch Objektkombinationen oder die Zweckentfremdung der Objekte möglich.

Joystick / Joypad
Steuergeräte für Computer- und Konsolenspiele. Joysticks dienten bereits bei den ersten Heimvideosystemen Ende der 60er Jahre zur Interaktion mit dem Programm. Sie wurden kontinuierlich weiterentwickelt und erst Ende der 90er Jahre durch die handlicheren Joypads teilweise verdrängt. Neben diesen beiden Grundformen des Steuergeräts gibt es für einzelne Genres spezielle Eingabegeräte wie beispielsweise Lenkräder (mit Pedalen), Snowboards oder s.g. Flightsticks in Form eines Flugzeugsteuerknüppels.

Kameraeinstellung
Bezeichnung für den Blickwinkel, aus dem der Spieler die Ereignisse der Handlungen erfährt. Einige Genres, wie z.B. Ego-Shooter, Adventures oder Rollenspiele, arbeiten häufig mit einer s.g. freien Kameraperspektive. Hierbei kann der Spieler die Umgebung nicht nur im 360°-Winkel um sich herum einsehen, sondern auch nach oben und nach unten schauen. Bei Autorenspielen hingegen hat man häufig die Wahl zwischen einer Cockpitansicht (als säße man hinter dem Steuer), einer Verfolgeransicht (als flöge man mit einem Helikopter hinter dem Auto her) oder der Straßenansicht (als sei die Kamera an der vorderen Stoßstange montiert).

Komplettlösung (engl. walkthrough)
Eine mehr oder minder ausführliche Schritt-für-Schritt-Lösung eines Computer- oder Konsolenspiels, in der die Lösungen aller Rätsel verzeichnet sind. Umfassende Komplettlösungen zu vielen Titeln sind in Buchform im Handel erhältlich. Kürzere Komplettlösungen finden sich in entsprechenden Internetforen und in den gängigen Magazinen der Spielbranche.

Konsole
Abkürzung für Spielkonsole.

Konsolenspiel
Softwaretitel, für deren Nutzung man eine der gängigen Spielkonsolen und keinen Computer einsetzen muss.

Künstliche Intelligenz (KI)
→ Gegnerverhalten

Ladeoption
Diese in den meisten Spielen integrierte Funktion ermöglicht es dem Spieler, einen zuvor gespeicherten Spielstand aufzurufen und die Handlung an der dort gespeicherten Stelle fortzusetzen.

Ladezeiten
Zeitspanne, die ein Computer oder eine Konsole benötigt, um die Daten für den Programmstart, einen Spielstand oder einen nachfolgenden Spielabschnitt aufzubereiten.

Level
→ Episode

Leveleditor
Programm, mit dessen Hilfe der Spieler eigene Spielabschnitte zu einem zuvor erworbenen Spiel entwerfen kann. Leveleditoren gibt es häufig bei Ego-Shootern und Echtzeitstrategiespielen.

Linearität
In einem linearen Spiel ist der Handlungsablauf genau vorgegeben und lässt keinerlei Variationen zu. Der Spieler hat hier nicht die Möglichkeit, zwischen mehreren Handlungssträngen zu wählen. In den meisten Genres sind die Designer bemüht, ihre Spiele nicht-linear aufzubauen und dem Spieler möglichst viel Entscheidungsfreiheit zuzugestehen, zumal nicht-lineare Titel deutlich beliebter sind.

Low-Budget-Titel
Bezeichnung für die Neuauflagen bereits im Handel befindlicher Spiele, die zu einem deutlich geringeren Preis als dem ursprünglichen Einführungspreis angeboten werden. Während einige Hersteller ihre Titel in hauseigenen Low-Buget-Serien anbieten, vermarkten andere ihre Produkte über Drittfirmen.

Manipulation der Software
Durch den Eingriff in die Programmstruktur von Spielen mit einem entsprechenden Softwareprogramm (einem s.g. Hexeditor) kann man sich bei einigen Spielen ähnlich wie durch die Eingabe von Cheats illegitime Vorteile verschaffen. Allerdings erfordert dies eine gewisse Fachkenntnis und kann im Zweifelsfall zur Folge haben, dass die Software anschließend nicht mehr funktionstüchtig ist.

Mega Drive
Spielkonsole des Soft- und Hardwareherstellers Sega, die sich trotz vieler technischer Features außerhalb Japans nur kurzzeitig durchsetzen konnte.

Multifunktionscursor
Bezeichnung für einen Mauszeiger, mit dem sich auf Tastendruck mehrere Funktionen ausführen lassen. Die unterschiedlichen Funktionen werden entweder durch eine Tastatureingabe oder das verwendete Softwarteprogramm selbst ausgewählt. In vielen Spielen nimmt der Mauszeiger beispielsweise automatisch ein Sprachsymbol an, wenn man mit ihm auf eine Person zieht.

Multilinguale Produktion
Im Gegensatz zu Büchern und Filmen sind Spiele von vornherein multilinguale Produktionen. Während vor allem Bücher in der Regel zunächst nur in der Landessprache des Autors erscheinen und häufig erst Jahre später in andere Sprachen übersetzt werden, werden Spiele fast immer in mehreren Sprachen gleichzeitig publiziert. Bereits während der Produktionsphase werden die verschiedenen Sprachversionen angefertigt und von den jeweiligen Tochtergesellschaften der Firmen in den einzelnen Ländern parallel zueinander auf den Markt gebracht.

Multimedia
Mitte der 90er Jahre entstandenes Kunstwort. Es bezeichnet das Zusammenwirken von Texten, Grafiken, Animationen und Audioelementen. Eine klare Definition für den Begriff liegt nicht vor. Der Begriff wird häufig in der Werbung für Software- und Hardwareprodukte verwendet.

Nichtspielercharakter (engl. non-player-character; Abk.: NPC)
Spielfigur, mit der der Spieler innerhalb einer virtuellen Umgebung zwar interagieren kann, über die er jedoch selbst keine direkte Kontrolle auszuüben vermag.

Nintendo
Sehr erfolgreicher japanischer Hersteller von Spielkonsolen und entsprechenden Softwareprodukten. Anfang der 50er Jahre gegründet, stellte die Firma zunächst herkömmliche Spielkarten her, bevor sie Mitte der 70er Jahre mit der Produktion des ersten Videosystems begann. Das erfolgreichste Produkt von Nintendo ist die tragbare Spielkonsole Game Boy. Die von Nintendo entworfene Spielfigur `Super Mario´ war in den frühen 90er Jahren beinahe so bekannt wie einstmals `Pac Man´.

Notizbuchfunktion
Vor allem von Adventures und Rollenspielen genutzte Funktion, die es dem Spieler ermöglicht, sich bereits gewonnene Informationen noch einmal in Kurzform vor Augen zu führen. Die Funktion lässt sich meist mit einem einfachen Tastendruck aufrufen.

Optionsmenü
Menü innerhalb eines Spiels, mit dessen Hilfe man die Software an die verwendete Hardware anpassen kann.

Panel
Bezeichnung für einen virtuellen Balken, mit dessen Hilfe der Spieler vor allem in klassischen Arcadespielen eine an diesem Balken abprallende Kugel steuerte und am Verlassen des Spielbereichs hinderte.

Patch
Kleine Programmergänzung, die nachträglich Fehler (Bugs) in einem bereits ausgelieferten Softwareprogramm behebt. Bei Spielen werden mit Hilfe der Patches entweder zuvor nicht bekannte Probleme mit einzelnen Hardwarekomponenten oder Fehler innerhalb der Programmstruktur selbst behoben.

PC
Abkürzung für Personal Computer. Im allgemeinen Sprachgebrauch wird die Abkürzung heute als Synonym für Computer benutzt. Ursprünglich bezeichnet der Begriff die zu Beginn der 80er Jahre von IBM für den Büroeinsatz eingeführten Computersysteme. Nicht als PC bezeichnet werden bis heute andere Computersysteme wie z.B. die Modelle von Apple Macintosh.

PlayStation
Die PlayStation und vor allem ihr aktueller Nachfolger die PlayStation II (PS2) gehören zu den weltweit erfolgreichsten Spielkonsolen überhaupt. Beide Konsolen werden von der Firma Sony hergestellt. Außerhalb der Fachpresse wird der Begriff PlayStation häufig als Synonym für Spielkonsole verwendet. Trotz der Markteinführung von GameCube und X-Box im vorigen Jahr konnte die PlayStation II ihre marktbeherrschende Stellung (rund 75% Marktanteil) bis heute behaupten.

Prozessor
Im allgemeinen Sprachgebrauch die Abkürzung für den Hauptprozessor (engl. central processing unit; Abk.: CPU) eines Computers. Der Hauptprozessor bildet gemeinsam mit der Hauptplatine das Herzstück eines jeden Rechners. Seine Taktgeschwindigkeit dient vor allem in der Werbung als Messlatte für die Leistung des gesamten Systems. Aktuelle Hauptprozessoren sind mit einer Taktrate von 2,6-3,2 Gigahertz getaktet. Dies entspricht beinahe der 100-fachen Taktgeschwindigkeit, die noch vor zehn Jahren Standard war.

Publisher
Produzent und Vertreiber von Computer- und Videospielen. Dem Publisher kommt die Aufgabe zu, aus den einzelnen Programmteilen, die die von ihm beauftragten und an der Produktion eines Spiels beteiligten Firmen und Teams beisteuern, das fertige Produkt zu formen. Er ist der Verantwortliche für das Gesamtwerk, das letztlich unter seinem Firmenlabel vertrieben wird.
Im Gegensatz zum Buchmarkt, wo sich der Kunde in der Regel an den Autorennamen orientiert und der Verleger nur eine untergeordnete Rolle spielt, steht bei Computer- und Videospielen der Publisher im Mittelpunkt. Er ist hier der Garant für Inhalt und Qualität. Die im einzelnen beteiligten Teams sind für den Kunden nur in wenigen Fällen von Bedeutung. Die meisten Teams, die häufig nur für einzelne Projekte zusammenarbeiten oder in anderen Fällen schlichtweg Tochtergesellschaften des Publishers sind, werden im Zusammenhang mit dem jeweiligen Produkt entsprechend oft nur am Rande erwähnt.

Punkt-Klick-Steuerung
Mit den Grafik-Adventures aufgekommener Steuerungsmodus für Computerspiele. Der Spieler fährt hierbei mit dem Mauszeiger auf Punkte auf dem Bildschirm, die sein Interesse wecken, und löst mit Hilfe eines Tastendrucks auf eine der Maustasten eine Reaktion in der virtuellen Welt aus.

Rollenspiele
Spiele, bei denen der Spieler in die Rolle eines virtuellen Protagonisten schlüpft und mit dessen Hilfe eine virtuelle Welt erkundet. Im Unterschied zum Adventure gibt es beim Rollenspiel keinen direkten Handlungsstrang, und die Entdeckung und Eroberung der virtuellen Umgebung steht im Mittelpunkt. Darüber hinaus agiert der Spieler hier meist nicht mit einer Betrachterfigur, sondern vertritt gleich ein ganzes Team von rund einem halben Dutzend Personen. Die Rollenspiele gehören zu den ältesten Genres überhaupt. Die meisten von ihnen sind in einer Umgebung angesiedelt, die man durchaus mit Tolkiens 'Mittelerde' vergleichen kann. Zu den meisten bekannten Serien aus dem Bereich der Fantasieromane gibt es heute Softwareumsetzungen in diesem Genre. Parallel zu den Verfilmungen von Tolkiens 'Herr der Ringe'-Trilogie sind auch hierzu Softwareumsetzungen erschienen. Dabei handelt es sich allerdings um Titel, die man aufgrund ihres Aufbaus dem Action-Adventure zurechnen muss.

Rundenbasiertes Strategiespiel (engl. round-based-strategy-game; Abk.: RBS)
Strategiespiel, bei dem, ähnlich wie beim Schachspiel, die Kontrahenten nacheinander ihre Züge machen. Während die eine Partei ihre Züge vorbereitet und ausführt, pausiert die andere Seite. Zu den bekanntesten Titeln des Genres zählt die 'Battle Isle'-Reihe von BlueByte. Bei den meisten Strategiespielen handelt es sich um Kriegsstrategiespiele, bei denen zwei oder mehr Parteien im Konflikt miteinander stehen. Heute werden die meisten Strategiespiele als Echtzeitstrategiespiele konzipiert.

Schießspiele
Umgangssprachlich als Ballerspiele bezeichnete Spiele, bei denen, wie der Name schon sagt, das Schießen auf Gegner welcher Art auch immer im Mittelpunkt der Handlung steht. Andere Spielelemente waren in diesem Genre früher meist nur sehr begrenzt vertreten. Dies hat sich mit der Einführung der s.g. Ego-Shooter jedoch geändert.

Schwierigkeitsgrad
Der Schwierigkeitsgrad bestimmt den Anspruch, den ein Spiel an den Spieler stellt. In den meisten Spielen kann der Spieler die Zahl der Rätsel, die Stärke der Gegner oder beispielsweise den Realitätsgrad bei einem Autorennspiel selbst festlegen und auf diese Weise das Spiel seinen eigenen Bedürfnissen und Leistungsfähigkeiten anpassen. Meist werden ihm hierfür drei oder vier Einstellungsmöglichkeiten gegeben. Adventures und Rollenspiele verzichten häufig auf dieses Element.

Scrolling
Bezeichnung für das automatische Mitrollen einer virtuellen Landschaft, sobald die Spielfigur den Rand des aktuellen Bildschirmausschnitts erreicht hat.

Sega (Abk. für Service Games)
Japanischer Soft- und Hardwarehersteller, der heute vor allem im Bereich der Spielkonsolen erfolgreich tätig ist. Ursprünglich stellte die Firma Musikboxen und Spielautomaten für Spielhallen her.

Simulationen
Bezeichnung für Spiele, die sich an realen Situationen und Parametern orientieren und versuchen, diese möglichst originalgetreu nachzuahmen. Am bekanntesten sind die Ausprägungen Sportsimulation und Wirtschaftssimulation.

Software
Allgemeine Bezeichnung für Computer- und Konsolenprogramme, zu deren Nutzung man einen Computer oder eine Spielkonsole benötigt.

Softwareumsetzung
Bezeichnung für Spiele, deren Handlung auf einer Buch- oder Filmvorlage basiert. Entsprechende Titel finden sich in beinahe jedem Genre. Der Begriff der 'Versoftung' als Gegenstück zum Begriff der Verfilmung hat sich glücklicherweise nicht durchgesetzt.

Soundkarte
Bezeichnung für die Steckplatine, die dem Computer die Ausgabe von Audiosignalen ermöglicht. Moderne Soundkarten sind sehr leistungsfähig und können in Verbindung mit einem entsprechenden Boxensystems einen mit einem Konzertsaal vergleichbaren Raumklang erzeugen.

Speicherbausteine
Die auf der Hauptplatine befindlichen Speicherchips werden vom Computer genutzt, um während des Betriebs benötigte und verwendete Daten temporär zwischenzuspeichern. Mit dem Ausschalten des Computers werden diese Daten automatisch wieder gelöscht.

Spielabschnitt
→ Episode

Spielcomputer
Bezeichnung für die Heimcomputer der 80er Jahre, die in erster Linie für Computerspiele konzipiert waren und entsprechend genutzt wurden. Im Gegensatz zu Spielkonsolen ließen sich diese Computer jedoch auch für andere Anwendungen einsetzen.

Spielengine
Bezeichnung für die Programmstruktur, auf der die virtuellen Welten und ihre Handlungen basieren. Einige Spielengines wie die s.g. Quake-Engine, die zunächst für den Ego-Shooter Quake entwickelt und bis heute in rund 50 weiteren Spielen zum Einsatz gekommen ist, können flexibel an die Anforderungen von individuellen Vorstellungen der Designer angepasst werden.

Spielkonsolen
Sammelbezeichnung für alle aktuellen (Video)spielsysteme, wie PlayStation II oder X-Box.

Spielstand / Speicherstand (engl. savegame)
Bezeichnung für ein virtuelles Lesezeichen, mit dessen Hilfe der Handlungsstand festgehalten wird. Ein Speicherstand ermöglicht es dem Spieler, die Handlung zu unterbrechen und zu einem späteren Zeitpunkt an eben der gleichen Stelle fortzusetzen. Ist der Spieler in eine Sackgasse geraten oder hat er einen Bildschirmtod erlitten, kann er mit Hilfe eines Spielstandes die Handlung von dem dort gespeicherten Handlungsstand an neu beginnen, ohne zum Anfang der Handlung zurückkehren zu müssen.

Spielsteuerung
Bezeichnung für die Art und Weise, auf die der Spieler mit der virtuellen Welt in Interaktion tritt. Zur Spielsteuerung dienen dem Spieler in der Regel Tastatur und Maus oder beispielsweise ein Joypad.

Spieltiefe
Mit diesem Begriff bezeichnet man die Gesamtatmosphäre eines Spiels, die sich zum einen aus der durch Audio- und Videoelemente erzeugten Atmosphäre und zum anderen aus der Komplexität der Handlung zusammensetzt.

Sportspiele
Spiele, in denen eine Sportart im Mittelpunkt steht. Hierbei gilt es zu unterscheiden zwischen Sportsimulationen, die einen recht hohen Realitätsanspruch besitzen, und Arcade-Titeln, bei denen der Realitätsanspruch deutlich geringer ist. Steuerte man die Spielfigur früher meist aus Sicht der dritten Person, so verwenden die meisten Spiele heute die Ich-Perspektive. Neben Einzelsportarten sind vor allem Mannschaftssportarten und Motorsporttitel sehr beliebt. Parallel zu realen Sportveranstaltungen wie Olympiaden werden gerne auch Sportarten übergreifende Titel veröffentlicht.

Sprachausgabe
→ Audioausgabe

Steckkarten (engl. cardrides)
Bezeichnung für die bis Ende der 80er Jahre verwendeten Speichermedien für Videospielkonsolen. Die Steckkarten wurden auf die Konsole aufgesteckt, wie man heute eine Diskette in ein Laufwerk schiebt. Allerdings konnten auf diesen Steckkarten keine zusätzlichen Daten gespeichert werden.

Storymode
Bezeichnung für einen Spielmodus, bei dem die aufeinander folgenden Spielstufen mit einer Hintergrundgeschichte ausgestattet und auf diese Weise zu einer Einheit verbunden werden. Zwischen den einzelnen Spielstufen wird die Handlung mit Hilfe von Zwischensequenzen weitergeführt. Bei einigen Spielen ist es vom Ausgang der vorangegangenen Spielstufe abhängig, in welcher Weise der Handlungsverlauf weitergeführt wird und wie die darauf folgende Spielstufe aufgebaut ist. Bei den Titeln fast aller Genres stellt der Storymode das zentrale Kernstück des Programms dar, während die anderen Spielmodi entweder dem Training dienen oder das Duell mit anderen menschlichen Gegnern ermöglichen.

Survival-Horror-Adventure
Mitte der 90er Jahre zunächst in Japan, später weltweit sehr erfolgreiche Ausprägung des Adventuregenres. Der Rätselcharakter der Spiele tritt hier zu Gunsten des Actionanteils deutlich in den Hintergrund, und die Szenarien können meist schon nicht mehr mit dem Gruselbegriff betitelt, sondern schlichtweg nur noch als Horrorszenarien bezeichnet werden. Die Gewaltdarstellung in den Spielen ist mit denen der Ego-Shooter vergleichbar. Dass diese Spiele dennoch zum Adventuregenre gezählt werden, liegt an der Einbettung der Geschehnisse in eine sehr detaillierte Hintergrundgeschichte. Diese ruft mit Hilfe einer angepassten Atmosphäre gezielt die unterschiedlichsten Emotionen hervor. Überraschenderweise entwickeln sich hier im Verlauf der Handlung die Spielcharaktere deutlich stärker als in jedem anderen Genre. Bekannteste Vertreter des Genres sind die Titel der Serien `Resident Evil´ und `Silent Hill´.

Taktischer Shooter (engl. tactical-shooter)
Eine in den letzten Jahren entstandene Ausprägung des Ego-Shooters, bei dem der Spieler vor allem strategisches und taktisches Geschick beweisen muss. Im Gegensatz zu anderen Ausprägungen des Genres ist der Spieler hier kein Einzelkämpfer, sondern Teil eines Teams. Im Einzelspielermodus werden die anderen Teammitglieder vom Computer gesteuert, während im Mehrspielermodus andere menschliche Spieler beteiligt sein können.

Text-Adventure
Vorwiegend auf Texten basierende Adventures, wie sie in den 70er und frühen 80er Jahren bekannt waren.

Trigger
→ Auslöser

Vibrationsfunktion
Vor allem von Spielkonsolen genutzte Funktion, um den Spieler auf bestimmte Ereignisse innerhalb des Spiels aufmerksam zu machen. Fährt der Spieler beispielsweise bei einem Autorennspiel abseits der Straße, so beginnt das Joypad zu vibrieren. Gleiches geschieht, wenn er in einem Ego-Shooter von einem Geschoss getroffen wird.

Videospiel
Kaum noch gebräuchliche Bezeichnung für die Spiele von Spielkonsolen. Häufig bezeichnet man mit Videospielen heute noch die Spiele der Videospielautomaten in den Spielhallen oder der frühen Heimspielsysteme.

Videospielkonsolen
Bezeichnung für die Spielkonsolen der 70er und 80er Jahren. Für die heutigen Systeme wird meist der Begriff `Konsole´ verwendet.

Vorgeschriebene Ereignisse (engl. scripted elements)
Deutlich sichtbare und meist auch hörbare Reaktionen der virtuellen Welt auf eine Eingabe durch den Spieler. Meist handelt es sich um eine kleine Animation, die dem Spieler in einem Adventure beispielsweise anzeigt, dass er ein Rätsel richtig gelöst hat oder dass er einen Fehler begangen hat, der einen Bildschirmtod zur Folge hat.

Weltraumsimulationen (engl. space-combat-simulations)
Zu Beginn der 90er Jahre sehr erfolgreiches Genre, bei dem der Spieler die Rolle eines Raumpiloten annahm. Während einige Titel des Genres in erster Linie in der Zukunft angesiedelte Wirtschaftssimulationen darstellten, handelte es sich bei der erfolgreichsten Serie des Genres, der fünfteiligen `Wing Commander´-Reihe, um eine reine Raumkampfsimulation, die sehr stark an die populären Star Wars - Kinofilme erinnerte.

Westwood
Amerikanischer Softwarehersteller, mit Hauptsitz in Kalifornien. Die bekannteste Entwicklung von Westwood ist die Mitte der 90er Jahre begonnene `Command & Conquer´-Reihe, die das Genre des Echtzeitstrategiespiels begründete. Heute gehört Westwood zum Branchenführer Electronic Arts.

Wirtschaftssimulationen
Simulationen, bei denen der Spieler sein Geschick in wirtschaftlichen Aspekten beweisen kann. Bei der zu bewältigenden Aufgabe muss es sich nicht immer um die Führung eines Konzerns oder eines kleineren Unternehmens handeln. So gibt es beispielsweise Spiele, in denen man einen Freizeitpark managt, eine Eisenbahnlinie baut und betreibt sowie Titel, in denen man sich sein Geld als Truckfahrer, als Pirat oder als Händler in einem virtuellen Universum verdient.

X-Box
Vom Hersteller des Windows-Betriebssystems Microsoft im Jahr 2002 weltweit auf den Markt gebrachte Spielkonsole, die in Konkurrenz zur PlayStation II von Sony treten sollte. Bisher konnte die Konsole der Konkurrenz jedoch bei weitem nicht so viele Marktanteile streitig machen wie zunächst angenommen.

Zwischensequenzen
Kurze Animationen oder Filmsequenzen, die die verschiedenen Spielabschnitte eines Spiels miteinander verbinden.

8.2 Die Spielprinzipien der klassischen Arcade- und Geschicklichkeitsspiele

Asteroids

Bei diesem Spiel steuerte der Spieler ein Raumschiff, das durch ein kleines Dreieck auf dem Bildschirm dargestellt wurde. Das Dreieck konnte nach vorne und hinten bewegt werden und sich auf der Stelle um die eigene Achse drehen. Verließ das Raumschiff an einer Stelle das sichtbare Spielfeld, dann tauche es an der gegenüberliegenden Seite wieder auf. Um das Schiff herum flogen mehrere Asteroiden. Eine Berührung mit diesen war tödlich. Der Spieler hatte die Aufgabe, die Asteroiden zu zerschießen. Traf man einen Asteroiden, so teilte sich dieser zunächst in zwei kleinere und zugleich schnellere Asteroiden. Traf man diese Asteroiden erneut, teilten sie sich ein weiteres Mal und die Geschwindigkeit erhöhte sich ebenfalls weiter. Erst wenn man einen der nun recht kleinen Asteroiden traf, verschwand dieser vom Bildschirm.

Breakout

Hier steuerte der Spieler ein flaches Panel am unteren Bildschirmrand, mit dem er eine kleine Kugel gegen eine in der oberen Bildschirmhälfte befindliche Mauer schlug. Diese Mauer bestand aus mehreren Dutzend kleinen Steinen. Bei jeder Berührung mit der Kugel, die sich ähnlich wie eine Kugel in einem Flipperautomaten verhielt, wurde einer der Steine zerstört. Eine Spielstufe galt als geschafft, sobald alle Steine der Mauer vom Bildschirm verschwunden waren. Einige Steine musste man mehrfach treffen, bevor sie verschwanden, andere enthielten Bonusobjekte, die dem Spieler kurzfristig das Spiel erleichterten. Verfehlte der Spieler die zurückprallende Kugel, so verlor er eines seiner begrenzten virtuellen Leben.

Donkey Kong

Eines der ersten Hüpf- und Laufspiele, bei dem der Spieler versuchen musste, seine Spielfigur über mehrere Leitern, Treppen und kleine Plattformen vom unteren zum oberen Bildschirmrand zu bringen, ohne von einem der Fässer getroffen zu werden, die ein Affe vom oberen Bildschirmrand nach unten warf. Wurde man getroffen, verlor man ein Bildschirmleben und musste die Spielstufe ganz von vorne beginnen. Hatte man das obere Ende des Bildschirms erreicht, war die Spielstufe geschafft.

Moorhuhnjagd

Bei der Moorhuhnjagd bewegte der Spieler mit Hilfe der Maus ein Fadenkreuz über den Bildschirm, auf dem eine dreidimensionale Landschaft dargestellt war. Überall auf dem Bildschirm flogen oder liefen Moorhühner umher, die es zu treffen galt. Die Hühner bewegten sich in unterschiedlicher Entfernung zum Spieler und waren unterschiedlich groß. Je kleiner ein Moorhuhn war und je weiter weg es sich befand, umso mehr Punkte erhielt der Spieler, wenn er es traf. Eine Spielrunde war auf genau zwei Minuten begrenzt. In dieser Zeit galt es möglichst viele Punkte zu sammeln. Neben den Moorhühnern gab es weitere, in der Landschaft integrierte Objekte, für deren Abschuss der Spieler meist Punkte hinzu bekam, in einigen Fällen jedoch auch Punkte abgezogen wurden.

Pac Man

Eine gelbe Scheibe in Form eines Kreises steuerte der Spieler bei diesem Spiel durch ein Labyrinth. An einer Seite fehlte dem Kreis ein Stück, so dass er aussah wie ein Kuchen, von dem bereits ein Stück abgeschnitten wurde. Überall im Labyrinth verteilt waren kleine, gelbe Punkte, die die Spielfigur einsammeln musste, indem man sie darüber bewegte. Waren alle gelben Punkte eingesammelt, war die Spielstufe geschafft. Als Hindernis bewegten sich im gleichen Labyrinth mehrere Gegnerfiguren, die s.g. 'Geister'. Sie versuchten, die Spielfigur zu fangen. Kam es hierbei zu einer Berührung, verlor der Spieler ein Bildschirmleben. In sehr begrenzter Zahl waren in den Labyrinthen gelbe Punkte versteckt, die sich in ihrer Größe von den anderen unterschieden. Sammelte die Spielfigur einen solchen Punkt ein, verwandelten sich die Geister für eine begrenzte Zeit in harmlose Figuren, die man nun ebenfalls gefahrlos als Objekte einsammeln konnte. In aktuellen Versionen ist aus der gelben Scheibe eine gelbe Kugel mit Beinen, Augen und Mund geworden, und statt der einstigen 2D-Labyrinthe gibt es heute farbenprächtige dreidimensionale Landschaften.

Space Invaders

Bei diesem Spiel steuerte der Spieler ein kleines Raumschiff, das sich am unteren Bildschirmrand nach links und rechts bewegen konnte. Vom oberen Bildschirmrand her näherten sich dem Spieler mehrere gegnerische Raumschiffe, die das Geschützfeuerfeuer (kleine weiße Striche), des Spielers erwiderten. In einigen Versionen hatte der Spieler Schutz durch einige kleine Mauern, die zumindest zu Beginn einige der Geschosse abfingen. Die gegnerischen Raumschiffe bewegten sich immer auf einer festen Linie von links nach rechts und wieder zurück. Jedes Mal, wenn sie einen Bildschirmrand erreicht hatten, rückten sie einige Zentimeter weiter nach unten, näher an den Spieler heran. Hatte dieser nicht alle Gegner getroffen, bevor sie den unteren Bildschirmrand und damit ihn selbst erreichten, verlor er ebenso ein virtuelles Leben, als wenn er von einem der Geschosse getroffen wurde.

Super Mario

Hier musste der Spieler die Spielfigur ähnlich wie bei Donkey Kong über Leitern, Treppen und Plattformen von einem Ende des Bildschirms zum anderen bewegen. Die Hindernisse und Gegner variierten hierbei, das Spielprinzip war jedoch das gleiche.

Tennis for Two

Bei diesem Spiel galt es, wie bei vielen anderen Spielen der Heimideosysteme in den 70er Jahren, mit Hilfe von zwei Panels einen Ball, oder besser gesagt einen Punkt vom einen Ende des Bildschirms zum anderen zu schlagen. Dabei konnten die Panels meist nur nach oben oder unten gesteuert werden, der Ball prallte automatisch an diesen ab und kehrte einfach seine Bewegungsrichtung um. Verfehlte einer der Spieler den Ball, so erhielt der Gegner einen Punkt. Hatte einer der Spieler eine vorgegebene Punktzahl erreicht, war das Spiel beendet.

Tetris

Hier hatte der Spieler die Aufgabe, mehrere unterschiedlich geformte Bausteine so nebeneinander zu platzieren, dass sich geschlossene Reihen ergeben. Immer wenn eine Reihe komplett war, verschwand diese und der Spieler erhielt entsprechende Punkte. Die Steine fielen nacheinander relativ langsam vom oberen Bildschirmrand nach unten. Während sich die Bausteine in der Luft befanden, konnte der Spieler diese nach links und rechts bewegen oder sie in 90°-Schritten drehen. Durch die unterschiedlichen Formen entstanden jedoch früher oder später Löcher in den Reihen, vor allem, weil die Steine immer schneller wurden und der Spieler entsprechend immer zügiger reagieren musste. Eine nicht komplette Reihe blieb bestehen und der Spieler musste nun versuchen, eine weiter oben liegende Reihe zu komplettieren. Wurden zu viele Reihen nicht vollendet, war das Spiel beendet.

8.3 Tabellen

Tabelle 1: Personenkonstellationen in allen vier Spielen

	Sherlock Holmes	Jack Orlando	Last Express	TKKG
Betrachterfiguren	1	1	1	4
Gegenfiguren	3	3	1	2
Mittelfiguren (hilfreich)	13	17	2	4
Mittelfiguren (behindernd)	11	21	10	0
Mittelfiguren (erst behindernd, dann hilfreich)	10	11	4	4
Mittelfiguren (neutral)	9	45	12	1
Mordopfer:	3	2	1	0
Gesamt:	50	100	31	15

Tabelle 2: Die Figurenkonstellation bei Sherlock Holmes - The Case of the Serrated Scalpell (ein Beispiel)

Zeichenerklärung:
M H = Mittelfigur - hilfreich; M W H = Mittelfigur erst Widerstand hervorrufend, dann helfend; M W = Mittelfigur, die nur Widerstand hervorruft; M N: Mittelfigur - neutral, ohne direkten Einfluss.

Person	Status	Aufgabe / Rolle (u.a.)
Sherlock Holmes	Betrachter	Aufklärung der Verbrechen, Identifikationsfigur des Spielers
Lord Brumwell	Gegenfigur	Er gibt Morde und Entführung in Auftrag, ist der Haupttäter und „Verursacher".
Mr. Blackwood, Präparatpor	Gegenfigur	Der Mörder von Sarah Carroway.
Robert Hunt Auftragsmörder	Gegenfigur	Der Mörder von Moorehead, Gardner, Entführer von Anna Carroway.
Dr. Watson	M H	Er unterstützt Holmes bei der Aufklärung, verwaltet Notizen.
Inspektor Lestrade	M H	Er zieht Holmes als Unterstützung hinzu und erteilt ihm benötigte Genehmigungen.
Jacob Fathington, Anwalt	M H	Er vertritt Anna Carroway und kann Holmes weit gehend über die wahren Hintergründe der Tat aufklären. Hat viele wichtige Informationen.
Henry Carruthers, Theaterbesitzer	M H	Der Arbeitgeber von Sarah Carroway; hilft mit Informationen zu Sarah Carroway und einem mysteriösen jungen Mann, der sich später als Sarahs Freund entpuppt.
Wiggins	M H	Er führt mit seiner „Bande" für Holmes erfolgreich mehrere Aufträge aus.
Inspektor Gregson	M H	Er verschafft Holmes Zugang zum Yard, als dieser ihm verweigert wird.
Mrs. Worthington	M H	Sie erlaubt Holmes Zutritt zu Annas Garderobe und kennt Annas Freund James.
Antonio Caruso	M H	Er ist der Freund von Anna, hilft mit Informationen zu Anna und Paul.
Barkeeper	M H	Er arbeitet im Billardcafé und erzählt Holmes von der Affäre des Mr. Charleton.
Besitzer des Tierasyls	M H	Er leiht Holmes den Spürhund Toby aus, um Blackwood aufspüren zu können.
Lars Sörensen Geselle	M H	Er verrät Holmes den Aufenthaltsort von Blackwood.
Mr. Jaineson,	M H	Er bringt Holmes auf die Spuren von

Pfandleiher		Robert Hunt und der Detektei Gardner und Moorhead.
Mr. Hollingsten, Zoodirektor	M H	Er hilft mit Informationen über den zweiten Mord und den Tierpfleger aus.
Audrey	M W H	Er hilft Holmes beim Umgang mit dem Sergeant, nachdem Holmes ihm droht, die gespielte Blindheit auffliegen zu lassen.
Verkäufer im Reitsportgeschäft	M W H	Er nennt den Namen eines Käufers erst, als Holmes ihn unter Druck setzt.
Paul, Sohn von Anna.	M W H	Er gibt Informationen (unbewusst) erst preis, nachdem Holmes einen Kreisel gekauft hat.
Barkeeper im Moongate	M W H	Holmes muss ihn beim Dart schlagen, erhält dafür wichtige Informationen über den Präparator Blackwood.
Sheila Parker, Schauspielerin	M W H	Die Tatzeugin; sie bringt Holmes auf die Spur der Schwester Anna Carroway. Sie braucht vorab von Watson Beruhigungstropfen.
James Sanders, Sarahs Freund	M W H	Holmes muss den Tod von Sarah erst mit Totenschein oder Zeitung belegen, bevor er mit Informationen zu Anna hilft.
Nobby Charleton, Billardspieler	M W H	Nennt Holmes die Adresse von Annas Freund, Holmes muss ihm erst mit der Aufdeckung einer Affäre drohen.
Simon Kingsley, Tierpfleger	M W H	Hilft Holmes bei der Bergung eines Beweisstücks aus dem Löwenkäfig, nachdem dieser dessen Lieblingslöwen "Felix" für unschuldig erklärt.
Rugbytrainer	M W H	Verlangt erst nach einer sehr genauen Beschreibung des Spielers, bevor er James herbeiruft und ihn frei gibt.
Sergeant im Yard	M W H	Verweigert Holmes zunächst den Zugang zu Lestrade und hilft ihm später mit Bescheinigungen.
Alfred, Verkäufer	M W	Er behindert Holmes bei der näheren Begutachtung eines Clues im Tabakladen.
Zwei Billardspieler	M W	Behaupten, Informationen zu haben, und tricksen Holmes mit Geld aus.
Mrs. Beale, Hausmädchen	M W	Sie behindert Holmes bei der Durchsuchung von Annas Wohnung. Er muss erst eine Blume umwerfen, um sie abzulenken.

Anna Carroway, Opernsängerin	M W	Die Schwester des Opfers. Sie wird entführt und muss von Holmes gefunden werden.
Frederick Eppstein, Opernhausdirektor	M W	Verweigert Holmes die Durchsuchung der Garderobe von Anna Carroway und muss mit Watsons Hilfe abgelenkt werden.
Vier Barbesucher im Moongate	M W	Fordern Holmes gegen Informationen zum Dart auf, haben diese Informationen jedoch gar nicht.
Lady Brumwell	M W	Versucht, Holmes an der Kontaktaufnahme zu ihrem Mann zu hindern.
Zeitungsverkäufer	M N	Verkauft in der Bakerstreet Zeitungen, ist ein Freund von Wiggins.
Konstabler O'Brien	M N	Sichert den Tatort.
Platzanweiser 1	M N	Kontrolliert die Opernkarten von Holmes am Eingang
Platzanweiser 2	M N	Kontrolliert die Opernkarten von Holmes vor der Loge
Lesley, Verkäuferin	M N	Verkauft Blumen im Covent Garden. Sie kann Holmes nicht helfen
Violet Gardner, Sekretärin	M N	Angestellte von Mr. Gardner, die Holmes in der Detektei antrifft.
Diener der Brumwells	M N	Arbeitet für Lord Brumwell, stellt jedoch weder Hilfe noch Hindernis da.
Zwei Besucher am Rugbyfeld	M N	Schauen sich das Training an und wollen dabei nur ungern gestört werden.
Mr. Moorheat, Detektiv	Mordopfer	Arbeitete für Anna Carroway und wird Opfer von Robert Hunt
Mr. Gardner, Detektiv	Mordopfer	Arbeitete für Anna Carroway und wird Opfer von Robert Hunt
Sarah Carroway, Schauspielerin	Mordopfer	Ihre Ermordung lässt den Fall entstehen.

Tabelle 3: Steckbriefe der Verbrechen

Aspekt	Sherlock Holmes	Jack Orlando	The Last Express	TKKG
Ort des Geschehens	London	Amerikanische Hafenstadt	Orient Express	Deutsche Kleinstadt
Zeit des Geschehens	November 1888	1933	24.-26.07.1914	---
Das zentrale Verbrechen	Mord	Mord	Mord	Kunstraub
Zeitpunkt des Verbrechens	Einführungsseq.	Einführungsseq.	Einführungsseq.	Vor Spielbeginn
Das Motiv	Raubmord	Ausschalten eines Mitwissers	Unterbindung eines illegalen Waffenhandels	Habgier
Die Tatwaffe	Gezacktes Skalpell	Revolver	Metallgegenstand / Revolver	---
Der Tatort	Dunkle Seitengasse	Dunkle Seitengasse	Zugabteil	Museum (geschlossen)
Die Tatzeit	Später Abend / Nacht	Später Abend / Nacht	Zwischen 19:14-19:39 Uhr	Vorabend bis folgender Nachmittag (16 Stunden)
Zeugen	Kollegin des Opfers	Jack Orlando	---	---
Folgetaten (im direkten Zusammenhang)	2 Morde, ein Selbstmord, eine Entführung	Ein Mord, ein Attentat auf Jack Orlando und eine kurze Gefangennahme	Über ein halbes Dutzend weitere Morde	---

Tabelle 4: Die Regeln von S.S. van Dine in Anwendung auf neun Detective Adventures

Als Bezugspunkt dient jeweils das Verbrechen, welches zu Beginn das Geheimnis auslöst.

Zeichenerklärung: * = In Übereinstimmung mit van Dine; ° = leichte Abweichung / Grenzfall; --- = Eindeutige Abweichung.

Regeln nach S.S. van Dine	Sherlock Holmes Serrated Scalpell	Jack Orlando	The Last Express	Der Schatz der Maya TKKG	Cluedo Tödliche Täuschung	Hitchcock The Final Cut	S. Holmes Rose Tatoo	Puppen, Perlen und Pistolen	Knickerbocker - Das Phantom in der U-Bahn
Zahl der Abweichungen von den Regeln	2	8	4	5	1	5	1	5	7
1. Gleichwertige Lösungsmöglichkeiten (Fairness)	*	*	*	*	*	*	*	*	*
2. Keine zusätzlichen Tricks und Täuschungen	*	*	*	*	*	*	*	*	*
3. Keine Liebesgeschichte	*	---	---	*	*	---	*	---	*
4. Detektiv und Ermittler sind keine Mittäter	*	---	*	*	*	*	*	*	*
5. Logische Überführung, kein Zufall	*	*	*	---	*	---	*	*	*
6. Es muss einen Detektiv geben	*	*	*	*	*	*	*	*	*
7. Es muss eine Leiche geben	*	*	*	---	*	*	*	*	---
8. Aufklärung ohne 'supernatural'	*	*	*	*	*	---	*	*	*
9. Es darf nur einen Detektiv geben	*	*	*	°	*	*	*	*	°
10. Täter muss eine bedeut. Rolle spielen	*	*	*	*	*	*	*	*	---

	C1	C2	C3	C4	C5	C6	C7	C8	C9	C10
11. Der Täter ist über Verdacht erhaben	o	---	*	*	*	*	*	*	---	---
12. Es darf nur einen Haupttäter geben	*	---	*	---	*	*	*	*	*	o
13. Keine Geheimbünde oder die Mafia	*	---	---	*	*	*	*	*	*	o
14. Nachvollziehbare rationale Ermittlungsmethoden	*	*	*	*	*	*	*	*	*	*
15. Zweitleser kann Fall vorab lösen	*	*	*	*	*	o	*	*	*	*
16. Keine langen Ausschweifungen	*	*	*	*	*	o	*	*	o	*
17. Täter sollte kein Berufsverbrecher sein	*	---	---	*	*	*	*	*	---	*
18. Kein Unfall und kein Selbstmord	*	*	*	*	*	*	*	*	*	*
19. Pers. Motiv, keine Auftragsarbeit	o	---	---	*	*	*	*	o	---	*
20. Keine Überführung per Zigarettenstummel	*	---	*	*	*	*	*	*	*	*
Keine vorgetäuschten Zaubereien	*	*	o	*	*	*	*	*	*	*
Keine gefälschten Fingerabdrücke oder Alibis	*	*	*	*	*	*	*	*	*	*
Kein Hund, der nicht bellt, weil er den Täter kennt	*	*	*	*	*	*	*	*	*	*
Keine Zwillinge	*	*	*	*	*	*	*	*	*	*
Keine Injektionen oder Betäubung	*	*	*	*	*	*	*	*	*	*
Kein Mord im 'locked room', wenn die Polizei schon da ist.	*	*	*	*	*	*	*	*	*	*
Kein Wortassoziationstest zur Täterermittlung	*	*	*	*	*	*	*	*	*	*
Keine verschlüs. Brieftexte am Ende	*	*	*	*	*	*	*	*	*	*

8.4 Über den Autor

Felix R. Buschbaum arbeitet bereits seit Beginn seines Magister-Studiums als Freier Journalist. Als langjähriger Spieleexperte realisiert er TV und Radiobeiträge über die Welt der Spieler unter anderem für den WDR in Köln. Er ist erfolgreicher Autor für Strategieführer zu Computer- und Videospielen und vertritt in Diskussionsforen gerne die Sichtweise der Spieler. Zu seinen bekanntesten Titeln zählen die Lösungsbücher zur Computerspielreihe `Die Sims´.

www.ingramcontent.com/pod-product-compliance
Lightning Source LLC
Chambersburg PA
CBHW020108020526
44112CB00033B/1097